帶著文化遊名城

苗學玲 編著

老廣州記憶

這裡是廣州，有一種難以忘卻的老廣州記憶。

這裡有濃厚的廣州情結；

這裡有傳奇的廣州舊聞；

這裡有原汁原味的廣州民俗；

追溯人文奇趣，感受歷史滄桑，領略老城風光。

廣州

前　言

　　廣州是一座歷史悠久的文化名城，在5000年至6000年前，就有先古越民在此繁衍生息了。千百年來，奔騰不息的珠江催生出廣州這座嶺南都市。它襟江帶河，依山傍海，古蹟眾多。

　　當你來到廣州，走在西來正街尋覓傳統小吃，是否知道，這裡曾是達摩祖師初來之地呢？

　　當你來到廣州，漫步北京路商業步行街，身處變幻萬千的霓虹之中，是否知道這裡曾是每年除夕夜萬人空巷的迎春花市呢？

　　當你來到廣州，徜徉在珠江兩岸，是否知道在珠江的美稱背後埋藏著什麼樣的故事呢？

　　當你來到廣州，在北京路和德政南路間徘徊，是否知道過去這一帶曾被用作行刑之處，布滿血雨腥風呢？

　　當你來到廣州，攀上越秀山，是否知道這是一座與葛洪有關的道教名山呢？

　　當你來到廣州，進入十香園，是否知道這座不起眼的園林曾孕育出嶺南畫派的兩名創始人呢？

　　當你來到廣州，信步走進陳家祠，是否知道陳家祠遭遇過哪些艱辛的劫難呢？

　　當你來到廣州，佇立在石室大教堂的面前，是否知道它從初建到如今的前世今生呢？

　　當你來到廣州，品嘗著讓人讚不絕口的早茶，是否思考過這裡的早茶文化為什麼如此風靡呢？

　　當你來到廣州，把玩著一枚欖雕藝術品，是否知道《核舟記》中記載的

那枚核舟，就是廣州欖雕作品之一呢？

當你來到廣州，站在人民公園的中央，是否知道孫中山先生曾在這裡激情講演，大力宣揚民主革命思想呢？

當你來到廣州，當你在它的湖光山色、人文場景之間穿梭往來的時候，是否能夠從中讀懂這座城市的歷史與將來呢？

也許你並不知道，但讀完這本書，你會知道的。其實，只有對一座城市的歷史有所了解之後，一場旅行才會變得更加有意義。

《帶著文化遊名城——老廣州記憶》就是一本可以讓你更深刻地讀懂廣州的書籍。它一共分為九個部分，包括「出行前的準備」「廣州的歷史文化和城門樓」「廣州的街橋地名」「廣州的山水園林」「廣州的祠堂寺廟及陵墓」「廣州的民俗特色與娛樂活動」「廣州的美食特產」「廣州的名人故居及民間趣聞」「廣州的人文景觀」。在每個部分中，都穿插著許多有趣的故事，例如「劉氏皇帝與流花古橋有什麼關係」「清泉街上曾經有格格棄家修行嗎」「洪熙官是如何與大佛寺扯上聯繫的」「涼茶的誕生和葛洪有何關係」等。相信在閱讀本書的過程中，你能夠興趣盎然地對廣州有一個初步的了解。

真誠希望本書能夠滿足你的需要，帶你快快樂樂遊廣州！

目錄 CONTENTS

開 篇

廣州的歷史與城門樓

廣州的街橋地名

廣州的山水園林

廣州的祠堂

廣州的寺廟陵墓

廣州的民俗特色

廣州人的娛樂活動

廣州的美食特產

廣州的名人故居和民間趣聞

廣州的人文景觀

廣州的博物館

廣州的公園

附 錄

開 篇

出行前的準備

引言

廣州是中國嶺南地區不容置喙
的中心城市,是當地的經濟中心、
政治中心,歷史源遠流長,名人輩
出。如果你不提前了解這座城市,
你只會膚淺地看到它的表象,而無
法體會到其中深刻的文化底蘊。

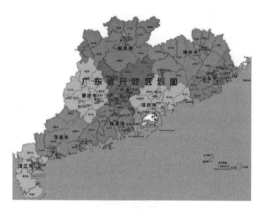

廣州區域劃分

為了讓自己的旅行更有意義,
在踏上旅途前了解一下廣州的歷
史、地方特色以及方言是非常有必
要的。就讓廣州獨特的文化韻味成為旅行當中最好的伴侶吧!

廣州的歷史

約5000年至6000年前,廣州地區已有先民古越人繁衍生息。他們以石
器、陶器等作為工具,從事漁獵和農業生產。春秋戰國時期,廣州地區南越
民族與長江中游楚國人民已有往來,該地亦被劃為南楚。後秦始皇於西元前
214年統一嶺南,並設置南海、桂林、象郡三郡。南海郡治番禺,即今日廣
州;廣州建城自此而始。

秦朝末年,中原楚漢相爭。趙佗趁機於嶺南建立南越國,定都番禺。直
至西漢時期,漢武帝將其平定。後漢武帝派遣大型船隊自番禺出發,沿海岸
航行,一路抵達印度洋,並與沿岸小國建立起海上交通貿易。彼時,番禺成
為了中國對外貿易的港口和集散地,是海上絲綢之路的起點。

三國時期,東吳孫權設交、廣二州,「廣州」由此得名。唐朝顯慶六
年,中國歷史上第一個海關在廣州誕生——市舶使。它的主要功能是代表官

方對外承攬貿易業務，並負責接待外來使者。有宋一代，廣州的「市舶使」更名為「市舶司」。此時，廣州對外貿易愈發繁榮，東南亞和南亞地區與中國建立起貿易關係的國家已經多達50餘個。

明朝初期，「市舶司」被廢除。洪武三年，明朝政府推行海禁政策，廣州只能接待外國朝貢貿易。清乾隆時期，政府又開始實行「一口通商」。在明、清兩代的閉關鎖國政策之下，廣州成為唯一的對外通商口岸。所有的國外商人來華貿易，都必須尋找指定的行商作為代理。這些指定行商開設的對外貿易行店，就是俗稱的「十三行」。

1838年，林則徐受命為欽差大臣，赴廣州查禁鴉片。兩年後，第一次鴉片戰爭爆發。清政府戰敗後與英國簽訂《南京條約》，宣布廢除十三行商制度，開通廣州為港口。1859年，英、法強行租借廣州市西南區的沙面，並建立租界。隨後，美、德、葡、日等國領事館也相繼搬入沙面，沙面英租界區逐漸繁榮。

1911年，同盟會在廣州發動了黃花崗起義，辛亥革命序幕被揭開。同年，廣州宣布獨立，史稱廣州光復。1925年，廣州國民政府成立。十三年後，在日軍發起的侵華戰爭中，廣州淪陷。

1949年10月，漫長的抗日戰爭與國共內戰結束，廣州終獲解放。解放後，廣州一度為中央直轄市。1954年，廣州被劃歸廣東省領導，成為省直轄市。目前，廣州市下轄11個市轄區，經濟發展能力居中國城市第三位，跨境電子商務全國第一；它延續了其「千年商埠」的商業地位，是中國經濟增長的龍頭城市。

廣州獨有的特色

上千年的歷史積澱，讓廣州成為了一個文化底蘊深厚的城市。它身下的每一尺城牆、每一寸土地，都埋藏著無數值得深究的故事：越秀新暉（包括越秀山、南越王墓、鎮海樓、明城牆在內的一系列景點）、珠水夜韻（珠江夜景）；古祠留芳（陳家祠）、黃花皓月（黃花崗公園，為紀念1911年4月27日追隨孫中山廣州起義犧牲的烈士而建）；蓮峰觀海（番禺蓮花山風景區，包括望海觀音、蓮花塔、象鼻山、觀音岩、金魚池等勝景）、天河飄絹（中

信廣場和天河車站瀑布）……只要你用心去體會、去感受，就一定能夠發現那份專屬廣州的無與倫比的美麗。

廣州的美食符號

及第粥

及第粥與明代廣東才子倫文敘有關。倫文敘幼時家貧，賣菜為生。隔壁粥販憐惜他年幼有才，因而每天向倫文敘買菜。倫文敘送菜到粥販家後，粥販就用豬肉丸、粉腸、豬肝生滾的白粥作為午餐招待他。後來倫文敘高中，念及粥販贈粥之恩，舊地重遊，又吃了一回當年粥販給他的那種粥，並為此粥題名

及第粥

「及第」，後來該粥傳遍廣東。及第粥講究粥底綿滑，色澤鮮明，糜水交融；顧客點餐時，在滾粥內加入豬心、豬肝及腸粉，滾熟後撒花生碎及油條碎，配小碟雞蛋同吃，味道鮮美可口。

腸粉

腸粉是廣州茶樓、酒家早茶夜市的必備之品，它主要分為布拉腸粉與抽屜式腸粉兩種。布拉腸粉所使用的腸粉漿大部分使用黏米粉再加上澄麵、粟粉和生粉製作而成，以品嘗餡料為主；抽屜式腸粉所使用的腸粉漿則是純米漿，以品嘗腸粉粉質和醬汁調料為主。廣州腸粉拉得輕薄透明，米香味濃。用筷子夾起腸粉來，透過光線能隱約看到內部飽滿的餡料。一口咬下去，滿嘴鮮美嫩滑，絕對擔當得起「白如玉，薄如紙」的美譽。小小一碟腸粉，體現出的是廣州人對美食的執著、對生活的熱愛。

廣州的文化符號

粵劇

粵劇又稱「廣東大戲」或「大戲」，屬於廣東傳統戲曲之一。它於明中葉時期開始萌芽，表演者將廣東本地流行的南音、龍舟、木魚等民間曲調與弋陽腔和崑腔相結合，再配上廣東器樂樂曲，塑造出粵劇的雛形。經過不斷發展，到清末民初時，粵劇已演變為集南北、中外唱腔音樂於一

粵劇

體，糅合各式唱念做打、戲台服飾、抽象形體等表演形式在內的獨特藝術。粵劇劇碼非常豐富，內容涵蓋了民間傳說、京劇、崑劇。部分粵劇因其廣受群眾喜愛，還被改編成電影、電視劇甚至音樂劇，例如《帝女花》《紫釵記》《雙仙拜月亭》。2009年10月，粵劇成為世界非物質文化遺產。現廣州的荔枝灣戲台、文化公園中心台、八和會館等地均有粵劇劇團演出，感興趣的話不妨前去一飽眼福。

廣繡

廣繡是以廣州為中心的珠江三角洲民間刺繡工藝的總稱，是粵繡之一。它以構圖飽滿、形象傳神、紋理清晰、色澤富麗、針法多樣聞名，品種包括刺繡字畫、刺繡戲服及珠繡等。廣繡起源於唐代，據傳唐代南海地區的少女盧眉娘能夠於一尺絹上繡完七卷《法華經》，廣繡技藝之精可見一斑。明朝時期，廣繡成為出口的主要手工藝品，揚名海外。當時所用繡線不僅僅是絨線，還包括孔雀毛、馬尾、金銀線等名貴材料。近代廣繡在國際上大放異彩，廣繡業行會「錦繡行」會員一度多達千餘人；多幅繡

廣繡

品在諸如萬國博覽會、倫敦大橋開幕賽會等國際展覽上獲得獎項。解放後，廣繡作品享譽中外。如餘德的《牡丹松鶴》、黃妹的《百鶴圖》等，均屬於廣繡畫中的精品。它們遠看醒目，近看精細，富有傳統特色及鮮明的時代氣息。

廣州的地標符號

陳氏書院

陳氏書院俗稱陳家祠，位於廣州市中山七路。它始建於清光緒十六年，主要為陳氏宗族子弟備考科舉、候任、交稅等事務提供臨時居所。陳氏書院分三排大殿，第一重大殿為客廳及私塾，第二重用於聚會，第三重則供奉祖先牌位。彼時捐資修建書院的子弟，均可將祖先牌位送至神龕供

陳氏書院

奉。在陳氏書院的建築過程中，建築師大膽地採用了石雕、木雕、陶塑、灰塑、壁畫等不同風格、不同材料的工藝做裝飾，簡練粗放的線條與精雕細琢的藝術品相互映襯，莊重又不失淡雅。它集中國傳統建築形式與廣東地方特色工藝裝飾於一身，被譽為「廣州文化名片」，是新世紀羊城八景之一。

五羊石像

廣州之所以別稱「羊城」，是因為一個美麗的傳說。相傳，古時候的廣州人民尚在饑寒辛勞中苦苦掙扎。直至西元前887年某日，五位仙人身著彩衣，騎著五頭羊降臨廣州。仙人們考察人間疾苦後，又駕祥雲而去；而他們的坐騎卻化作巨石，永留廣州。五羊仙子留在廣州的福祉讓這個城市從此成為南國富饒之地，人人豐衣足食、幸福吉祥。現廣州的五羊石像位於越秀山木殼

崗，係嶺南著名雕塑藝術家尹積昌、陳本宗、孔繁緯共同創作。五羊石像高11公尺，一共使用了130塊花崗石雕刻而成。四頭憨態可掬的小羊圍繞著一頭口銜稻穗的高大母羊，再現了神話傳說中仙人贈廣州人民以豐饒的一幕。五羊石像象徵著廣州的繁榮昌盛，它於1999年被評選為廣州市文物保護單位，如今五羊石像已成為海內外遊客到廣州必定前往的著名景點。

五羊石像

廣州最佳的旅遊季節

　　廣州位於亞熱帶沿海，屬於海洋性亞熱帶季風氣候，溫暖多雨、光熱充足，夏季長、霜期短，是除昆明外全國年平均溫差最小的城市。4-6月為廣州雨季；7-9月則天氣炎熱、多颱風。實際上，10-12月是最適合去廣州旅遊的季節。彼時廣州溫度適宜，且涼爽多風。雖廣州冬季稍顯寒冷，但持續時間非常短暫。每年北方大雪紛飛、寒風刺骨之時，廣州卻處處春意，不負其「花都」之名。

廣州方言

　　廣州方言是中國南方地區的重要方言之一，又稱「廣府話」「白話」，是粵語語系的典型代表。它主要包括東山口音、西關口音、西村口音及番禺

口音等，在珠江流域城市影響力強大。廣州方言在形式上有個比較明顯的特點——單音節詞多，如蟹（螃蟹）、眼（眼睛）、明（明白）、塵（灰塵）等。另外，廣州話中許多詞素的前後位置也與普通話不同，如歡喜（喜歡或開心）、緊要（要緊）等。

1949年前，廣州話用詞比較古雅，受北方方言影響較小。近年來，廣州話隨著外來人口的流動、時代的變遷，在緩慢地發生著變化。許多舊詞逐漸消失，類似「執仔婆」（接生婆）、「泡水館」（賣開水的店鋪）等詞彙現已基本無人再說；而諸如「士多」（小商店）、「巴士」（公車）、「發燒友」（同好）等新詞則如雨後春筍般湧現。

接下來，讓我們了解一些廣州方言中的日常用語吧：

親人間的稱謂

老豆——爸爸；媽子——媽媽；大佬——哥哥；家姐——姐姐；細妹——妹妹；細佬——弟弟；阿嫂——嫂子；阿爺——爺爺；阿嫲——奶奶；阿公——外公；阿婆——外婆。

對天氣的稱謂

掘尾龍——龍捲風；落雨——下雨；行雷閃電——打雷閃電；蛇仔電——像樹杈一樣的閃電；白撞雨——有陽光的陣雨；過雲雨——即來即去的短時間陣雨；翳焗——潮濕悶熱。

對時間的稱謂

上晝——上午；晏晝——中午；下晝——下午；琴日——昨天；今日——今天；聽日——明天；禮拜——星期。

對動物的稱謂

百足——蜈蚣；烏蠅——蒼蠅；塘尾——蜻蜓；臭屁瘌——臭蟲；簷蛇——壁虎；蛤嫲——青蛙；蟛蜞——小螃蟹；水魚——甲魚；瀨尿蝦——蝦蛄；雞公——公雞；馬騮——猴子；黃猄——麂子。

對植物的稱謂

　　馬蹄——荸薺；勝瓜——絲瓜；生果——水果；番薯——紅薯；大瓜——南瓜；矮瓜——茄子；禾——稻子；柑——橘子；椰菜——包心菜。

其他日常用語

　　放飛機——失約；擦鞋——拍馬屁；拍拖——談戀愛；頭赤——頭痛；隔籬——隔壁；羞家——丟臉；搵人——找人；得閒——有空；返工——上班；出糧——發工資；手信——小禮物；早晨——早上好；好夾——合得來；除——脫；食——吃；雪櫃——冰箱；樽——瓶子；滾水——開水。

廣州的歷史與城門樓

　　每當提起廣州，人們會自然而然將它與現代、時髦、繁華、富裕等關鍵字聯繫起來。實際上，廣州還是一個具有悠久歷史和深厚文化底蘊的歷史文化名城，是國務院首批頒布的國家級歷史文化名城之一。

　　早在西元前9世紀的周代，這裡的「百越」人和長江中游的楚國人已有來往，建有「楚庭」，這是廣州最早的名稱。秦始皇三十三年（西元前214年）統一嶺南後建南海郡（郡治設在「番禺」，即今天的廣州）。西元226年，孫權為了便於統治，由原交州分出交州和廣州兩部分，「廣州」由此得名。到如今，廣州已經有兩千多年的建城歷史。就連法國首都巴黎、英國首都倫敦以及俄羅斯首都莫斯科等，都比廣州年輕。下面，讓我們對廣州歷史文化做一個簡單的了解吧。

廣州的歷史文化

廣州自何時起出現了古人類

　　歷史上，嶺南地區出現人類活動的時間可追溯到數十萬年前。在廣東省雲浮市鬱南縣河口鎮和都村，有一個磨刀山遺址。面積達幾千平方公尺的紅土地上，立著一堆堆土墩，挖掘出石器的痕跡清晰可見。考古人員在磨刀山遺蹟挖掘出土大量石器，包括手斧、刮削器、砍砸器等，加工工藝比較粗糙。這是廣東地區舊石器時代早期文化留下的痕跡。

　　那麼，廣州地區的古人類又是何時起出現的呢？位於廣州市從化呂田鎮的獅象村遺址可以告訴你答案。

　　獅象村遺址是廣州地區年代最早的古代人類遺址，在這個遺址上出土的文物包括石器、陶器及部分瓷器。遺址灰坑中，發現了大批量精緻、鋒利的石戈、石箭頭等兵器，與磨刀山的相比，手工更為精細。這樣的兵器在嶺南十分罕見，讓人驚歎不已。除石器時代的兵器外，考古人員還發掘出戰國時期的陶缶、漢代的陶罐以及唐代的青釉四耳罐。由此可見，廣州地區在距今五千餘年前即有古人類居住。他們代代生於此、長於此，在每一個歷史時期都留下了廣州人生活的烙印。

哪些朝代曾把廣州作為都城

　　雖然廣州在長達兩千多年的歷史長河中，一直都是華南地區的政治、經濟、文化中心，但因其地理位置在沿海，基於國防等因素的考慮，將廣州作為都城的情況並不多見。在秦末漢初與唐末，廣州曾兩次出現過割據的小國，分別為南越國與南漢。南越國係趙佗自立，在西元前206年至前111年期間，廣州是南越王國的都城。而南漢係唐末劉岩成立，廣州在西元917年至971年期間，是南漢的都城。

近代廣州發生過幾次革命

拿過一張廣州地圖平鋪，沿著廣州市中軸線一一細看，三元里平英團遺址、黃花崗七十二烈士墓、廣州農民運動講習所、廣州公社舊址、黃埔軍校舊址等熠熠生輝。這些地名大多與近代革命有關：著名的三元里抗英鬥爭、黃花崗起義等均發生在廣州；孫中山先生曾於此地三次建立起臨時政權；毛澤東在這裡創辦講習所，培養大批革命中堅力量；葉挺、葉劍英元帥也曾在廣州領導起義……廣州，是當之無愧的中國近現代革命策源地。吹去歷史的浮塵，讓我們來看看在這片古老的土地上，廣州人民為了爭取民主與自由，發起過多少次轟轟烈烈的鬥爭：

三元里抗英鬥爭

三元里抗英鬥爭發生在1841年5月，當時佔據了廣州四方炮台的英軍到廣州城北的一個小村莊——三元里搶奪財物、強姦婦女。英軍的暴行在當地激起民憤，群眾奮起反抗，打死數名英軍。隨後，三元里附近103個鄉的非官方武裝力量包圍四方炮台並將英軍引誘至牛欄崗。後來天降傾盆大雨，英軍槍炮失去威力。手持刀矛的人民乘勢猛攻，將英軍圍困。驚恐萬分的英軍逼迫廣州知府解散了抗英隊伍，最終撤出虎門。

黃花崗起義

1911年4月27日，同盟會發動了第十次武裝起義。這次起義由黃興率領，共計有120餘名敢死隊員參與其中。他們臂纏白布，腳穿黑色橡膠鞋，從小東營指揮部出發，直撲兩廣總督，與清軍展開血戰。但因武器裝備、人數等方面敵我懸殊，起義失敗。革命黨人被殘殺，遺體血肉模糊，陳屍於廣州街頭。同盟會會員潘達微先生挺身而出，收斂72位烈士的遺骨並埋葬於廣州東郊黃花崗。雖起義未成，但黃花崗烈士浩氣長存。

護法運動

1917年7月至1918年5月，孫中山先生為維護臨時約法、恢復國會，開展了轟轟烈烈的護法運動。彼時袁世凱解散國會，恢復帝制。雖在護國運動的

影響下，帝制又被迫取消，但黎元洪、段祺瑞等人經府院之爭後引入張勳勢力。張勳入京後擁戴溥儀復辟，因受到多方政治力量反對，復辟醜劇在短短幾個月之內宣告結束，但段祺瑞在重新掌握北京政府大權後卻拒絕恢復《臨時約法》和召集國會。孫中山先生非常憤怒，他南下廣州，發表演說，召集國會非常會議，並宣誓就職海陸軍大元帥，率領一批革命黨骨幹和國民黨激進份子成立軍政府，北上討伐以馮國璋、段祺瑞為首的北京政府。護法運動爆發後，各地護法軍紛紛響應。經過數次和戰反覆後，孫中山發現大部分西南實力軍閥名為護法、實為爭奪地盤。於是他離開廣州，前往上海。護法運動失敗。

為什麼孫中山沒葬在廣州？

在廣州市越秀山南麓，坐落著一棟宏偉莊嚴的建築物。它整體呈八角形，屋頂全部採用藍色琉璃瓦。在陽光的照耀下，琉璃瓦蓋與紅柱黃磚交相輝映。兼以四周綠樹環繞，景物錯落有致，建築物顯得格外雍容華貴。

這就是廣州的中山紀念堂，是廣州人民和海外華僑為紀念孫中山先生而集資修建的。眾所周知，孫中山先生與廣州有著千絲萬縷的聯繫。他的東西藥局，設置在廣州；創建興中會後，他前後領導了10次起義，2次在廣州；1921至1922年期間，孫中山在廣州就任了中華民國非常大總統……廣州可說是孫中山先生當之無愧的革命大本營，也是國民政府發家的地方。但孫中山先生逝世後，卻沒有選擇廣州作為自己最終的歸屬。

中山紀念堂

據記載，1925年3月12日，孫中山先生生命垂危。宋慶齡、孫科及汪精衛、何香凝等人在孫中山病榻前商議他的後事，汪精衛提議將孫中山先生葬在北京景山。此時，已陷入昏迷的孫中山突然甦醒，掙扎著說：「不對，不對。我要葬在紫金山。」

孫中山先生做出這個決定的理由很簡單：他要與共和同在。南京是當時國

民政府的所在地，因此，他要求葬在南京，而不是廣州。

　　雖然廣州最終並未成為孫中山遺骨埋藏之地，但廣州人民依然對這位偉大的革命先行者滿懷追思。廣州承載了孫中山一生的挫折與偉大：中山紀念堂、中山大學、孫逸仙紀念醫院……每一個地名都記錄著孫中山先生步步堅定的足跡。

廣州城中軸線的演變

　　廣州城市的近代化始於1918年，彼時廣東省員警廳廳長魏邦平促使市政公所決定拆毀城牆，修築馬路。魏邦平的改建計畫包括拆改起義路，但那時候的起義路滿是書院與宗祠，其中許多書院、宗祠還有政治背景。魏邦平要將起義路開得平平直直的願望最終沒有實現，他鬱鬱而終；後來者陳濟棠卻在廣州改建中大展宏圖。

　　迷信風水的陳濟棠著力於經營廣州城的中軸線，他認為這樣可以鞏固自己的政治地位。隨著越秀公園、中山紀念碑、中山紀念堂、海珠橋以及中央公園、起義路等標誌性建築的逐步規劃、建設，廣州市自越秀山到海珠廣場再到江南大道這一自北向南的中軸線從此確立，氣勢宏偉壯麗。

　　1980年以來，廣州經過高速發展，城市向東及南擴展。1984年，廣州市提出了新城市中軸線的概念。新的中軸線貫穿了燕嶺公園、火車東站、天河體育中心、新電視塔以及海心沙島，總長共計12公里。

　　近代廣州的中軸線以紀念建築、行政建築為特色，宣示著當時執政者的權威；而如今的廣州中軸線則記錄著這個城市日新月異的經濟發展狀況，用商業地標、生態園景等建築物，貫穿了整個城市的經濟命脈。

建國後，廣州行政區劃的變更

　　1949年10月14日，廣州解放。解放後的廣州一度被定位為中央人民政府直轄市，是新中國成立之初的13個直轄市之一。此時的廣州市被劃分為28個區，其中城區20個、郊區7個、水上區1個。1950年，廣州改為中南軍政委員會領導，1954年又劃歸廣東省領導，為省轄市。

　　1983年，韶關地區的清遠縣、佛岡縣劃歸廣州市。同年2月，廣州實行計畫單列。計畫單列後，廣州市被授予了相當於省一級的經濟管理許可權。它的收支將直接與中央財政掛鉤，與省級財政脫離關係。

　　1993年，國務院決定撤銷省會城市的計畫單列。後廣州被定為副省級城市，在國民經濟與社會發展計畫方面，被作為省一級計畫單位看待，擁有省級政府的許可權。

　　經過二十餘年不斷的規劃調整，廣州市現管轄的城市總面積達7434.4平方公里，區劃包括越秀區、荔灣區、海珠區、天河區、白雲區、黃埔區、番禺區、花都區、南沙區、增城區與從化區。其中越秀、海珠、荔灣被稱為老三區，是廣州市的老城區；而番禺、花都、從化、增城則被稱為「新四區」，發展迅速。

廣州各行政區劃的名字都起源於何處？

荔灣區

　　荔灣區得名於荔枝灣。「一灣春水綠，兩岸荔枝紅」即描述的是荔枝灣舊景。現在荔枝灣的往日風光雖已消失，但「荔灣」這一名稱卻保留至今。

從化區

　　明朝時期，有叛軍在流溪河流域起兵作亂。政府派人鎮壓後，設立一縣安置戰俘。取其服從教化之意，故名「從化」。

越秀區

　　廣州城內有一座山名為「粵秀山」，後因故更名為「越秀山」。該地建區時，以山名定為區名，此即為「越秀區」名稱來歷。

天河區

　　天河區得名於天河村。天河村原名大水圳村，該村民國時期李姓居多，與當時廣州軍閥李福林為同宗。1927年，李福林勢力擴張，將其出生地「大

塘村」更名為「天池村」，寓「天池出龍」之意。後又派人前往各宗族村遊說，要求把宗族村名全改為天字頭。由於大水圳村前有沙河湧流過，村名便改為了「天河村」。建國後，天河村的土地上修建起了天河機場、天河體育中心；最終，「天河」就成為了這片土地的區名。

白雲區

白雲區得名於白雲山。每當雨後放晴，山頂白雲繚繞，風景奇秀，蔚為壯觀。「白雲山」之名自此而來，後該區建區時亦定名為「白雲區」。

黃埔區

黃埔區得名於黃埔港，黃埔港是明清時期海上絲綢之路的必經之處。黃埔原名「鳳埔」，但外國船員誤讀為「黃埔」。久而久之，誤讀的名字反而傳承下來，成為了我們今天所稱的「黃埔區」。

番禺區

「番禺」之名，由來已久。明朝黃佐《廣東通志》載：「番禺縣治東南一里曰番山，其山多木棉，其下為泮宮；自南聯屬而北一里曰禺山，其上多松柏。」正因該地有番山和禺山，故被稱為「番禺」。

海珠區

海珠區得名於海珠石。海珠石是珠江三石之一，原為珠江中間的一個小島。因為它地處航道之中，曾經被用作炮台。後來被開闢為海珠花園，在陳濟棠修築新堤時期，沉沒於地表之下。現海珠花園仍殘存下六塊巨石，被放置在海珠橋兩端。

增城區

東漢年間，南海郡原有六縣。後擬新設一縣，增建一城，故名之曰「增城」。

南沙區

南沙舊名沙埔，又名沙浦、南灣。它是珠江三角洲自然形成的沖積平原，沙的意思就是沙洲。2005年4月28日，政府將番禺區的南沙經濟技術開發區和萬頃沙鎮、橫瀝鎮、黃閣鎮、靈山鎮的廟南村、七一村和廟青村的部分區域，東湧鎮的慶盛村、沙公堡村、石牌村的各一部分區域劃歸南沙區管轄，南沙區自此成立。

花都區

花都區有廣州市北大門和後花園之稱，1960年4月為廣東省廣州市屬縣，1993年6月18日，撤縣設市，定名花都，人口近50萬人。

廣州金融業的發展史

廣州的金融業一直位居中國前列。在沒有特殊性政策扶持的情況下，廣州超越了重慶、天津、珠海等享受大量政策優惠的城市，獲得了僅次於北京、上海之後的全國經濟總量的探花地位。

實際上，廣州的金融業能得到長足發展，與它所處的地理位置、歷史沿革有著分割不開的聯繫。廣州處於中國東南沿海，歷史上一直是中國與東南亞、西亞、非洲、歐洲等地距離最短的貿易港。《南京條約》簽訂後，雖中外貿易特權從十三行手中旁落外國列強操控，但客觀上，為廣州近代金融業的發展提供了土壤。

在軍閥混戰的1923年，孫中山先生第三次在廣州建立政權。彼時廣東金融被滙豐、有利等外資銀行把持，情況十分混亂。孫中山與宋子文於次年在廣州建立起廣州中央銀行，並採用現兌等特殊手法阻止通貨膨脹，同時發行公債。廣州的中央銀行，為中國近代金融史劃下了第一筆濃墨重彩。

廣州市解放後，大量江、浙、滬一帶的民間資本通過廣州流向海外，金融氣氛濃厚。在良好的金融氣氛與改革開放的大背景下，廣州抓緊時機，促進金融業的發展。現廣州市來源於金融業的稅收佔全市稅收的8.2%，直接融資規模增速位列國內城市首位。

廣州的「十三行」是指哪十三行？

　　「十三行」又稱「公行」「洋行」等，最初起源於明代。但明代時雖其名為「十三行」，實際並非固定的13家。行商數量變動不定，少的時候只有4家，多的時候可達20餘家。在閉關鎖國的年代裡，十三行一方面肩負著管理國外商務人員、傳達政令、代繳稅款的義務，一方面又享有對外貿易的特權，性質上半政半商。

　　由於所有的進出口貨物都要經過十三行買賣，這使得十三行成為了呼風喚雨、點石成金的地方。潘、伍、盧、葉四大行商，其家產總和比當時的國庫收入還要多，是貨真價實的「富可敵國」。尤其是祖籍福建的伍秉鑒，是個經商的天才。他用了七年的時間，使自家的怡和商行雄踞總商地位，如日中天，不可一世。曾有美國商人欠付伍秉鑒7萬餘元，滯留廣州無法回國。伍秉鑒滿不在乎地撕碎欠條，表示一筆勾銷，對方想何時離開都行，絕不阻攔。然而隨著歷史的發展、中西方文化的劇烈碰撞以及由此帶來的對外貿易持續開放，十三行不可避免地逐漸走向衰落，最終消失在歷史舞台上。直到現在，廣州市還有十三行路，這條道路見證了十三行長達數百年的興衰史。

各類宗教在廣州是如何和平共處的？

　　廣州在中國宗教史上，佔據著「四地」的重要地位，即：外來宗教海路入華的首選地、中外宗教文化交流的前沿地、宗教變革地、嶺南宗教文化的中心地。早在西晉太康二年，佛教就傳入中國。西竺僧伽摩羅在廣州建立了三皈、仁王兩座寺廟，佛教的「海上絲綢之路」自此而始。幾乎在同一時期，鮑靚和葛洪南下廣州傳道修道，符籙派和丹鼎派應運而生。彼時鮑靚創建的越岡院，就是如今廣州三元宮的前身。唐朝初年，伊斯蘭教傳入廣州；阿布·宛葛素創建的懷聖寺是中國的第一座清真寺。明末時期，范安禮利用葡萄牙人來華貿易的機會進入廣州，並傳播天主教。

　　經過數千年的歷史演變，廣州的宗教最終形成了多元共存的局面。有的廣州人供奉土地神，有的廣州人供奉財神；有的廣州人信奉真主阿拉，有的廣州人則篤信上帝。應元路的三元宮、光孝路的光孝寺、光塔路的懷聖寺、

一德路的石室聖心大教堂……幾大宗教的活動場所都分布在相距不遠的範圍內，它們彼此尊重，共同發展。廣州地域的開放性與相容性，讓廣州的宗教達到了「萬物並育而不相害，道並行而不相悖」的和諧境界。

廣州有哪些傳統節日？

廣州是一座很注重傳統節日的城市。當春節、元宵、清明、端午、中秋等大部分重要節日來臨時，廣州都承襲中原舊俗，如春節時吃團年飯、貼春聯、舞龍舞獅；端午節吃粽子、賽龍舟；中秋節拜月、賞月、吃團圓飯等。但另有一些節日，則是廣州所獨有的，其中包含著許多美好的故事和傳說。

生菜會

生菜會起源於明末清初，有三百多年的歷史。最初，人們在迎春日那天舉辦生菜會，大家一起吃生菜、「迎生氣」。後來，因「生菜」同「生子發財」音近，生菜會漸漸地與送子觀音的誕辰——農曆正月二十六聯繫起來。每年的這一天，人們都會在觀音廟附近看戲聽曲、朝拜觀音。生菜會上的食物也逐漸變得豐富：除了寓意「生財」的生菜外，還有象徵長壽的粉絲、象徵顯貴發達的蜆肉，象徵長久的韭菜等。直到今天，生菜會在老廣州人心中仍然有著不可替代的地位。

波羅誕

相傳唐朝時，有天竺屬國波羅使者來華。後因延誤歸期，終老於廣州，

波羅誕

並被封為「達奚司空」。為了供奉他，廣州人建立了南海神廟。由於使者來自波羅，又曾為廣州帶來鳳梨樹，於是民間便將神廟稱為「波羅廟」，還設定了「波羅誕」作為南海神誕。波羅誕在每年農曆二月十一至十三舉行。廟會期間，各地善男信女結伴前往南海神廟，或觀光、或祈

福。彼時路上行人如蟻，廟中人聲鼎沸，紫煙繚繞，爆竹轟鳴，勝似春節，故民間有「第一遊波羅，第二娶老婆」之說。

廣州人說「喝茶」就是喝茶嗎？

廣州人碰面時，喜歡問候對方「飲左茶未」？這一習慣用語折射出的是廣州人上千年來對喝茶的嗜好。據傳，南越國國君趙佗當年率領大臣在江邊樓閣喝茶，眼見紅日升起，珠江浮光耀金，非常壯麗。趙佗心花怒放之際手抓茶葉撒入江中，茶葉隨即化作飛舞鶴群。不多時，鶴群又化為儀態輕盈的仙女。仙女降落樓閣之中，並向趙佗獻上香

一盅兩件

茶。這個神話故事，可以將廣州人喝茶的歷史上溯到西漢時期。

然而，倘若廣州人請你「喝茶」，可並非喝點茶水那麼簡單。廣州人喝茶是講究「一盅兩件」的。所謂「一盅」，就是茶壺配茶盅。壺裡放些粗茶，提神洗胃。「兩件」多為蘿蔔糕、芋頭糕之類點心，在清腸胃之餘可以填飽肚子，補充精力。

如今，廣州的「一盅兩件」已經摒棄了舊時的粗放風格。「一盅」要求茶靚水滾，「兩件」要求精美多樣，馬蹄糕、糯米雞、叉燒包等口感細膩的小吃正在逐步取代蘿蔔糕、芋頭糕的地位。人在廣州，邀約三五知己，在茶樓裡可以從早茶一直喝到夜茶。大家海闊天空地指點江山，評論時政，別有一番情趣。

廣州為何被稱為「妖都」？

近年來，除「羊城」「穗城」「花都」外，廣州又多了個別稱——「妖都」。關於「妖都」的來源，說法真是五花八門：

有人說，廣州被稱為「妖都」是因為已經有了「魔都」（即上海）。按照妖魔鬼怪的說法，廣州就應該叫「妖都」；有人說，廣州的外來人口遠超

本地人口，外來人口的不斷增加讓許多人對廣州產生了魚龍混雜的印象，故有了「妖都」這個稱呼；也有的人認為，「妖」在粵語中是一個常用的吐槽詞，相當於「切」。正是因為這個語氣詞，廣州才被稱為「妖都」的。

事實上，廣州「妖都」的別稱與日本舶來文化——ACG有關。ACG是動畫（Animation）、漫畫（Comic）、遊戲（Game）的總稱，日本的ACG受眾們將東京戲稱為帝都，稱大阪為妖都，京都和奈良則被稱為大魔都和小魔都。ACG文化傳入中國後，中國的受眾也照搬了日本設定。由於北京、上海、廣州這三個城市ACG業比較發達，於是北京成為了「帝都」，上海成為了「魔都」，廣州則成為了「妖都」。廣州相容並蓄的文化態度，在廣州人對「妖都」這一稱謂的接受程度上可見一斑。

廣州市為何選擇木棉花作為市花？

木棉主要分布於華南地區，通常在12月落葉，晚春開花。木棉花盛開時直徑可達12釐米，遠遠望去，滿樹殷紅。

木棉有許多別名，例如烽火樹、吉貝樹等。《西漢雜記》記載，西漢時南越王趙佗曾向漢武帝進貢「烽火樹」，這裡的「烽火樹」就是現在的木棉。而「吉貝」這個別名則來源於一個傳說。

相傳五指山上，有位老英雄名叫吉貝。他常常帶領族人抵禦異族的侵犯。後來因叛徒告密，吉貝被捕。敵人將他綁在木棉樹上嚴刑拷打，但吉貝英勇不屈，最後被殘忍殺害。吉貝去世後，他的身體化作一棵棵滿身紅花的木棉樹。因此，後人將木棉樹稱為「吉貝」，以紀念這位英雄。

木棉樹挺拔端莊的姿態，引來無數詩人的吟詠、讚歎。清代詩人陳恭尹

木棉花

在《木棉花歌》中形容木棉花「濃鬚大面好英雄，壯氣高冠何落落」；廣東詩壇領袖張維屏則在《東風第一枝木棉》中寫道：「烈烈轟轟，堂堂正正，花中有此豪傑」。這些詩句把木棉花英勇頑強的特質描摹得淋漓盡致。正因為木棉花象徵著凌雲壯志，洋溢著似火一般的熱情，廣州市政府才最終於1989

年10月確定：選擇木棉花作為廣州市花，讓木棉花來展現廣州人的英雄氣概以及他們對生活的熱愛。

廣州的城門樓

廣州舊城到底有多少個城門？

城門是城樓下方的通道，它與城樓、城牆相互連接，既能夠起到軍事防禦的作用，又能夠為城市防洪效力，是古代城市堅固的屏障。

漫步廣州人民公園，可以找到一個廣州古城的模型。在這個古城模型上，我們可以看到廣州舊時的十八個城門。這十八個城門東至中山三路，西至中山六路，南至珠江，北至越秀山，它們相互連接構成了舊廣州的邊界。

大北門

大北門位於現在的解放北路、盤福路、鎮海路交界處。鎮海路是沿著大、小北門之間的城牆修建，這段城牆就是廣州現在僅存的一段明代城牆。

小北門

小北門位於越秀山麓，在解放前就已被拆除。後來小北門依據越秀山舊城牆造型設計並重建，採用了青磚、紅岩、灰牆、琉璃瓦等元素，現在是越秀公園的東門。

廣州西門

大西門

大西門位於現在的中山六路與人民路相交處西南側，僅餘殘跡。它南北長50餘公尺，東西寬18公尺，殘存基址高三四米。古時的大西門商業繁華，有許多典當鋪。著名的寶生大押就位於大西門外，是廣州城的第三大典當鋪。

廣州大東門

文明門

　　文明門的開闢可追溯到明朝萬曆年間。它置身於喧鬧的文明路騎樓群中，四周理髮店、雜貨鋪、小吃店鱗次櫛比。相傳，以前書生們在廣府學宮考完試，就經過文明門，再步行青雲直街，旨在取個好意頭「青雲直上」。

大東門

　　大東門，學名正東門，位於如今的中山路與越秀路交界處。出大東門後，可以看到東濠涌。跨過東濠涌上的大東門橋，便是昔年墳墓遍地、高低不平的東郊。廣州歷史上發生過兩次大屠殺，其中一次大屠殺將東郊作為難民埋骨之地。人們稱之為「東門共塚」。

大南門

　　大南門位於現在的北京路、大南路、文明路交界處。

小南門

　　小南門又稱定海門，位於現在的德政路與文明路的交界處。穿過小南門往北，就可以抵達原番禺學宮；而小南門的東邊就是廣東的貢院。

　　除了前述這些主要城門外，還有永清門、靖海門、油欄門、竹欄門、五仙門、歸德門等。廣州十八城門所在的位置，至今仍然是商業旺地。從前花農販花之地──五仙門，在民國時期建立起五仙門發電廠；而油欄門周邊則成為了海味乾貨批發市場……廣州人對商業的重視，在舊時城門樓的變遷歷程中體現得淋漓盡致。

《浮生六記》裡的幽蘭門是靖海門嗎？

　　沈復是清代的作家、文學家。生於蘇州幕僚家庭的他沒有參加過科舉考試，曾一度靠賣畫維持生計，四處遊山玩水。他在各地飄零的一生中，寫下了《浮生六記》，大半輩子的歡愉與愁苦兩相對照，讓人不禁發出「浮生如夢，為歡幾何」的感慨。

　　沈復在《浮生六記》中，曾多次提起過廣州。販賣各色鮮花的芳村、靖海門的揚幫妓船，還有位於「幽蘭門」的十三洋行。實際上，廣州各城門中並無「幽蘭門」一門。有人認為，沈復筆下的「幽蘭門」就是靖海門，李景新先生與衛家雄先生即持此說。然而，《浮生六記》裡，沈復曾記載自己在乾隆八十五年「寓靖海門內，賃王姓臨街樓屋」，又說正月十六，他與友人「同出靖海門，下小艇」。由此可見，沈復絕無可能將幽蘭門與靖海門混為一體。那麼，《浮生六記》裡的幽蘭門究竟是哪個城門呢？

　　其實，「幽蘭門」就是廣州的「油欄門」。它們二者發音相近，沈復在遊覽廣州途中可能錯將「油欄」寫作「幽蘭」。另外，油欄門位於靖海門之西、十三行之東，與沈復記敘的方位能夠互相對應。所以，《浮生六記》裡的幽蘭門絕對不是靖海門，而應該是位於如今一德路與海珠南路相交處的油欄門。

雙門底：廣州城門裡的除夕花市

　　雙門底始建於唐天佑三年。彼時嶺南清海節度使劉隱擴大南城，命人鑿低南門兩側的番山及禺山，並建立清海軍樓。這棟樓，即為「雙門底」的雛形。後清海軍樓經數代改建，被建成樓長十丈四尺、深四丈四尺、高三丈二尺，上為樓、下為兩個並列的大門，俗稱「雙門」；雙門底自此誕生。

　　雙門底是古時廣州的商業中心，書坊、古董市場均熱鬧非凡。

雙門底

到清朝時，雙門底花市成為廣州一絕。「雙門花市走幢幢，滿插籮筐大樹穡。道是鼎湖山上採，一苞九個倒懸鐘」。這是晚清文人徐澄溥寫下的《歲暮雜詩》，描述的就是雙門底大街年宵花市的盛況。每到除夕之夜，廣州萬人空巷，人們扶老攜幼看花買花。伴隨著滿城炮竹的響聲，雙門底滿街花團錦簇，各種姹紫嫣紅的花朵競相登場。桃花、吊鐘花和水仙花是除夕花市的主角，它們分別象徵著宏圖大展、多子多福與大吉大利。若買得中意花束務必要高高舉起，否則會落得空剩殘枝。

如今的廣州花市歷經千年，傳統依舊。目前，廣州已形成了越秀、天河、荔灣、白雲等區的十大花市；過去的雙門底更名為「北京路」，後來又被改造成為商業步行街。現在的北京路上，鋪設著可以俯視千年古道的玻璃路面，還安裝了變幻萬千的彩虹噴泉。雙門底在歷史與時尚強烈反差的視覺效果中，更顯迷人魅力。

歸德門：一扇不能開啟的城門

在廣州博物館碑廊，至今還保存著一塊珍貴的文物：刻著「歸德」二字的石額。它寬163公分，高99公分，篆體工整，筆勢雄渾。自明代時起，就懸掛在廣州城歸德門上方。

歸德門是一扇特別的門。它位於如今的解放路與大德路相交處，將南海、番禺兩地相隔。清朝時期，歸德門這一線還成為了滿漢民族的分界線。西邊為八旗駐地，東邊為漢民族居住地，界限分明。由於歸德門地處交通幹道，故人來人往，十分熱鬧。

歸德門

除卻作為分界線而存在的特殊意義之外，歸德門還有一個數百年來沒有解開的謎團：它是一扇夜晚不得開啟的城門。往年的廣州在晚九時左右就開始宵禁，所有城門關閉，鑰匙上交將軍府，等到黎明時分再開啟。但在宵禁期間，如果有地方官員因公耽誤，可以酌情開啟放入。可這樣的特例卻不適用於歸德

門。據說當時的南海知縣因公夜歸，也只能繞道到大南門叫開城門，無法抄近路從歸德門進入。同治十二年，西關故衣街茂興洋貨店發生火災，急務當前，歸德門也不許開。眾人只能繞道大南門、太平門前往撲救。如此不通情理，實屬少見。

歸德門不許開啟的原因至今也無人知曉。今天的歸德門，已經完全沒有了昔日的蹤跡。過去摩肩接踵的花鳥蟲魚市場早已消失，一條寬闊的解放路貫通南北。只剩下博物館裡的碑廊，作為上百年來廣州城歷史的見證。

東門共塚：廣州大屠殺的血腥產物

廣州歷史上，曾經發生過兩次慘絕人寰的大屠殺：盧循焚城與庚寅之劫。前者發生在東晉年間，孫恩、盧循在浙江一帶起義，後被朝廷派兵鎮壓。盧循兵敗後率領數千人馬逃到海上，泛舟南下抵達廣州，隨後攻城。當時，盧循採用了火攻策略，他派人入城放火。由於時值深秋，夜風大作，城內建築材料多用木竹茅草，火勢蔓延熊熊。這次焚城導致三萬餘人身亡，最後只得挖掘大塚埋葬。

庚寅之劫則發生在明末清初，尚可喜與耿繼茂攻陷廣州後對城內居民進行了長達十二天的大屠殺。據清史記載，這場屠殺中共有數十萬人命赴黃泉。那些屍體在廣州城東門外被焚燒合葬，彼時「累骸成阜，行人於二三里外望如積雪」。傳說尚可喜在屠殺後陷入了永無止境的噩夢中。他開始流連於廣州城內各種寺廟道觀，想尋求心靈平靜。最終，他在海幢寺遇到了天然和尚。在天然和尚的點撥下，他擴建了海幢寺，以超度在庚寅之劫中死去的亡魂。

大南門：一項長達兩年的拆遷工程

廣州城大南門位於廣城市中軸線上，內外均為官府。外省來廣州上任的官員，大都乘船抵達天字碼頭，再從大南門入城就職。

從1912年起，廣州市就開始了拆城築路運動。但城牆拆除的過程十分艱辛漫長，僅大南門一段，拆除工作就耗費了將近兩年的時間：

1919年2月至3月，永興公司商人韋仕中標，成為大南門拆遷工程的負責人。在韋仕與市政公所簽訂的合約中載明，該工程完工時間為90天，每延遲一天，要罰款30元。然而，永興公司在拆遷過程中遇到了很大的麻煩，承包商韋仕無力再雇傭工人。該工程自開工日起至1921年1月30日止，扣除掉泥土處理期、戰爭停工期、下雨影響工期的日期後，延期長達335天，罰款共計10065元，在當時是一筆十分龐大的數額。

由於永興公司已無法再繼續開展拆除工作，而同時進行的西濠工程又急需大南門拆除工程中產生的泥土來進行填充；一旦大南門拆除工程擱置，西濠工程、馬路興建工程等都會受到影響。基於種種考慮，市政公所必須引入協力廠商來接手。此時，接盤者陳鉅臣出現在官方視野中。他推薦華興公司來頂替永興公司，以盡早完成工作。然而，市政公所要求華興公司必須按照原來的合同進行拆除工作，之前的罰款也必須由華興公司償還，方可批准承接；因此，雙方出現了利益的博弈。華興公司希望減免罰款，而市政公所卻將此事推脫到工程科，要求工程科擬定解決方案。承接工作遲遲得不到落實。

直到廣州頒布《廣州市暫行條例》後，市政公所被廣州市政府工務局取代。工務局決定對永興公司作出嚴厲處罰，解除雙方簽訂的合同，並將永興公司繳納的押金和部分工程量充公以抵扣罰款。大南門拆遷工作至此方得以繼續下去，當年官方與民間力量的博弈，在這段長達685天的拆遷工程內展現得淋漓盡致。

傳說中關係著科舉風水的城門樓——東西照壁

照壁是中國古代傳統建築的特有部分，明清時期特別流行。它是大門內的遮罩物，又稱蕭牆，傳說是為了避邪而修建，因為鬼怪只會走直線，不會轉彎。廣州東西城門甕城內加築的照壁也是基於風水的考慮，認為這樣可以防止陰、陽二氣相撞，從此城中可免兵禍。

但東西照壁建造後，廣州人民卻紛紛表示反對。他們強烈要求拆掉照壁，理由聽起來不免有些可笑：照壁阻擋了廣州人科舉考場上的運氣。

原來在科舉考試中，廣東人裡產生過狀元，也產生過探花，但卻一直沒有廣州人中過榜眼。廣州人將此事歸咎於廣州城東西門的照壁，認定照壁完

工後，形成了兩道屏障，彷彿廣州城的雙眼被人為遮蔽。這樣一來，廣州人自然與榜眼無緣。幸好清代道光三十年，有個叫許其光的番禺人中了榜眼，打破了東西照壁與科舉風水有關的謠言，東西照壁得以倖存。

然而清代咸豐七年時，英軍進攻廣州，炮火連天；在這場戰爭中，肩負著避免兵禍使命的照壁終究沒有逃脫倒塌的命運。東西照壁的修建初衷與它最後的結局形成了強烈反差，讓人不由得發出一聲歎息。

西門甕城：廣州十八城門的最後記憶

甕城屬於古代城市的防禦設施之一，可以加強城池的防守。大多數甕城都修建在城門外，它們呈半圓形或方形，設置有箭樓、門閘等攻防設施，是城牆的一部分。

在廣州中山七路與人民路交界點的西南側，就有一處淹沒在繁茂的植物叢中的古代遺址——西門甕城。它修建於明代，城垣由紅沙岩條石包邊，牆芯則以黃褐色土夯實。廣州西門的城牆高大雄偉，一直是廣州抵禦外來侵略者的重要屏障。即便是明末時期，清軍南下將城門攻破，也不能怪罪於城牆不夠堅固。18世紀中葉來華的美國人威廉・亨特著有《舊中國雜記》，看了廣州城牆後，他說，「這記載看來是可信的。你看那高大的城牆、巨大的雙扇城門與高聳的城樓；而敵方沒有炮兵，他們的軍隊主要是騎兵，用的武器是弓箭和長矛。」

辛亥革命以後，廣州市引入西方規劃建設理念，開始了市政基礎建設。大部分舊城牆都遭遇了破壞性的改建，它們被推平、被拆除，只有西門甕城因拆除西城門時被殘磚廢石掩埋而倖免於難。

如今的西門甕城已經在文物考古研究所的主持下得到了發掘。遺址表層覆蓋的植物被悉數清理，城牆本體也得到了清潔和預防性微生物防治。在舊城遺址上，修築起方便遊人參觀的小公園。西門甕城穿越過數百年的時光，成為廣州十八城門的最後見證。

廣州的街橋地名

　　街巷將城池劃分為一片片方格網，除供居民通行外，還與明渠暗溝共同承擔著排汙、排雨的功效。橋樑則架設在江河湖海之上，為水域附近的居民往來提供便利。如果說城門牆是一個城市的骨骼，那麼街橋便是它的血脈。

　　城市街橋地名的來歷，可以從側面反映出該地的人文風情。西來正街與達摩有關？毓靈橋為何又叫龍門？為什麼人們說龍藏街背後是一個拍馬屁的故事？「飛來對面巷」這個奇怪的名字從何而來？……通過研究廣州市街橋地名背後的故事，相信你在遊覽期間能夠對這座古城多一份別樣的體驗。

廣州的街橋

毓靈橋為什麼又叫「龍門」？

　　毓靈橋位於廣州市荔灣區，橫跨大衝口涌。在清代中葉，該地屬於鍾秀鄉。「毓靈橋」的名字，也就來源於「鍾靈毓秀」這個成語。

　　毓靈橋造型古樸，沒有任何浮誇的花紋。在橋的兩岸，商業十分繁華：茶樓、藥店、肉店、山貨店等數百家店鋪鱗次櫛比，人群熙熙攘攘，摩肩接踵。除商業發達外，毓靈橋周邊的文化氣氛也頗為濃厚。當時的棉州書院就建立在毓靈橋附近，那些中舉的才子們衣錦還鄉後，乘船要通過毓靈橋下；

再加上賽龍舟時，毓靈橋常常作為競賽的終點站，因此，毓靈橋又多了一個「龍門」的美稱。

　　如今的毓靈橋，在經過數次損壞與修復後，成為了廣州市的重點文物保護單位。漫步毓靈橋上，觀古橋流水，賞紅花綠樹，聽蜂蝶鳥鳴，讓人不由得心曠神怡。

毓靈橋

廣州現存最古老的橋是哪座橋？

　　漫步位於廣州市海珠區前進路的曉港公園，穿越過一排排姿態優雅的翠竹，可以發現公園內有一座造型簡潔的古代石橋。這座橋叫「雲桂橋」，是廣州市區現存最古老、保存也最完好的石橋。它最初建於明代時期，是與海瑞齊名的清官何維柏的手筆。

　　何維柏是廣州人，一生為官清廉。後被嚴嵩陷害，削去職位。貶回原籍的何維柏在廣州南郊隱居，還設立了天山書院教授學生。為了方便學生來

往,他出資修建了一座石橋──小港橋。何維柏的學生們都非常爭氣,其中中舉人者過半數,中進士者多達十餘人,可謂桃李遍天下。後來,為了紀念何維柏,這座小橋被改名為「雲桂橋」,取「步雲折桂」之意。雲桂橋的橋名中,孕育著古代讀書人考取功名的美好願望。

雲桂橋

西來正街是從何處得名的?

達摩祖師原為印度人。傳說他原為南天竺國的王子,出家後傾心於大乘佛法,並改名為菩提達摩。他是中國禪宗的始祖,主要宣揚二入四行禪法。南朝宋末,達摩祖師自印度航海來到廣州,準備從這裡北行到北魏,沿途用禪法教人。為了紀念達摩祖師,人們把達摩抵達廣州時登岸的地方稱作西來初地,把他搭建的用於苦修的草庵稱作西來庵;如今廣州市荔灣區下九路一代的西來正街、西來後街、西來西、西來東等街巷名均由此而來。「西來」二字,記錄著佛教在中國傳播的足跡。直到今天,仍有絡繹不絕的海內外遊客前往西來庵(如今的華林寺)朝拜,以瞻仰當年達摩祖師修法傳教的風采。

西來初地

相公巷和相公有什麼關聯?

相公巷位於廣州市越秀區大新路。它名為「相公」的原因,確與相公有關。但這裡的相公並不是老公,而是對「君子」的一種稱呼。

明朝末年,巷裡住著一位書生,名叫吳八。因為他心地善良,又熱情助人,雖然沒有考取功名,但大家都尊稱他為「吳相公」。

有一天晚上,吳相公讀書讀得略感疲倦。他走出屋門準備休息一會兒,

突然發現巷口出現三條人影。這三人將一包東西扔到巷口水井內，還竊竊私語：「這次他肯定死！」「有這麼多人陪著死，他賺了！」吳相公一聽不對勁，便喝跑了這些匪徒。他擔心不知情的街坊誤飲有毒的井水，於是決心守住這口井。一旦有街坊來打水，吳相公就告訴對方昨夜有人投毒。

打水的人陸陸續續多了起來。越來越多的人開始質問吳相公：「你是不是昨晚眼花看錯了？」吳相公見無法打消眾人疑慮，便打水上來，對大家說：「這樣吧，我先喝一口水。如果我有事，你們千萬別喝。」

吳相公喝完一碗井水後，隨即腹中絞痛，不久便七竅流血而死。街坊們追悔莫及，只好將他厚葬。為了紀念這位書生，小巷也因而改名為「吳相公巷」，後來簡稱為「相公巷」。這就是相公巷的由來。

流花古橋與劉氏皇帝有關嗎？

流花古橋位於舊時的交易會展館之後，現僅存橋身石板數塊。雖然「流花古橋」字樣依然刻在橋側，但現在許多廣州本地人都對它無甚了解。其實，這座橋由來已久，它的命名還跟劉氏皇帝有關——

南漢時期，劉氏皇帝命令部下疏通開挖芝蘭湖，築起離宮別苑供自己與妃嬪享樂。彼時，別苑內鶯鶯燕燕，美人日日徜徉其間。在這個依山傍水

流花古橋

的溫柔鄉裡，築有一座木橋。木橋下可以通舟，兩岸一片桃紅柳綠，相映成趣。宮人們時常採擷鮮花，或用於供佛，或用於妝扮，或用於裝飾內室。每日清晨，當宮女起身梳妝時，便順手將前日殘花拋落水中。這些花朵隨著水流流淌到木橋之下，木橋從此就有了「流花」的名字。

匯津橋：服役至今的古橋

匯津橋是馬涌河上三大古橋之一。因橋下有三支水流入（一支由永興街流入，一支由珠江泳場流入，一支由沙園流入），故而得此橋名。

匯津橋始建於清代中葉，橋頭風光秀麗：水松挺拔高聳，蘆葦身姿頗具風韻，無數水鳥在此地聚居築巢。每到傍晚，有漁舟晚唱，划槳聲伴著鳥鳴聲，一派豐饒的田園美景。吳紹東就曾經在《日暮過馬涌橋》一詩中寫道：「田禾正稔熟，十里黃雲垂。何處荷花風，送香吹復吹。天際鳥三兩，時有歸雲隨。晚松涼欲滴，爽氣沁詩脾」。

如今，馬涌河上原有的式樣繁多的橋樑，大部分已經消失在歷史的長河中，但匯津橋卻完好地保存了下來。時至今日，匯津橋仍是附近居民的主要通衢。

石井橋有什麼傳說？

石井橋坐落在廣州市白雲區石井鎮內。以前，石井河上是沒有橋連通兩岸的。要想出行，全靠木船擺渡。由於湖畔有一大片泥潭，人們上岸時，總會把身上衣褲弄髒。當時有個叫周合盛的年輕人，心地善良。他每天都在河邊幫助來往路人過河，不由得生出了要在石井河上修建橋樑的願望。

有一天，周合盛背了一位鬚髮皆白的老年人過河。老人過河後，抬起自己的光腳對周合盛說：「我的鞋丟了，你幫我找找吧！」周合盛不辭辛苦，在爛泥中找到老人的鞋子。誰知老人得寸進尺地對他說：「給我穿上！」周合盛恭恭敬敬為他穿上鞋，老人起身就跑，速度飛快。周合盛認為老人不是普通人，連忙拔腿就追。追上後將自己的夢想告訴了這個老人。老人聽周合盛講完，有感於他的熱心：「年輕人，你一定會實現願望的！」話音剛落，就化成風消失了。

那天晚上，周合盛做了個夢。夢裡的老人把造橋的材料、方法等都一一告知了周合盛。最後，周合盛詢問老人尊姓大名，老人說：「吾乃黃石公是也！」

按照黃石公的指導，當地居民迅速籌備費用，在周合盛的監工下把石井橋建了起來。人們為了紀念周合盛與黃石

石井橋

公造橋的恩情，便在橋上刻了兩副對聯。一幅是「好進仙人履，能通駟馬車」；一幅是「彼岸通黃石，橫江映白虹」。

如今的石井橋，依然留存在石井河上方。經歷過來來往往行人的磨損，受到過侵略軍槍炮的擊打，風霜雨雪中它依然堅挺，用累累傷痕的身軀，承載起石井鎮百年的歲月流淌。

福泉街上真的有福泉嗎？

現在的廣州市惠吉西路附近，有一條福泉街。福泉街中有一口井，從井口往下看，可以看到一塊粉色石頭，狀如巨碑，從地底突出，倒懸井內。因此，這口井被稱為「吊碑井」。「福泉街」街名的由來就和這吊碑井有關。

相傳古時的吊碑井，有大量蝙蝠在井中棲息。忽有一日黃昏時分，天邊飛來一雙白鶴。井中蝙蝠紛紛自井口飛出，並繞著白鶴飛舞，直至天黑。天黑過後，這對白鶴飛入井裡，站在石碑上休息了片刻，然後飛向遠方。因當地人將蝙蝠、白鶴視為仙物，這一奇觀被他們看在眼裡，遂將這條街稱為「福泉街」（福與蝠發音相同）。

高第街與中舉有關嗎？

「聯翩曾數舉，昨登高第名」「如此高材勝高第，頭銜追贈薄三唐」……自古以來，「高第」二字就與中舉聯繫密切。位於廣州市越秀區的高第街，也跟中舉有關嗎？

如果你的回答是「有關」，那麼恭喜你，你成功地受到了慣性思維的誤導。實際上，高第街與科舉考試半點關係也沒有；它的名字，來源於一段美好的愛情故事。

傳說舊時的高第街上，有一戶財主。財主家女兒與一個叫高弟的青年相愛，結果被財主傭人告發。這對情侶別無他法，只好私奔出走。幾年以後，在外漂泊的高弟夫妻賺到了一大筆錢。他們回到故鄉，發現財主已經家道中落。於是，高弟夫妻斥巨資買下整條街，這條街的名字自此改成了「高弟街」。再後來，有個秀才途經此地。他認為「高弟街」的名字太俗，將其改

為「高第」，取高家府第之意；「高第街」的街名隨後便流傳至今。

為什麼廣州也有西湖路？

眾所周知，西湖是杭州一景。然而西湖不僅僅是「杭州特產」，廣州也有一條西湖路。這條路與古時位於廣州市越秀區的一片湖泊有關，據傳五代時期南漢皇帝還曾在此煉丹呢。

在廣州的西湖邊上，發生過一段淒美的愛情故事。當時西湖邊住著一位梁員外，他有兩個女兒，大的叫菊香，小的叫蓮香。梁員外原配病逝後，菊香、蓮香多了一位後母陳氏，陳氏對兩個繼女十分苛刻。

十幾年過去，菊香與蓮香都已出落成美麗的少女。某日她倆前往西湖划船，突遇天降大雨。兩姐妹去湖邊的愛蓮亭躲雨，結果蓮香不慎落水。恰好亭內有個書生也在躲雨，他跳下湖去救起了蓮香。無巧不成書，姐妹倆發現這個書生是自家遠房表哥文子元。文子元的才華橫溢讓兩姐妹心動不已。

回家後，妹妹因著涼而高燒不退。她成天茶不思飯不想，被姐姐瞧出心事。姐姐問她是否愛上文子元，妹妹含羞稱是。於是，姐姐菊香便給文子元修書，並附上一片白蓮花瓣，信中寫出了妹妹蓮香的心事。文子元知道後非常高興，他立即前去拜訪梁員外。陳氏得知後破口大罵，並聲稱蓮香早已被許配給富豪做姨太。

蓮香得知這個消息後，痛不欲生，次日便離家不見蹤影。後來，人們在愛蓮亭附近找到了她的屍體。文子元得知愛人殉情，自己也來到愛蓮亭，投湖自盡。

兩人離世後，菊香更加沉默寡言。有一日，她出門散心。在愛蓮亭徘徊時，看到湖面竟然慢慢地開出了一朵雪白的並蒂蓮。

相傳，這朵並蒂蓮就是蓮香與文子元的幽魂所化。當年煙波浩蕩的西湖已經成為了西湖路，但關於並蒂蓮的傳說卻依然流傳，讓人聽說後無端生出千重

西湖路

愁緒，萬般感慨……

龍藏街：與藏龍臥虎無關，與拍馬屁有關

在廣州西湖路與惠福東路之間，有一條街叫「龍藏街」。儘管廣州城人才輩出，無數名人政要均在廣州工作、生活過，但這條街名的由來卻跟藏龍臥虎毫無關係。實際上，「龍藏街」下藏著的是一個拍皇帝馬屁的故事。

五代十國時期，廣州刺史劉岩獨霸嶺南，建立大漢國，史稱南漢。他殘暴至極，喜歡動用酷刑。他身邊得到重用的臣子，必須先進行閹割。他認為如果讓重臣們不能生育，那麼南漢的帝位就受不到外戚威脅，可以一脈相傳，永保江山。

劉岩建國後，大興土木，修建金碧輝煌極盡奢華的南宮以供自己享受。南宮落成後的第二年八月，一道白虹出現在南宮三清殿上空。彼時許多官員都認為這是凶兆，昏庸的劉岩更加滿懷憂慮。這時候，一部分油嘴滑舌的臣子便站出來拍皇帝馬屁、討皇帝開心了，翰林學士王宏就是其中一個。

王宏告訴劉岩，說白虹其實就是白龍。白龍降臨，說明劉岩正是上天認可的帝王。劉岩十分高興，給了王宏非常豐厚的賞賜。他為了安定人心，把年號改為白龍，還將自己姓名改為劉龔，因為「龔」字上有「龍」。

這個理論經過劉岩君臣大肆宣揚後，百姓們也都相信白虹是白龍。大家都認為這一帶是藏龍之地，龍藏街之名隨後也自此而來。

從一到十：童謠裡的廣州街巷

廣州人有一首含有數字「一」至「十」的童謠，這首童謠把廣州一些街道地名串成了順口溜：從一德路開始，分別為二沙頭、三元里、四牌樓、五仙觀、六榕路、七株榕、八旗二馬路、九曜坊、第十甫路。現在，讓我們來依次認識一下童謠裡的廣州街巷吧：

一德路

位於廣州市越秀區，呈東西走向。清朝時期，一德路是廣州的南城牆。

民國9年被拆除，並修建馬路。因路邊有一德學社，故該路被命名為一德路。一德路上有許多名勝古蹟，例如兩廣總督府、石室大教堂等。如今的一德路遍布玩具店、海味批發市場、文具批發市場，規模非常大。

二沙頭

二沙頭就是今天的二沙島，位於廣東省體育館附近。在民國時期的二沙頭附近，有一座水上機場。它以水面作為跑道，以浮碼頭作為旅客候機室。在民國26年，二沙頭機場隨著中航廣州航線停航而停用。現在的二沙頭成了廣州市別具風味的河心島，風景秀麗，閒適優雅。

三元里

「羊城仰風景，南國多碧煦。毓靈望越秀，舒卷松濤前。振臂舉雷霆，記載史記中。英雄鬥爭地，俯慕三元里。」這是一首吟詠廣州人民抗英鬥爭的詩歌，詩裡的地點就是廣州北郊的三元里鄉。1841年，英軍到三元里一帶搶劫擄掠，強姦婦女。三元里人民振臂而起反抗英軍，最終大獲全勝。從那以後，三元里成為了中國人民不甘屈服、敢於鬥爭的象徵。

四牌樓

四牌樓位於廣州市越秀區。因明代時建有惠愛坊、孝友坊、忠賢坊、貞烈坊四座牌坊而得名。惠愛坊紀念的是歷代自中原入粵的67位名宦；忠賢坊紀念的是廣東本土的49位鄉賢；孝友坊紀念的是廣東本土的54位仁者；貞烈坊紀念的是廣東本土的55位節婦。今天的四牌樓即是解放中路，但不少老廣州人仍然習慣使用「四牌樓」這一舊稱。

五仙觀

五仙觀位於廣州越秀區惠福西路，是一座祭祖五仙的穀神廟。五仙觀的由來與五仙贈穗有關，它依山而建，玲瓏精巧。在五仙觀後殿東側，有一塊裸露的紅砂岩，上存巨大腳印狀凹陷。古人認為它是仙人足跡，給予了重點保護。五仙觀屬於羊城八景之一，其中的「穗石洞天」和「五仙霞洞」最為出名。

六榕路

六榕路以其路上的六榕寺著名。六榕寺與光孝、華林、海幢寺並稱廣州佛教四大叢林,始建於南朝宋代。六榕寺內塔高57公尺,共17層,塔的外形華麗壯觀,簷角都懸掛吊鐘,整個塔好像是花朵疊成的一根花柱,塔頂好似長在最高一朵花上的花蕊心。登至塔頂後,可以俯瞰廣州城全景。

七株榕

七株榕位於廣州越秀區詩書路,因街內原有七株古榕樹而得名。現在,這些古榕樹僅剩兩棵,分別位於七株榕小學內與越秀區中醫院側門。七株榕附近有學宮街,學宮街內的番禺學宮是古代省試的舉辦地點,建築物極具典型南方風情。

八旗二馬路

八旗二馬路與旗人有關。相傳清朝時期,官吏從水路來到廣州,都在天字碼頭附近上岸,然後走過這條道路去八旗會館休息。最後,由八旗子弟及其他人員到接官亭歡迎官員來任。由於該路與廣州八旗人員關係密切,所以被冠以「八旗」的名號,意為駐粵「八旗兵」活動頻繁的「第二地區」。

九曜坊

「九星墜地化為石」「天然九朵芙蓉瘦」……這些詩句出自清代詩人吳蘭修筆下,吟詠的是位於廣州吉祥路南段和教育路一線,藥洲小島附近的九曜石。這些石塊「瘦」「透」「皺」俱備,千姿百態,與湖色天光相互映襯,魅力非凡。因著九曜石的知名度,附近的華佗廟被更名為「九曜古廟」,廟旁的橋成了九曜橋,附近的街道則被稱為九曜坊。如今,位於九曜坊的九曜園中,遊客仍然可以一睹部分奇石的風采。

第十甫路

第十甫路位於廣州荔灣區,呈東西走向。相傳,第十甫路原為第十鋪路。清朝初年尚可喜攻陷廣州時發誓要殺人三日,從西門起連殺十八鋪路。當時的幕僚王湘泉得知內情後焦慮萬分,因一鋪路就是十里,十八鋪共計

一百八十里。這樣的話不知有多少無辜者慘死尚可喜刀下！在局勢萬分緊張之際，他靈機一動，突然想到古時「甫」「鋪」相通。於是，王湘泉傳來心腹，交代他們趕製木牌，從第一鋪一直寫到十八鋪。自六脈渠開始，每隔幾十公尺就釘下一塊木牌。後清兵不熟悉環境，在尚可喜一聲令下殺入廣州城。到釘著

第十甫路

「十八鋪」的木牌處便停手了。從那以後，「鋪」成了「甫」。第十甫路也自此而來。

荔灣路為什麼被稱作「鬼街」？

荔灣路以一年一度的迎春花市而聞名。在迎春花市上，各種鮮花爭芳鬥豔，人人喜氣洋洋，它是廣州地區最具有嶺南特色的節慶聚會。

然而，荔灣路卻還有一個風格與迎春花市完全相悖、令人毛骨悚然的別名——鬼街。為什麼荔灣路會被人稱作鬼街呢？原來，這和廣州市的「天光墟」有關。

天光墟最初起源於清代，它是在乞丐集團「關帝廳人馬」和當地警察局庇護下開設的夜市。在天光墟上，你可以找到各式各樣的商品：有舊家具、舊器皿、舊衣服，也有古董、字畫、古籍。這裡的顧客分為兩撥：一撥是為了節省家庭開支，不得不購買二手貨物的市民；另一撥則是有錢有閒、附庸風雅的古董商和收藏家。他們在晚飯過後，就帶著手電筒、放大鏡，前往天光墟「淘寶」。因為天光墟的趕集時間多為凌晨三四點鐘，一到天亮，所有的地攤就如同鬼怪一般「人間蒸發」，於是天光墟的舉辦地——荔灣路最後就落得個「鬼街」的別名。

文明路：文化以外，還有美食

文明路位於廣州越秀區，是一條頗有人文氣息的道路。沿著文明路一路

走下去，你可以經過廣東省立中山圖書館、原為廣東文獻館的廣州第一工人文化宮、中共廣東區委舊址、魯迅紀念館以及國民黨一大舊址等。尤其是國民黨一大舊址，它不僅是清朝時廣東貢院所在地，還是國立中山大學的舊址，具有非凡的歷史意義。

除開這些與文化相關的元素外，文明路還是廣州市老城區最有名的「糖水一條街」。在長約百公尺的街道內，十幾家甜品店鱗次櫛比。數十年的老

品牌諸如「百花甜品」「玫瑰甜品」與近年新秀「明記甜品」「四哥雪花冰」等相互競爭。當你來到文明路，在市一宮看完電影、在圖書館漫遊過書的海洋後，到任意一家店鋪去品嘗一碗清甜爽口的糖水，一定能為你除去一身的疲乏……

文明路

為何會有「飛來對面巷」這樣奇怪的名字？

穿過廣州市小北路，過小石街。在小北路小學對面，有一條奇怪的小巷，叫「飛來對面巷」。「飛來對面」的巷名過於特別，讓許多初來乍到的遊客百思不得其解。其實，「飛來對面」與一段民間智鬥傳說有關──

相傳明朝時期，飛來對面巷原本是沒有名字的。在這條小巷裡，居住的都是一些窮苦人家。小巷對面的小石街，卻是豪門富戶的聚居地。那裡高樓大屋，氣勢恢弘。不少豪門常年欺壓對街的貧民，趾高氣揚，不可一世。

有一天，富人區大擺筵席，請客吃飯。席間，他們談到小石街，不免感覺有些晦氣：小石街的名字又普通又窮酸，根本配不上自己有錢人的身分！於是席上的門客紛紛提出建議，給小石街更名。有人提議叫「大發街」，因過於俗氣被否定；有人提議叫「廣財街」，又因不太雅致無人贊同。最後，一名師爺站出來，賣弄文墨：「歷朝歷代，最為吉利的名稱，總逃不過『福祿壽喜』四字。其中，又以『福』字為首。我看把小石街改為福來街最妥當，你們意下如何呢？」眾人聽後個個回應。

街名擇定後，豪門富戶選好黃道吉日，請來神婆道士，用昂貴的大理石

加金粉來製造街牌。掛牌那天，熱鬧非常，鑼鼓喧天。福來街對面的平民百姓們被攪得不得安寧。

後來，廣東才子倫文敘來到無名街探親訪友。大家向倫文敘談論起對面福來街的更名過程、富戶們賣弄權勢的霸道，倫大才子十分氣憤。他決定給無名街取一個更好的街名，為無名街上的百姓爭口氣。經過沉思後，倫文敘在紙上奮筆疾書「飛來對面巷」五個大字。他向四周疑惑的百姓們解釋道：「福來巷正對著無名街。我給這條街起名『飛來對面』後，福來街所有的福祿壽喜都飛到咱們巷裡，給大家帶來喜氣！」

無名街的新街名掛出去後，氣得福來街的有錢人七竅生煙。百姓們獲得了精神上的勝利，而「飛來對面巷」這個奇異的名字，卻流傳至今。

從鬼巷到仙巷：不雅街道更名記

廣州市雖貴為廣東省會，是嶺南地區自古以來的文化、經濟中心，但卻免不了其市井氣息。撇去各種寓意著美好祝願、雅俗共賞的街名之外，廣州另有部分名字粗鄙陋俗、令人尷尬的街巷，令人難以啟齒。

在今天的沿江路舊五仙門發電廠西側，有一條小巷叫「鬼巷」。這條小巷因巷內居住的外國人較多，故而得名。後來，「鬼巷」被改名為「仙巷」。由於該條小巷在五仙門附近，這一番改名不僅變俗為雅，還與地理位置貼合甚緊，非常巧妙。

除了「鬼巷」外，廣州市還有一條「屎巷」。屎巷位於同福中路，舊時是糞便集中轉運的地方。因為「屎巷」一名讓人難堪不已，故後來更名為「有餘巷」。而分別位於文明路和濱江西路的兩條廁坑巷，則被更名為「入敬巷」「愉快巷」。

經過數十年來的街名統改，如今的廣州已經很難再見到名稱過於粗鄙的街巷了。不雅街道更名記的背後，是廣州日新月異的城市文化發展歷程。

什麼是泮塘路五瘦？

泮塘路位於廣州市荔灣區。在古代，泮塘路周圍的地區地勢低平，池

塘、窪地隨處可見，因此人們將這片區域稱為「半塘」，後來幾經演化，最終成了「泮塘」。傳說泮塘路附近從前的居民時常前往附近的西禪寺參拜。有一回，西禪寺的和尚送給了泮塘居民五種水生植物的種子，並告訴他們這是五仙果，用來供佛的。不久之後，泮塘地區將發大水，只有這五仙果可以存活。

居民們帶著五仙果種子回到家裡將它們種下，後來果然遭遇了洪災。他們種植的所有農作物全部被大水沖得七零八落，只有五仙果生出的芽愈發茂盛。這五種植物分別為菱角、慈姑、馬蹄、膠筍和蓮藕，因拿它們燒菜時需多放油，與肥恰巧相對，故泮塘居民將它們稱作「泮塘五瘦」。

泮塘五瘦，後來又被稱為「泮塘五秀」。據傳泮塘五瘦誕生後，有五個秀才路過泮塘。當地居民挖掘五瘦的場景被五個秀才看在眼裡，他們覺得非常好奇：「你們這些植物叫什麼？是怎麼來的？」泮塘居民告訴秀才五瘦來歷後，秀才們大笑起來：「這個名字太難聽了，不如把秀才的秀作為特產名，這樣豈非更好？」從那以後，五仙果完成了自「五瘦」到「五秀」的變身。如今的泮塘路，雖池塘、窪地已不再，但五秀的故事卻依然在當地代代流傳。

地名裡的故事

惠福巷跟金花娘娘有關嗎？

惠福巷是廣州惠福路的前身，傳說中的送子娘娘——金花菩薩就出生在惠福巷中。

明朝洪武年間，廣州巡撫夫人難產。各方名醫均束手無策，夫人性命垂危。後來，巡撫做了個夢。夢中有一名鬚髮皆白的仙人，告訴他說如果可以找到金華姑娘，夫人將會母子平安。巡撫從睡夢中驚醒後，立刻派遣手下在廣州全城搜尋金華姑娘。最後，在一條小巷中找到了一位名叫金花的小女孩。巡撫將小姑娘帶回府邸，夫人果然順利地生下了孩子。這件事情傳開

後，大家都尊稱小金花為「金花娘娘」，
許多孕婦都前來找她尋求庇佑。但金花一
天天地長大，到婚嫁年齡時卻沒有人敢跟
「活菩薩」結婚。她悶悶不樂，最終跳湖
自盡。附近的居民們為金花修建了一座金
花廟供奉她。金花廟位於金花誕生的小巷
中，又被稱作惠福祠。時間一長，這條小
巷也就隨之改名叫做「惠福巷」了。

金花娘娘

六祖慧能是在盤福路受戒的嗎？

盤福路位於廣州越秀區象岡山側。「盤福」之名與宗教有關：「盤」字
象徵著迴旋盤繞，「福」字象徵著佛門福地。為什麼盤福路成了佛門福地
呢？這與中國禪宗六祖慧能有關聯。

相傳南朝宋武帝時期，有印度高僧來到廣州誦經傳教。為了便於佛門弟
子開展受戒儀式，他特意創建了一個戒壇。戒壇完工後，這位高僧預言：後
當有肉身菩薩於此受戒。

近百年後，另一位印度高僧——智藥三藏前來弘揚佛教。他從家鄉帶來
一株菩提樹，將其種在戒壇旁邊。菩提樹種下後，智藥三藏也說出了一句預
言：「吾過後170年之後，有肉身菩薩在此樹下開演上乘，度無量眾。」

兩位印度高僧的預言最終成為了現實。174年後，禪宗六祖慧能在這株菩
提樹下剃頭受戒。正因為這段神秘的故事，兩位高僧築戒壇、種菩提的地方
被人們當作佛門福地，「盤福路」之名由此而來。

福地巷是如何得名的？

福地巷位於廣州市珠海中路。如果有人要問福地巷福在何處？當地人一
定會驕傲地回答道：福地巷可是發生過一門四元的佳話呢！

倫文敘是明代廣州有名的才子。他出生在這條街巷中，從小就勤奮聰
慧。24歲時考中舉人，34歲進京考試又連中兩元，一時間聲名大噪，大家都

稱之為「鬼才」。

倫文敘不僅自己才華橫溢，還對孩子教導有方。他的長子倫以諒在廣東鄉試中考中解元，次子倫以訓考中榜眼，幼子倫以洗考中進士，父子四人共計奪得狀元一個、榜眼一個、會元兩個、解元一個，被譽為「一門四元」。這樣優異的科舉成績在古今中外均為罕見，就連皇帝都曾經立牌坊表彰他們，稱他們為「中原第一家」。

倫文敘

正因為倫氏父子均為「學霸」，所獲賞賜甚為豐厚。倫氏一家前前後後共計獲得了七座牌坊，分別是狀元坊、會元坊、父子及第坊、父子會元坊、三元坊、兄弟進士坊、四海儒宗坊。大家把倫氏父子宅邸的所在地稱為「福地」，這條小巷也就更名為「福地巷」了。

清泉街上曾有格格棄家修行嗎？

清泉街位於廣州越秀區廣東科學院越王井對面。相傳，越王井是趙佗開鑿的。趙佗能活到103歲並無疾而終的秘密就在這口井裡。千百年來，越王井一帶的居民都自井裡取水飲用，清泉街也因為這口井裡的井水而得名。

除越王井的傳說之外，清泉街一帶還有一處與尚可喜有關的遺蹟。尚可喜有個小女兒，性格溫柔善良。她看不慣哥哥們飛揚跋扈的生活狀態，擔心遲早會遭到報應。於是決定出家為尼，為家族命運祈福修行。曾經在平南王府裡嬌生慣養的格格，如今「緇衣頓改昔年裝」。她常年與青燈古佛相伴，熟讀佛教經典，嚴格持戒，大家都尊稱她為「姑姑」。

雖然這位格格每天持戒誦經，卻並不能力挽狂瀾。她的擔憂成為了現實，尚可喜家族的命運沒能夠善終。原本是格格修行之地的檀度庵，在清末民初卻變成了達官貴人尋歡作樂之所。格格的一生與清泉街相伴，到頭來仍然是「風流骯髒違心願」，令人不禁感慨萬千。

為什麼康保裔沒有到過廣州，廣州卻依然有條「康王路」？

康王是北宋將領康保裔。他祖籍河南洛陽，征戰南北。為了保家衛國，他與契丹人發生過無數場血戰。河間一役，康保裔折損了不少兵力，被契丹戰士重重包圍。手下都勸說康保裔突圍逃跑，但康保裔認為自己不能苟且偷生。最終，康保裔在河間戰死。皇帝聽說後十分難過，追贈他為侍中。

康保裔的足跡遍布四方，從洛陽，到涼州，再瀛洲……在他英勇奮戰的一生中，從未去過廣州。然而，正因為康王的英雄事蹟在老百姓當中流傳，並且不斷神化，最終他從一個有血有肉的人成為了「康公」「康王」這樣的神。北宋時期，因國力衰弱，人口向南方遷移，關於康王的傳說也隨之流傳到了嶺南地區。為了紀念康公，廣州人修建起了康公廟、康王祠，其中的一座祠堂就坐落在如今的康王路上。這段故事，便是「康王路」的來歷。

皆佳街與履理里：讀音中的趣味

皆佳街與履理里均位於廣州市黃埔區穗東街的南灣社區內，由麻石鋪成，至今已有近600年的歷史了。其中，「皆佳街」是指希望住在這條街上的孩童們品學優秀；而「履理里」則意味著無論情況如何，都必須要講道理。

雖然「皆佳街」與「履理里」的普通話讀音非常拗口，但如果用粵語來念的話十分有趣：地名裡三個字的讀音是一樣的。

在皆佳街與履理里，有一座麥氏宗祠。麥氏族人在此地代代居住，最有名的人物要數慈禧第一任御用西醫麥信堅了。麥信堅曾先後在香港師範學院及北洋醫學堂學習，學成後，他開了一家西洋診所。李鴻章來廣州巡查時，曾患上嚴重的皮膚病，當時各個名醫均束手無策。經人介紹，李鴻章識得了麥信堅。麥信堅治好了李鴻章的皮膚病，後又被李鴻章推薦給慈禧太后。於是，麥信堅便進宮成了慈禧的御醫。

直到今天，皆佳街3號還坐落著麥信堅的故居。沿著故居前行，可以找到初泰麥公祠。這座祠堂是麥信堅為紀念自己的父親而修建的，祠堂石匾係慈禧賞賜、李鴻章手書。後來，麥公祠成為了村裡的私塾，有很多麥氏老人當年還在麥公祠裡學習過「四書」「五經」呢！

崔府街是崔與之居住過的地方嗎？

崔與之是南宋名臣。他原籍江西，後來隨父移居廣東。在崔與之少年時期，父親就因病去世，家境貧困不堪。即便如此，他卻志向遠大，奔赴杭州入太學苦讀，三年不入臨安街市。最終，他考中進士，步入仕途。

崔府街

「無以財貨殺子孫，無以政事殺民，無以學術殺天下後世。」這是崔與之一生身體力行的名言。他不養姬妾，不增私產，就連兒媳陪嫁的土地都讓兒子一一退還。雖然崔與之一生清廉，又屢建奇功，但目睹了官場上各種烏煙瘴氣，讓他內心苦悶異常。在崔與之晚年，他決心告別每天曲意逢迎的生活，辭官告老，回到廣州西關，過起了「長橋流水白雲閒」的悠閒日子。而崔與之當時選擇的隱居地，就位於朝天路旁的崔府街。如今的崔府街位於鬧市中央，並沒有安寧閒適的氛圍，但幾百年前的崔府街，卻是一片依山傍水、鮮花盛開的美地。在這個地方，最出名的花就是菊花。菊花開時，漫山遍野一片金黃，空氣中瀰漫著芬芳。崔與之十分喜愛菊花，遂自號菊坡先生。他日日吟詩修竹，自在祥和地度過了晚年。

珠光路：從刑場到市場

珠光路位於廣州北京路和德政南路之間。聽到「珠光」這個名字，大部分人都會聯想到珠玉寶石。實際上，「珠光路」與寶石並無半點聯繫。由於過去這條路旁有座供奉文昌星的珠光殿，所以它才得了個「珠光」的美名。

有清一代，珠光路曾經作為刑場存在。咸豐年間，在太平天國影響下，廣州天地會爆發了洪兵起義。兩廣總督葉名琛寢食難安，日日督戰。在激戰過程中，葉名琛搜捕到大批叛軍。這些叛軍連同其家屬，甚至是部分對叛軍表示過同情的百姓都被押送到刑場斬首示眾。當時的珠光路，就是斬殺義軍

和百姓的法場地。傳說中，起義軍的鮮血浸透了珠光路的每一寸土地。有小販將帶有鮮血的泥土挖出，燒製風爐沿街叫賣，認為這種風爐堅硬耐用，「機關槍都打不爛」。

如今的珠光路一帶，已經成為了居民區。雖然沒有大型超市、商業中心，但沿著街道兩旁的騎樓漫步，你可以發現各式各樣的雜貨店、果蔬店、海鮮店以及花店。珠光路經歷過清政府血腥的屠殺，也經歷過民國時商貿風氣的興盛。百餘年的光陰在珠光路稍縱即逝，朝代的興衰成敗與人間的世事無常反覆上演，如今只留下殘破卻依然高聳的騎樓，任今人詠歎憑弔……

恤孤院路上為什麼沒有孤兒院？

恤孤院路位於廣州市越秀區新河浦路附近。在這條道路上，你看不到喧嘩吵鬧的商鋪，也看不到現代化的高樓大廈。你能看到的，只是五六公尺寬的一條尋常巷陌，紅磚碧瓦，綠樹成蔭。

恤孤院路，得名於1903年在這裡開辦的一家孤兒院。那時候，東山還是遍

原恤孤院

布稻田、魚塘、竹林的一片荒郊，居民稀少。光緒年間，美國的基督教會在廣州看中了這片土地，打算建設宗教建築和西式住宅。為了收養教會裡失去雙親的孤兒，湛羅弼牧師提議修建孤兒院。這家孤兒院成立後，院門口的小路就此被命名為恤孤院路。

二十年後，恤孤院搬遷至沙河。它的原址經歷了多次變遷：從東湖街道辦事處，到培正小學，再到洋房洋樓……這些民國時期的建築物美麗而寂寞，漫步在恤孤院路上，你會有種錯覺，仿若穿越了時光，回到了那個寧靜的1923年。

沿著這條略顯狹促的街道一直往前走，你可以看到逵園和春園。這兩座洋房，連同隅園、明園和簡園，合稱東山的「五大僑園」。逵園的樓頂，正面帶著「1922」的字樣。正是在這個地方，中共第三次全國代表大會秘密召開。那段珍貴而又激情澎湃的歷史，如今在恤孤院路上的陳列館中一一再

現。恤孤院路，成為了一條獨特的道路。在近百年的滄桑變故過後，它為廣州城留住了風雲激盪的年代裡那些潛藏在深處的記憶。

越秀山上為什麼會出現海員罷工路？

在廣州市越秀山小蟠龍崗鎮海樓東側，有一座海員亭。從鎮海樓起，到廣州美術館旁與吉祥路相接的這條路，則叫「海員罷工路」。越秀山為什麼會和海員這一職業聯繫在一起？其中，有著一段歷史緣故：

在民國時期，大批勞力自內地奔赴香港，從事海員工作。後來，這些海

海員大罷工

員還成立了香港中華海員工業聯合會。1922年1月，海員們為了反抗英國資本家的壓迫剝削，要求漲工資、禁止虐待，在林偉民等人的領導下，舉行了大罷工運動。罷工工人裡有近萬人從香港毅然返回廣州，還在廣州西濠口設置了罷工總辦事處。

這場罷工進行了整整56天，最後以海員們的勝利告終。罷工期間，海員們在越秀山修築了一條海員罷工路，還計畫要修建一座海員亭以紀念這次運動。一開始，因經費短缺，海員亭遲遲沒有落成。後來，通過廣東海員支部委員梁國英等人發起的籌款活動，籌集到了建設費用。海員亭於1933年終於建成。如今的海員亭，矗立在一個方形平台上，地面還鑲嵌著一枚船錨形狀的海員工業聯合會會徽。越秀山上的海員亭與海員罷工路，是廣州人民勤奮英勇的精神象徵。

廣州深井村是那個燒鵝名村嗎？

在廣州市黃埔區大沙地西南有一個深井村，據說，這個村落原名金鼎，更名為「深井」蓋因此地水井普遍比較深。

然而，廣州市的深井村卻不是大家所熟知的「深井燒鵝」誕生地。實際

上，深井燒鵝是香港深井村的特產，因為村名相同，故容易混淆。

廣州深井是一個沒有經過商業開發過的古村鎮。它始建於明末清初，至今村內仍然保存了許多民居及宗祠，房屋建築造型古樸，青磚屋、石板街都還保留著百年之前的模樣。在深井，最大的宗祠要數凌氏宗祠了。凌氏是深井村的原住民，相傳是南宋末年為逃避元兵追殺，從福建地區跋山涉水遷徙而來。凌氏宗祠始建於明末，祠中供奉著始祖以來的先人靈位。如今的凌氏宗祠瀕臨荒廢，大門緊閉，雜草叢生。只有精美的雕梁畫棟，還在默默地訴說著這裡過往的輝煌。

雞冠壆與雞有關嗎？

雞冠壆位於廣州市黃埔文沖村，是一條全長約1公里的土壆。這條土壆的由來，有一個神奇的故事：

傳說每年南海神廟波羅誕上，出售的波羅雞多達十幾萬隻。這十幾萬隻雞裡，只有一隻會打鳴。這隻會打鳴的雞，被誰家買到誰家就能財運亨通。有一次，附近的一位財主為了討彩頭便勾結當地豪紳，把波羅誕上的波羅雞全部買下。他還強迫波羅廟中唱戲的戲班子把戲箱拿出來幫他運送這些雞。

這個財主得意洋洋，覺得會鳴叫的那隻波羅雞一定在自己手中。誰知道雞被送回家後，他才發現這些雞沒有一隻打鳴。一氣之下，財主把波羅雞全部放火燒掉，還趕走了戲班子。戲班子裡的藝人往回趕時，路過了文沖村一條土壆。沿途的村民告訴他們，這條土壆在清晨時分能夠聽到響亮的雞鳴聲。於是戲班藝人沿著土路一路尋覓，終於找到了那隻會叫的波羅雞。後來當地人便稱呼這條土壆為「雞冠壆」，稱呼土路為「戲子路」了。

蓮塘村的來歷你知道嗎？

湖南郴州有蓮塘村，福建石獅有蓮塘村，江西贛州有蓮塘村，廣州番禺區也有個蓮塘村。廣州番禺的蓮塘村建村已有近700年的歷史了，它依山傍水，生長著上千畝的欖林、古荔、竹海，是個風光秀麗的地方。

相傳，宋端宗景炎年間，陳姓入粵始祖的第五代子孫是時四、季四兩兄

弟。這兩兄弟原本都居住在重崗村，後來時四趕著鴨群到蓮塘村魚塘放養，見此地山明水秀、環境清靜，於是帶著家眷來到這裡定居，與季四分開。後來，時四在蓮塘村辛勤勞作，生兒育女，蓮塘村的人煙也逐漸繁盛起來。

蓮塘村村前排列著五口池塘，用於防火、防盜及養魚。這五口池塘環繞著村莊，形狀就像蓮藕一般，因此大家把這座村莊稱作「蓮塘村」。

蓮塘

時四陳氏公祠、鴻佑家塾、秀昌書舍……這些古建築至今保存完好，只有金花廟與天后宮在「文革」時期被拆除。在蓮塘村漫步，你可以看到那些錯落別致的古村落，你可以走過那些青石板路，你可以盡情欣賞那些花鳥雕刻以及精美的圖畫……這是一份專屬於蓮塘古村的詩情畫意。

珠江中真的有寶珠嗎？

珠江是中國第二大河流。它原本是指從廣州到入海口的一段96公里長的水道，後來逐漸成為西江、東江、北江以及珠江三角洲上各條河流的總稱。

珠江為什麼名叫「珠江」？在珠江底部真的能找到寶珠嗎？在傳說中，確實存在著這樣一段有關寶珠的故事：

南越王趙佗曾經擁有一顆舉世無雙的寶珠——陽燧寶珠。他對陽燧寶珠愛不釋手，生前連拿出來看都不太捨得，身後自然也帶入了墳墓。那時候，廣州有個書生名叫崔煒。生性善良的他救活了仙女玉京子，玉京子為了

珠江

報答崔煒，將其帶入趙佗的墓穴深處。在墓穴中，崔煒見到了已經成仙的趙佗，趙佗慷慨地將陽燧寶珠送給了他。後來，崔煒迫於生計將寶珠賣給了一個波斯商人，結果這個商人坐船回國的時候不慎將寶珠掉入了江中，無法

找回。這顆寶珠讓江水更加清澈、明淨，熠熠生輝。它在歲月變遷中慢慢地成為了一塊圓潤光滑的石頭，並逐漸露出水面。人們把這塊石頭稱為「海珠石」，而海珠石所在的這條河流，也就獲得了「珠江」的美稱。

樂善好施牌坊是獎給誰的？

廣州市龍潭村大街上，有一座「樂善好施」牌坊。這座牌坊是光緒帝獎勵給白綸生老人的，因他一生行善，且不求回報。

樂善好施牌坊

白綸生出生時，家境貧寒。他15歲那年去廣州謀生，卻承擔不起渡船的費用。當時與他同船的一位老伯替他支付了船票，他才得以順利抵達目的地。白綸生到廣州後，就去了親戚家的洋行，從雜工做起，不辭辛勞，誠實苦學。隨著他的業務越來越精通，生活條件也越來越好。最終，白綸生在廣州發家。

發家後，白綸生曾多方尋找當年為他支付船票的老伯，卻遍尋不著。為了彌補這個遺憾，白綸生自己也開始熱心善事。他創辦過愛育善堂，向貧苦百姓施捨粥飯、衣被、棺木；他還捐贈了72畝土地，用於修建房屋，給失去土地、無家可歸的人們免費居住。這片土地被命名為西滘村，村人在村裡修建了報恩祠，以供奉白綸生。

光緒十六年，湖南省水災。白綸生捐贈了一筆巨大的賑災款。這件事被光緒帝得知後，命兩廣總督在白綸生的老家修建牌坊，以示表彰。「文革」時期，牌坊差點毀於一旦。龍潭村村民將牌坊上的字更改為「為人民服務」與「為革命種田」，這才使得「樂善好施」的牌坊保存至今。

李白巷跟詩人李白有什麼關聯？

李白巷，位於廣州市北京路東側。它雖然名為李白，實際上跟詩人李白半點關係也沒有，是條再平凡不過的小巷。

據資料記載，廣州的李家巷至少有四條以上，全都是因為聚集了許多李姓居民而得名。北京路原本叫做「漢民路」，是當時政府為了表彰胡漢民而命名的。李白巷靠近漢民路，故而也是富戶聚居的地方。當時李白巷裡居住著一個姓李的大軍閥，職位為旅長，曾經娶了六房姨太太。如今，李白巷裡還有這位李旅長的私宅。宅子有三層高，鋪滿漂亮的西式花紋地磚，從中可以窺探到一絲當年李旅長富貴豪奢的生活氣息。後廣州再次爆發戰役，李旅長帶著老婆們踏上戰場，從此人去樓空，杳無音信。

20世紀30年代，為了避免地名混淆，國民黨政府將這條小巷正式命名為李白巷。八十多年過去，李白巷已經搖身一變成為了假名牌的集散地。各種浪琴、歐米伽、勞力士應有盡有，與北京秀水街齊名。

你知道西瓜園的來由嗎？

在廣州市中心，有一條人民中路。但許多老廣州人都稱之為「西瓜園」，這是為什麼呢？原來，傳說在人民中路一帶，曾經發生過一個奇異的故事：

從前，有個賭徒叫郭順，吃喝嫖賭樣樣精通。他的本業是理髮，但由於無心學藝，經常把客人的頭皮刮破，或不慎剃掉顧客眉毛。這樣的事情經常發生，最終導致沒有人願意幫襯他的生意。因此，郭順非常窮，經常會挨餓。

某年春節前夕，別的理髮匠都忙得不可開交之時，郭順卻依舊閒得發慌。對於如何度過新年，郭順十分發愁。這時，一個農夫從路邊經過。他在郭順的理髮店旁卸下了肩膀上扛著的一隻大口袋，口袋裡鼓鼓囊囊的。農夫在郭順店裡坐下，要求理髮。郭順一邊理髮，一邊打量著那隻口袋。他裝作不經意，走過去踢了一腳。口袋裡的東西發出「咣噹」的響聲，郭順心想：一定是銀元。他開始打起了歪主意，計畫殺死農夫霸佔銀元。

想幹就幹。郭順拿起剃頭刀，割斷了農夫的脖子。解開布袋一看，卻大失

所望：袋子裡根本不是銀元，而是用來拜神的瓦燈盞。郭順只好把燈盞與農夫的屍身一同埋在了理髮店後的一個土坑裡。可又擔心農夫冤魂找自己報仇，他就用手指蘸著農夫的血，在一塊瓦片上寫上「你又錯時我又錯，燈盞何必用肩托？若要報仇時，除非馬生角」的字樣，蓋在農夫屍體上，然後逃跑。

幾年過去，這塊土地上長出了一棵西瓜藤，還結出一枚飽滿碩大的西瓜。某天，當時廣州的知府駱秉章微服出巡，路過郭順曾經的理髮店，由於天氣炎熱，汗流浹背，想去討水喝。見理髮店已經荒廢，便繞著店走了一圈，在店後發現了這個孤零零的大西瓜。知府派人切開西瓜，西瓜裡流出的卻不是果汁，而是鮮血！知府心知有詐，吩咐手下掘地三尺，挖出了瓦片、燈盞和屍骨。原來，「駱」字拆開來看就是「馬」加「各」。廣州話中，「各」與「角」發音相同。知府看到瓦片後，認為自己就是為屍骨伸冤的責任人，於是四周打聽，緝拿凶手。那時的郭順在鄉下避過風頭後，又回到廣州在賭場打雜。當他在賭場上大贏四方之時，知府派人趕到將其捉拿歸案。郭順在知府衙門看到瓦片後，心知東窗事發，只好認罪伏法。這段故事流傳開來後，那塊土地遂被廣州人民稱作「西瓜地」了。

你聽過「雅荷塘」背後的故事嗎？

在廣州市德政北路，有條街叫作「雅荷塘」。據說很久以前，這裡住著一位阿婆，姓甚名誰無人能說清。阿婆心地善良，但無兒無女，丈夫也早早地去世，只能靠著一口魚塘維持生計。於是，大家把這口魚塘稱為「阿婆塘」。

有一天，阿婆塘中突然發出五彩亮光，人們紛紛跑到塘邊看稀奇。兩個水性好的男青年自告奮勇下水探查，不久後便從塘中打撈出了一尊觀音像。

見請來了觀音，街坊鄰居都很關心這尊像該如何處置。有人建議由大家捐款來建廟，可是當地人都不富裕，閒錢從哪兒來呢？這時候，阿婆說：「既然觀音菩薩像是從我的魚塘裡撈出來的，那我就多捐點吧。」她蹣跚著走進自己的小屋，拿出了一生的積蓄五十兩銀子作為善款。眾人十分感動，在阿婆的帶領下紛紛慷慨解囊，很快地，建廟的錢就湊齊了。

錢湊足後，人們推舉出當地一位通文墨又有公德心的勞大伯主持建廟，

這筆錢款也由勞大伯負責保管。大伯回到家裡，將大家捐款的數目寫了張名錄，一一對應，準備第二天拿到石店裡去刻碑。然而次日醒來，勞大伯卻始終找不到建廟的錢。一開始，他疑心是被小偷拿去了，可家中完全沒有小偷進入的痕跡。他想，難道是我犯下了錯，上天要懲罰我嗎？

勞大伯失魂落魄地盯著名錄單看，忽然發現：自己在繁忙中出錯，竟然忘記寫上捐款最多的阿婆的名字了。於是勞大伯趕緊來到阿婆家中，詢問阿婆的姓名。阿婆笑著說：「我叫黃雅荷。」

當阿婆的名字寫在了名錄紙上，奇蹟出現了：勞大伯打開櫃子，發現銀兩好好地在裡面呢！他趕緊向天拜謝，又籌備建廟事宜。觀音廟落成後，大家前來參拜。看到石碑上的名字，終於知道原來阿婆叫「黃雅荷」。於是，阿婆塘也更名為「雅荷塘」了。

時過境遷，如今在德政北路附近已經找不到魚塘和觀音廟的蹤跡。然而，「雅荷塘」的地名和這段故事卻保留了下來。

廣州的山水園林

　　山水，是一方土地的自然風光；而園林，則承載著一個城市深厚的歷史文化。在一座美麗的庭園裡，不僅凝聚著能工巧匠巧奪天工的技藝，還蘊含著傳統儒釋道哲學，以及古典雕塑、繪畫等各類藝術形式。

　　廣州的園林，秉承著古代師法自然、融於自然、順應自然與表現自然的園林理念，將人與自然巧妙地結合在一起。園林中發生的許許多多傳說，也為它們增添了不少神話色彩。通過對山水園林的涉獵，你可以在學習廣州自然地理構成的同時，去體會其中的歷史文化，去探索廣州人獨特的自然觀和人生觀。

廣州的山

你知道蓮花山的傳說嗎？

　　蓮花山位於廣州市番禺區珠江三角洲珠江口，由40餘座紅色砂岩低山組成，屬於典型的丹霞地貌。據說，2000多年前的南越王墓，就是從蓮花山上開採石塊修建的墓穴，再通過水路運輸到象崗山的。蓮花山南天門邊，坐落著一塊蓮花石。這塊蓮花石可不僅僅是一塊普通的石頭，它蘊含著一段傳奇的神話故事。

　　相傳很久以前，珠江口一帶有一條惡龍。惡龍興風作浪，淹沒了當地大片田地，還時常掀翻漁民們的舟船。珠江口沿岸的百姓民不聊生，飽受其害。南海觀世音某日雲遊至此，親眼見到惡龍的諸般劣性。她大發慈悲，將自己乘坐的蓮台擲入水中，化作一塊巨石，永遠地鎮住了這條惡龍。從此以後，人們又過上了幸福安寧的生活。而觀世音蓮台所化的巨石，就留在了山中。大家都稱呼這塊石頭為「蓮花石」，這座山也就得名為「蓮花山」了。

蓮花山

　　至今，蓮花山上還有始建於明朝萬曆年間的蓮花塔和清朝康熙時代的蓮花城。登上蓮花塔，可以望見大片煙波浩渺的獅子洋，當年海上絲綢之路上百舸爭流的壯觀場景彷彿時光倒流一般，重現在你的眼前……

火爐山的名字是怎麼來的？

　　火爐山，位於廣州市天河區東北部。有人說，火爐山原本應該是「葫蘆山」，因為從天空俯視，火爐山的形狀就像一隻巨大的葫蘆。再加上山上泥土的顏色是紅色的，所以稱之為「火葫蘆」。廣州話中，「葫蘆」與「火爐」發音又十分相似，所以這座山得了個「火爐山」的名字。

實際上，火爐山名字的由來與道教中的太上老君有關。據說古時候太上老君在府邸煉丹，不慎掉下一個石鍋。這口石鍋在廣州地區引起了熊熊大火，導致該地寸草不生，人煙絕跡。後來南海觀世音菩薩路過此地，深感當地人深處水深火熱之中。她上奏玉皇大帝，請求玉皇將火爐山化作森林。於是，玉皇大帝下令，讓四海龍王合力運來五湖四海之水，彼時，火爐山上方驚濤駭浪，電閃雷鳴。由於火爐山的火是太上老君用於煉丹的三昧真火，故遲遲無法熄滅，直到七七四十九天之後，這片土地才重獲新生。傳說中龍王們運來的救命水慢慢地滲透到了火爐山地下，歷經幾千年的地質演變後，最終成了一片巨大的礦泉水帶。

火爐山森林公園

如今的火爐山空氣清幽、林木茂盛、水質清甜。山中的豬頭石、雞枕石等自然奇觀吸引了無數遊客來此地遊玩。

「打虎要靠親兄弟」的俗語出自火爐山嗎？

古時候，火爐山一帶流傳著有猛虎出沒的傳說。清末民初，柯木塱村民發現老虎從火爐山東麓下山，前往背坪老屋捕獵。這些老虎咬死了許多豬、牛、羊、馬等牲畜，讓村民們損失慘重。這時候，村子裡的楊觀寶兄弟4人站了出來，他們召集村民，手拿刀斧、鋤頭、棍棒，準備上山搜索老虎，為民除害。眾人行至某條山谷時，果然發現一隻威猛雄壯的老虎。楊觀寶立刻舉起刀斧向老虎所在的石洞衝過去，打算迅速將老虎制服，誰知道老虎身手敏捷，繞到楊觀寶身後，一口咬住了他掛在腰間的刀鞘。其他人都以為楊觀寶即將命喪虎口了，紛紛扔下手中武器只顧逃生。唯獨楊觀寶的幾個兄弟，勇敢無畏地撲向老虎，不顧一切地與老虎搏殺，最終制服了這頭老虎，救出楊觀寶。從此以後，村子裡再也沒有虎患。楊觀寶兄弟們的故事轟動了全村，最後，人們還總結出了「打虎要靠親兄弟」的俗語。

為什麼火爐山上有敬牛為佛的風俗？

　　清朝末年，火爐山上虎患凶猛。但人們需要養牛以維持生計，不得不放牛上山。有一天，一群孩子將自家牛群趕到火爐山山窩中放牧。孩子們把牛趕進山窩後，就去做砍柴、挖藥、摘野果等其他農活。因為這群牛已經養成了習慣，在山上吃草到下午3點左右，就會自行下山回欄。然而那天下午四五點過，牛群卻依然沒有回到欄中。於是，孩子們便爬上火爐山查看究竟。結果，孩子們被眼前的一幕驚呆了：一頭餓虎虎視眈眈地盯著牛群，而牛群則非常團結地圍在一起，共同與猛虎對峙。其中一頭大黃牛牯，為了保護自己的小牛，與老虎展開了殊死搏鬥。幾個回合下來，老虎被牛牯逼得連連後退，最後被牛牯的牛角頂在山崖上，動彈不得而死。這頭牛牯，也因為傷勢過重倒地而亡。後來，火爐山的村民們就將這頭牛牯安葬在山上，並且把它尊為佛祖。每年農曆四月初八，就是這頭牛牯為了保護小牛而犧牲自己的日子。人們會派人上山祭祀，祈禱全村耕牛平安。火爐山獨特的敬牛為佛的風俗，到建國後慢慢地消失了。

王子山與王子有關嗎？

　　王子山位於廣州市花都區梯面鎮西坑村，是一座原始、清幽的天然大氧吧。王子山層巒疊嶂、林木茂盛、泉水清涼、空氣清新，被譽為廣州市區最大的「市肺」。

　　王子山之所以山名「王子」，與一段神話有關。相傳很久以前，一位王子率領大軍來到梯面。恰逢洪災來襲，無數的生命財產即將毀於一旦。這位王子立刻下令讓軍隊協助當地居民抗擊洪災。然而，洪災來勢洶洶，水勢浩大，王子和他帶領的軍隊都被吞噬在洪水之中。在千鈞一髮之際，王子化作了一座大山，阻擋住洪水來襲。而他的將士們，圍繞在王子周圍，化作了一座座小山峰，與他共同守護這片土地。與王

王子山

子山南北呼應的牙英山，也同樣地流傳著和這位王子相關的傳說。牙英山的別名是崖鷹山，比王子山更加陡峭險峻。據說王子南巡時，有一隻老鷹為他帶路；王子在洪災中去世那一刻，這隻忠心耿耿的老鷹也化作山峰，永遠地陪伴在他的左右……

白雲山上的雲岩寺是怎麼來的？

一提到廣州名山，大部分人腦海中就自然而然地浮現出白雲山的名字。白雲山位於廣州市白雲區，是南粵名山之一，自古就有「羊城第一秀」的美譽。它山體寬闊，文化沉澱豐富，最早可以追溯到山北黃婆洞的新石器遺址。相傳，秦末高士鄭安期就是在白雲山上隱居採藥，並飛升成仙的。

白雲山

沿著山道上行，漫步至白雲山山頂公園東側，你可以看到雲岩寺的遺址。雲岩寺遺址上，有一塊「雲岩」，由四方亭、曲廊以及賞月台共同組成。賞月台的石壁上，還能看到一幅石刻：一名簪髮長髯、布衣麻鞋的老叟，仙風道骨，凌空欲去。老叟雕像之旁，有一篇蘇東坡寫的《安期生》，講述了鄭安期一生的故事。

傳說在秦統一嶺南、建立番禺城後，因番禺城內大部分軍卒和居民都是從外地遷來的，大多水土不服，患上嚴重疾病。方士鄭安期便來到白雲山結廬而居，採集藥草，為大家治病，普濟眾生。由於許多草藥生長在陡峭的岩石上、水流湍急的小溪裡，故鄭安期不得不下溪水、攀危崖，以收集葛藤、菖蒲等藥材。在某次採集藥材的過程中，鄭安期爬到了如今的「雲岩」附近。他腳底一滑，不慎墜下山崖。在這一剎那，崖下一朵白雲化作仙鶴，背負著鄭安期羽化登仙。人們為了紀念他，修建了雲岩寺。

抗日戰爭時期，日寇炸毀了雲岩寺。此後多年，一直未經修復，只剩下幾處遺蹟作為先秦神話的歷史見證。

七星崗：滄海變桑田

　　七星崗位於廣州市海珠區石榴崗路附近，地貌的奇特是它的一大亮點：山崗北坡和緩，南坡崖壁則呈額頭狀，下部山岩凹陷，岩壁下成斜平面台，台面向外下傾，傾角為15°。

　　事實上，這是一種典型的海蝕地貌，表明遠古時代南海水域的邊緣已經深入到了珠江三角洲的北部。七星崗以東1.5公里的赤沙村，還發現過古代沙堤。沙堤裡埋藏著大量海生貝類動物殼，成為了古海岸存在的又一有力證據。七星崗的存在突破了世界古海岸線與今天海岸線寬度的最大值，達到10公尺以上，是原來說法的一倍。

　　在石榴崗路與侖頭路交會處西北側，有一處黑褐色的礁石牆；雖然每天都有無數廣州人從它身側經過，但大概很多人都不清楚，這道礁石牆竟然就是「世界第一古海岸遺址」。由於常年缺乏系統管理和養護，七星崗海蝕岩大部分被風化剝蝕，四周雜草叢生，讓人感到無比遺憾。幸而廣州市政府於

七星崗

2012年決定在此處修建七星崗遺址公園，對古海岸遺址加以保護，並開放大眾參觀。公園修建落成後，人們便可以在這片土地上，感受一下滄海變桑田的浩渺歷史以及蘊含其中的偉大的自然力量。

龍頭山與張果老有什麼關係？

　　龍頭山位於廣州市黃埔區南崗鎮廟頭村對面。因為此山山間有一條溪流，蜿蜒輾轉，就像起舞的飛龍，故當地人稱之為「龍頭山」。由於龍頭山四周地形低平，從而顯得它格外雄偉險峻，氣勢非凡。

　　龍頭山是古代造山運動形成的蛋石地貌，有各種各樣的花崗岩石塊，奇形怪狀，美妙非常。人們根據這些石塊的造型給它們起了無數個美麗的名字：龍山睡佛、龍王點將台、龍王試劍石、龍頭石、龍爪石、神仙腳印、巨龍朝南海等。民間有傳言，這些石頭是八仙之一——張果老趕羊到南方地區

時，那些仙羊排泄的產物。

實際上，龍頭山奇石是在中生代形成的。當時因地形運動，地殼深處溫度極高的花崗岩岩漿上湧，侵入地表。岩漿冷卻後，覆蓋在花崗岩之上的沉積岩又逐漸被風化剝蝕，使得石塊皴裂破碎。破碎後的石塊一開始還具有明顯的稜角，但隨著歲月的流逝，岩屑層層剝落，最終呈現出圓形，這才是龍頭山奇石真正的來歷。

天堂頂有什麼傳說？

天堂頂位於龍門、增城、從化三縣交界處，是南崑山的主峰。傳說從前的南崑山並沒有高聳入雲的山峰，直到有一年，一條巨大的惡龍來到這裡。這條惡龍經常傾瀉出滔天的洪水，讓此地的居民田地被淹沒、房屋被損毀，大家沒有辦法再生活下去，紛紛決定下山另闢田地。這件事後來傳到了天皇的耳朵裡。天皇聽說人間受災，每天寢食難安。最終，他下定決心告別妻兒，拎起寶劍下凡來到南崑山。天皇與水龍一番惡鬥，水龍被殺死，天皇自己也筋疲力盡，被水龍的毒液射中，倒地而亡。白鶴把這個消息告訴了天皇的妻兒，母子倆非常悲傷。他們匆忙地收拾了行李，來到南崑山尋找天皇的墳墓。

然而，南崑山上處處都是茂密的森林、漫天的荒草。母子倆找了很久也沒有找到天皇的墳墓，他們痛苦地呼喚著天皇的名字，驚動了山神。山神化作老人，把母子倆帶到一座高峰前。這座山峰峰頂有一塊巨石拔地而起，直聳入雲。山神告訴母子倆，這裡就是天皇埋葬的地方。而巨石，是天皇的墳墓石。母子倆抱頭痛哭，當說起如何拜祭天皇時，兒子提到要把這座山峰壘高，直達天堂，如此方可早晚拜祭。母親同意了兒子的看法，兩人沒日沒夜地挑土、填山，再次感動了山神。山神使用法術，把墳墓石變高，一直高到天堂頂。從此以後，母子倆再也不用下凡拜祭了。「天堂頂」的名字，就這樣流傳下來。直到今天，人們還能看到這塊大石呢。

天堂頂

帽峰山的旺財蟾蜍是怎麼一回事？

帽峰山位於廣州市東北部，坐落在白雲區太和鎮與良田鎮的交界處。它屬於丘陵地區，雖然絕對高度不大，相對高度卻比較驚人。再加上帽峰山上山坡陡峭、溝谷幽深，給人一種莽莽蒼蒼的感覺。

帽峰山之所以被稱作帽峰山，是因為北宋進士校書郎古城之。古城之為朝廷效命多年，告老還鄉之時，皇帝贈送給他一頂官帽。古城之去世後，這頂官帽就化作了一座山峰，大家遂稱它為「帽峰山」。

在帽峰山山腰上，有一座帽峰古廟。這座古廟建於何時，已經無人知曉。解放戰爭時期，中共地下黨員曾在帽峰山成立廣州東北郊人民游擊隊，帽峰山的帽峰古廟就成了這支游擊隊的重要活動場所。即使帽峰古廟在歷史上曾經遭到多次破壞，但它香火十分旺盛，至今常有善男信女前來進香。傳說，這座古廟的香火長盛不衰的原因，就在於古廟後面有一隻招財蟾蜍。

帽峰山

2007年年底，帽峰山公園管理處打算開發古廟後的山頂，修建一個古廟廣場。當施工人員挖掘掉大量黃土後，一塊形似旺財蟾蜍的天然奇石出現在人們眼前。這塊石頭與帽峰山的傳說相互印證，十分神奇。

為什麼越秀山又叫觀音山？

相傳在明朝弘治年間，廣州倫文敘三鬥柳先開，奪得狀元。柳先開不服氣，決心破壞倫文敘家的風水，讓他走下坡路。於是柳先開找到風水先生賴布衣，賴布衣指導他去江西龍虎山跟張天師請一個哪跤星，只要把哪跤星壓在越秀山龍頭上，倫文敘就會遭到重創。

柳先開聽說後喜出望外，連忙前往龍虎山，請來哪跤星。在賴布衣指點下，柳先開於越秀山龍頭上築廟供奉，對外宣稱說這是一個觀音廟，哪跤星是觀音的七十二化身之一。為了迷惑越秀山百姓，他還在觀音廟寫了一首詩：「觀音坐龍頭，青蓮水上浮。富貴代代有，廣東永無憂」。然而，眾人

不知道的是，在哪吒星的屁股下面，柳先開壓了另一首萬分惡毒的詩：「哪吒坐龍頭，烏龜水上浮。富貴勿三代，清官不加減」。

沒有人識破柳先開的伎倆，大家反而信以為真，紛紛前來觀音廟參拜。因著這座觀音廟的緣故，人們習慣性地稱呼越秀山為「觀音山」。

觀音的謊言最終是被湛甘泉揭開的。湛甘泉是當時廣州地區的一位大官，他母親聽說越秀山上的觀音廟後，就去參拜，結果被人群擠倒在地，跌傷腳踝。湛甘泉心想：「為何在救苦救難的觀音廟裡，我母親會受傷呢？」於是，他趕往廟中查看。結果，湛甘泉發現，台上供奉的竟然是害人的哪吒星！他當即下令，把這座廟拆得粉碎。然而，哪怕湛甘泉早就拆除了「觀音廟」，「觀音山」的別稱，卻至今還跟越秀山緊緊地聯繫在一起。

越秀山

越秀山與道教有什麼淵源？

越秀山位於廣州市北側，因其有越王台故址而得名，是廣州的地標之一。

在越秀山南麓，有一座三元宮。它始建於東晉元帝大興二年，是廣州市現存歷史最長、規模最大的道教建築。在這座1600餘年的古老建築上，體現著越秀山與道教不得不說的淵源——

魏晉時期，廣州地區的南海太守鮑靚篤信道教。為了便於自己宣教煉丹，他在越秀山下建了一所越崗院。後來，鮑靚收了一名徒弟，名叫葛洪。葛洪自幼癡迷神仙及養生術，四處求學，探尋道教理論及煉丹養氣之術。拜師鮑靚後，他在廣州居住了近十年。鮑靚見葛洪勤奮好學，十分器重他，便把自己的女兒鮑姑許配給他。夫妻二人在鑽研道教學問之餘，還攜手一起替百姓治病。

當初鮑靚修身養性的越崗院，最終成了現在的三元宮。三元宮內，還有一口求龍仙井。這口井是過去的「鮑姑井」，人

三元宮

們為了紀念鮑姑與葛洪對百姓的貢獻，用她的名字給井命名。

越秀山上的三元宮，揭示出山與道教千絲萬縷的聯繫；而越秀山，也因此成為了廣州的道教名山。

伍廷芳父子埋葬在越秀山嗎？

伍廷芳是廣東新會人，他父親曾在南洋經商。3歲時，伍廷芳在父親的帶領下回到廣州芳村定居，13歲時進入香港保羅書苑讀書。在他16歲那年，伍廷芳與友人一起，創辦了中國人最早的自辦中文報紙——《中外新報》。在這份報紙上，伍廷芳極力宣傳辛亥革命前資產階級改良派的政治主張。

為了維護國家利益，伍廷芳做出過各種艱苦卓絕的努力。他曾經協助李鴻章辦理洋務運動，擔任駐美國、西班牙等國公使，出任海牙仲裁庭審判員，又組織修訂《大清現行刑律》，廢除了各種酷刑，結束了中國民刑不分的歷史。武昌起義爆發後，伍廷芳宣布贊成共和。他先後擔任過南京政府司法總長、外交總長等職務；北伐運動中，又出任廣東省長。1921年6月，陳炯明叛變。伍廷芳受到刺激，心力交瘁，最終病逝了。他的兒子伍朝樞，也為國家做出了不少貢獻。

伍朝樞年少時，跟隨父親到美國讀書，又進入倫敦大學學習。回國後，從父出京南下，討伐張勳復辟。伍朝樞擔任過民國政府外交部長、軍事委員會常務委員等職務，在省港大罷工運動中，為廣州市政建設和勞資糾紛耗盡心血。1934年，伍朝樞病逝在香港。伍氏父子原本埋葬在廣州市先烈東路黃花崗七十二烈士墓對面，1988年因建設需要被遷葬在越秀山南麓。在伍氏墓園中，人跡罕至，格外幽靜。墓園東北面，豎立著一尊伍廷芳紀念雕像。他頭戴瓜皮帽，身穿唐裝馬褂，雙眼炯炯有神，交叉雙腿安然坐於基座上。作為中國近代優秀的外交家，伍氏父子兩代人的芳名永遠地留在了青史上。

大夫山緣何得名？

大夫山位於廣州市番禺區市橋以西。這裡有山有水，花草豐茂，是一片難得的世外桃源。

大夫山

大夫山早年名叫「大烏崗」，因紀念西漢初年朝中重臣陸賈大夫而更名。陸賈是歷史上能言善辯的謀士，他協助漢高祖劉邦平定了天下，打下了江山。當時趙佗在番禺一帶自立為王，陸賈便被漢高祖派遣到南粵地區說服趙佗歸順漢朝。陸賈憑藉自己出色的口才，將趙佗說得心服口服。後來，趙佗被授印封為南越王，陸賈則被封為上大夫。

劉邦死後，太后專政，輕視嶺南地區，引得趙佗不滿。趙佗再次自立為王，孝文帝只好又派出陸賈去當說客。趙佗又一次被陸賈說服，歸順漢朝。陸賈的功勳在南越地區傳為美談，相傳他每次南下跟趙佗說理時，都會途經這座山。某次從此地路過，人困馬乏，馬兒情急，用前蹄刨出一口甘泉。從那以後，百姓就稱呼這座山為「大夫山」，那口甘泉則被命名為「飲馬泉」。大夫山的山名中，飽含著當地人民對陸賈的尊敬與懷念。

陳濟棠的母親為什麼要葬在鳳凰山？

鳳凰山位於廣州市筲箕窩水庫東南。這裡氣候冬暖夏涼，風景峻峭秀麗，茫茫林海加上連綿群山，一眼望去蔚為壯觀，許多爬山愛好者都喜歡來這裡爬山。

但有個秘密很少有人知道：鳳凰山還是一個風水寶地。相傳，宋朝的風水大師賴文俊曾經路過鳳凰山，並留下了一首古詩：「頭頂芙蓉嶂，腳踏土地壇。右有覆船崗，左有鴛蜂竇。鱉魚把水口，獅象守門樓。誰人葬得中，代代王公侯。」

太平天國運動的領袖——洪秀全的祖墳便剛好葬在鳳凰山的土地壇上。他起義後不久，地方官員便收到指令，要求把洪家祖墳挖開，以阻斷良好的風水。咸豐三年，清廷見太平天國聲勢鬧得越來越大，再次緊急召集當地官員，要把洪秀全祖墳後的龍脈鑿斷。

洪秀全領導的太平天國運動最終以失敗告終，而洪家祖墳所在地，最後被國民黨革命軍第一集團總司令陳濟棠買下。因陳濟棠素來信奉風水學說，

他命令一幫風水先生前往廣東各地尋覓風水寶地。後來，風水先生翁半玄為他找到一處寶地，位於洪秀全祖墳附近。於是陳濟棠斥重金買下山頭，又撥巨款興修墳地，把母親的遺骨從老家防城移葬到鳳凰山芙蓉嶂。陳濟棠沒想到的是，即使佔領了這塊「風水寶地」，他也沒能在政治道路上一帆風順。陳母下葬後一年，「兩廣事變」發生。廣州空軍全體向蔣介石投誠，陳濟棠倉皇逃到香港，建下的基業從此付諸東流。鳳凰山並沒有如陳濟棠所想的那樣給他帶來好運氣，耗費巨資最終一無所有，想來頗為諷刺。

你知道瘦狗嶺上發生過什麼傳奇故事嗎？

　　瘦狗嶺位於白雲山南麓，山形像足了一隻頭朝西北、尾向東南的瘦狗。如果站在白雲山摩星嶺上眺望，這片山更顯瘦骨伶仃，幾乎能數出它那一片片肋骨。因此，人們都叫這片山嶺為「瘦狗嶺」。

　　在瘦狗嶺上，曾發生過一段離奇的故事。相傳從前，有一戶王姓人家在此處居住。父子二人相依為命，靠挖藥材為生。兒子叫王勤，非常孝順父親。某天他倆進山採藥累了，來到瘦狗嶺的「狗頭」稍作歇息。父親坐在石頭上側身往下望，但見滿山樹木鬱鬱蔥蔥，一片鳥語花香，整個人仿如置身仙境。他對王勤說：「孩子，這裡跟風水寶地一樣。如果我死了，你一定要把我葬在這兒啊！」

　　十幾年過去，王勤長大成人。這天，父子倆如往常一樣在山頂尋找草藥，天氣驟變，狂風大作，下起了傾盆大雨。父親被狂風捲到了山腳，待王勤找到他時，已經咽了氣。王勤聽從父親的囑咐，將他埋葬在「狗頭」之處。每年清明節，他都來到這裡燒香祭祀。

　　這一年，王勤來到瘦狗嶺祭祀時，恰巧遇上了一個風水先生。他見風水先生摔了一跤，又餓又痛，便把用來祭奠父親的飯菜給風水先生吃。風水先生吃完，也不道謝，反而仔細打量起王勤父親的墓地。他嘖嘖稱奇：「小夥子，你父親的墓穴風水太好了。實不相瞞，這裡是龍穴啊！」

　　這個消息後來被走漏了出去，最終傳到了皇帝耳朵裡。皇帝知道後，派遣國師夜觀星象，竟然得出了同樣結論：南方睿光射鬥，龍氣沖天，瘦狗嶺會出一名天子。除非年年攻打瘦狗嶺，將龍氣驅散，否則皇帝基業不穩。

皇帝聽說後，立刻下旨要求廣東官兵年年炮轟瘦狗嶺，鬧得那一帶雞犬不寧。由於朝廷的攻打，導致龍脈被破壞，王勤家族果真沒有再發跡，當然也當不成皇帝了。

水文園林

海珠湖是怎樣成為鳥類天堂的？

海珠湖位於廣州市海珠區東南方，雖然它與流花湖、東山湖相同，都屬於人力開鑿的人工湖，但卻擁有獨立的水網系統。因此，除觀景以外，海珠湖同時具備著調蓄雨洪、生態保護等功能。

海珠湖位於中國5條候鳥遷徙通道的會合地，另外還是東北亞2條遷徙通道的途經停歇地。它那縱橫交錯的河網與四周幽深恬靜的果林、濕地，為魚、鳥等動物營造了極佳的生存空間。據統計，海珠湖濕地的鳥類約有62種，其中屬於國家林業局保護鳥類的有45種，屬於廣東省重點保護的鳥類共9種，還有屬於國家二級重點保護範圍的鳥類2種。

在海珠湖畔漫步，你能時常看見叫聲婉轉動聽的畫眉鳥、活潑好動的白頭鵯、珍巧可愛的暗綠繡眼鳥、嘴基上長著兩撇鬍鬚的八哥等。運氣好的話，還能與捕魚能手——鸕鶿偶遇。海珠湖，絕對是鳥類愛好者觀鳥的首選之地。

如果你準備去海珠湖附近觀鳥，一定要遵守這些注意事項：首先，避免穿著色彩過於豔麗的服裝；其次，要保持適當距離，不要大聲喧嘩或追逐、驅逐鳥類。另外，記得尊重鳥類的生存權，不要因一時興起就做出掏鳥窩、捉野鳥等惡劣行為。最後，保護好自己。別靠近水邊，也別接觸鳥類糞便。不論是掉進湖裡，還是感染上疾病，都會讓你吃不消哦！

海珠湖

東山湖是怎麼來的？

　　東山湖原先叫「崩口塘」。早年間，廣州大沙頭東邊與珠江相連的部分因河沙衝擊的緣故形成了一片沼澤。隨著淤泥沉澱堆積，許許多多大小不一的水塘就在大沙頭與陸地之間誕生了。「崩口」的本意，是指瓷器經過碰撞後在口邊處造成的缺損。人們見這些水塘中最大的那口與「崩口」形似，於是便把它稱為「崩口塘」。

　　20世紀初的崩口塘，還是一片權貴雲集的富人區。後來經過八年抗戰，該地傷痕累累。貧困市民私自佔用了崩口塘地區，並搭建起房屋。崩口塘一帶一時間雜草叢生，污水橫流。居住在當地的人們因為要種地，時常前往市區公廁掏糞。崩口塘成為了一個裝卸糞便的地方。

　　1958年5月，廣州市政府提出號召，要把崩口塘修建成一片乾淨美麗的人工湖。當時的廣州人，不論是普通群眾，還是國家幹部，不論是學校學生，

東山湖

還是工廠工人，大家都自願參加修建東湖的勞動，每月至少一天。經過廣州人一年多的勞動，東山湖最終落成。現在的東山湖，已經成了廣州著名景點之一。每當湖邊鮮花盛開，大家都前來東湖邊上踏青遊玩。過去的種種雜亂不堪，已經如前塵雲煙，消散不見。

荔灣湖與荔枝有關嗎？

　　荔灣湖位於廣州城西。荔灣湖一帶原本是珠江岸邊的一片大沼澤，相傳漢朝時期，被劉邦派遣來廣州勸降趙佗的陸賈就居住在這裡。他沿著駐地附近的溪流，種植荔枝、開闢蓮塘，荸薺、菱角、茨菰等水生植物生長得無比繁茂，一片欣欣向榮。

　　荔枝，從此成為了這一地區的特產水果。在唐朝時期，此處即已修建「荔園」。五代十國時候，統治南粵的南漢還在荔枝灣興建昌華苑，荔枝遍

植。南漢後主劉鋹更是每年夏季都在此處大設紅雲宴，極盡榮華富貴。明朝時期的荔枝灣，還因「荔灣漁唱」被列入了羊城八景之一。

荔灣湖

民國時，荔枝灣因戰爭的緣故由盛轉衰，昔日的河流變成了下水道，荔枝樹難以生長。為了恢復「一灣溪水綠，兩岸荔枝紅」的美景，廣州市荔灣區政府決定重建荔枝灣。經過長達一年多時間的艱苦奮戰，荔灣湖最終落成。如今的荔灣湖兩畔，種植了近300株荔枝樹，湖面被分為「小翠、玉翠、如意、五秀」四片水域，橋堤相接，綠草如茵，層巒疊翠，一派優雅的南國風光。當年美景，重現眼前。

麓湖的前世今生

麓湖位於廣州市越秀區，在白雲山風景區的南端。麓湖原名金液池，在解放初期，還是一片地勢低矮的窪地，附近的村莊時常遭受水侵災害。1958年，廣州市動員全市人民參與造湖，把原先坐落在金液池畔的村落遷到了別處。村落的所在地經過平整，成為了湖底。九公尺多高的大壩也在麓景路北段拔地而起，蓄水面積高達300多畝。

為了使麓湖湖畔重現「六脈皆通海，青山半入城」的歷史風貌，當地政府又進行了一系列的環境整治工作：用截汙工程，實現雨汙分流；開展景觀改造，修建環湖綠道……現在的麓湖湖畔，一年四季鳥語花香、綠樹成蔭。宮粉紫荊、落羽杉、毛杜鵑等植物生長得十分繁茂，一派欣欣向榮的景象。漫步至麓湖南端，從一個小階梯走下去，廣州市區最大的人工瀑布便出現在你眼前。這個人工瀑布高6公尺，寬20公尺，非常雄偉壯觀。

除了人工瀑布以外，麓湖附近還有聚芳園、星海園、白雲仙館等地供市民遊覽。在麓湖，人們可騎行、可乘坐遊艇、可泛舟湖面，甚至可以打高爾夫球。昔日的小水塘，如今成為了「一山環秀水，半嶺隱濤聲」、湖光山色俱美的大型公園。

你知道黃龍帶的傳說嗎？

黃龍帶

黃龍帶位於廣州市從化區。相傳遠古時期，有一條黑色蛟龍，飛到此地的大山之中，從此蹤跡難尋。時間一長，人們發現每當秋天的夜晚，山谷中央便有金光閃現。膽大的村民們前往山谷打探，在山中發現了礦石。礦脈綿延不斷，讓前來挖礦的鄉民們逐漸地富裕起來。為了紀念這條龍的饋贈，大家將這座山稱為「黃龍山」，流過黃龍山的河流也隨之被稱為「黃龍帶」了。

1972年12月，黃龍帶水庫開始動工，三年後水庫落成。來到黃龍帶水庫區，即可身處群山環抱之中。湖庫像一條遊動的長龍，曲曲折折，在山間蔓延。翠綠的樹林、清澈的水面再加上碧藍的天空，組成「一龍帶水藏飛瀑，兩岸林海景迷人」的黃龍湖景。如果你在六七月的初夏來到這裡，還能享受到採摘楊梅的樂趣呢！

天湖水庫下的「溫泉三瀑」是怎麼一回事？

天湖位於廣州市從化區，它是個始建於1972年的人工湖。因其坐落在「萬丈飛瀑瀉漏天」的瀑布之巔，故而得名「天湖」。天湖下方的瀑布，就是傳說中的「溫泉三瀑」。

天湖水庫

溫泉三瀑是天然瀑布群，分為五級。第一級至第三級是百丈飛濤瀑，第四級是飛虹瀑，第五級是香粉瀑。這五級瀑布中，又以百丈飛濤瀑最為著名。它應該是華南地區最大的自然瀑布，氣勢磅礡讓朱德總司令都忍不住感歎並親筆題詞曰「山舞銀蛇」。作家郭沫若也寫下詩歌來頌

它，稱它為「百丈疊三瀑，一溪奏萬筎。泉飛崖罩面，水激石生花」。溫泉三瀑的恢弘還曾讓柬埔寨親王流連忘返，據傳他來到廣州，參觀完瀑布後，堅持要在瀑布下的岩石上享用午餐呢！

流花湖有哪些好玩的去處？

　　流花湖位於廣州市東風西路以北，因流花湖東北面有一座南漢國的古蹟——流花橋而得名。據傳，流花湖原來是晉代的芝蘭湖，後被開闢為菜園。經過廣州市政府疏導街道水患、動員全市居民參與義務挖掘等艱辛工作後，流花湖最終落成。如今的流花湖，面積達32公頃左右。自從流花湖建成後，這一帶居民再也沒有遭遇過水患了。

　　除蓄水防洪的實用功能外，流花湖還以它秀美的風光而著名。在流花湖湖畔，種植著大量的芳草地與棕櫚樹，讓人體會到一派南亞熱帶風情。流花湖面上，則有一座面積3000多平方公尺的鳥島。島上鷺鳥成千上萬，你可以在觀鳥台坐下，點一杯熱茶，靜靜地欣賞鳥兒們熱鬧非凡的自然生活狀態。往流花湖東邊走，你將誤以為自己身處於西雙版納的庭院內：杜鵑園、猛力園令人目不暇接。如果選擇向西邊漫步，還能夠與被譽為「嶺南盆景之家」的西苑相遇。西苑中主打盆景展覽、觀賞奇石，在西苑中徜徉一番，定能產生大飽眼福的快感。

流花湖

東湖春曉是如何成為羊城八景的？

　　羊城八景特指廣州市八大最著名的景點。從宋代開始，當地就有評選羊城八景的傳統。這一傳統代代相傳，一直延續到今天。

　　最初的羊城八景包括扶胥浴日、石門返照、海山曉霽、珠江秋月、菊湖雲影、蒲澗濂泉、光孝菩提及大通煙雨，其中與廣州水文相關的就有三處。而清朝的羊城八景則變為了粵秀連峰、琶洲砥柱、五仙霞洞、孤兀禺山、鎮

東湖春曉

海層樓、浮丘丹井、兩樵雲瀑以及東海漁珠，最初的八景有的已經隨著歲月的流逝而不復存在。1963年，廣州市評選出了新的羊城八景，包括白雲松濤、羅崗香雪、越秀遠眺、珠海丹心、紅陵旭日、雙橋煙雨、鵝潭夜月與東湖春曉。在這張名單上，東湖春曉指的就是東山湖。後來，粵劇名旦林小群還演唱了一首與它同名的粵曲——《東湖春曉》，歌裡唱到：「且聽處處歌聲歡笑，且看廣州建設成就輝煌，景色美複俏……」

這首歌歷經數十年的光陰，一直傳唱到了今天。2002年，廣州重新評選出「羊城八景」，分別是白雲山的「白雲疊翠」、珠江的「珠水夜韻」、越秀山的「越秀新暉」、天河火車站的「天河飄絹」、陳家祠的「古祠留芳」、黃花崗的「黃花皓月」、奧林匹克中心的「五環晨曦」和番禺蓮花山的「蓮峰觀海」。雖然東湖春曉已經不再是最近的「羊城八景」了，但它的美麗依然長留在廣州人的心間。

餘蔭山房名字的由來

餘蔭山房

餘蔭山房位於廣州南村鎮，修建於清朝同治十年，距今已有140年的歷史。餘蔭山房的故主是清朝舉人鄔彬，他曾經擔任過刑部主事、七品員外郎。更讓人驚歎的是，他的兩個兒子也都中了舉人。當時，人們都稱呼這戶人家為「一門三舉人，父子同登科」。

後來，鄔彬看破了世事人情，選擇告老還鄉，歸園田居。他斥資修建了這座園林，為了紀念先祖的福蔭，故而給園林起名為「餘蔭」。又因為園林坐落在偏僻的崗地之下，故而稱之為「山房」。餘蔭山房的名字就是這樣得來的。

在餘蔭山房裡，有一副楹聯：「鴻爪為誰忙，忍拋故里園林，春花幾度，秋花幾度；蝸居容我寄，願集名流笠展，舊雨同來，今雨同來」。它與餘蔭山房的名字一起，道盡了園林主人渴望歸隱的心聲。

餘蔭山房裡的瑜園為什麼又叫「小姐樓」？

在餘蔭山房南面，緊挨著一座稍微小一點的瑜園。瑜園建於1922年，在原主人第四代孫鄔仲瑜的主持下修建，是住宅式庭院。

瑜園造型精巧。在它的底層，有一個船廳。廳外，安放了一塊小型方池。瑜園第二層，則被設計為玻璃廳。站在瑜園二層上，可以俯視整個山房。庭院景色盡收眼底，一覽無餘。

關於瑜園的用途，現存兩種不同的說法。一種說法認為，這座瑜園是用來招待遠道而來的親朋好友的，另一種說法則認為，瑜園是給家裡女眷居住的。正因為瑜園常年由女眷居住，故而才有了個「小姐樓」的別名。

如今，瑜園已經歸屬餘蔭山房，並與山房合在一起。這兩座園林作為近現代嶺南地區代表性建築，於2001年被列入了第五批全國重點文物保護單位名單之內。

餘蔭山房有什麼樣的建築特點？

餘蔭山房的布局十分精巧。它有兩個主要的建築特點：一是「縮龍成寸」，二是「書香文雅」。

「書香文雅」指的是整座山房中，滿掛了文采斐然的詩聯佳作。據統計，該園中楣額足有三十多處，另有楹聯40多對，原主人崇尚文化的精神世界由此可見一斑。而「縮龍成寸」原本是一種盆景藝術的創作技巧，使用這種技巧創造出來的盆景，可稱為「咫尺盆域，聳立巨株」，令人歎為觀止。用在園林建造方面，「縮龍成寸」則象徵著園林設計師能夠在方寸之間展現建築的精髓。餘蔭山房即是如此：在方圓三百步之內，亭台樓閣、橋梁廊堤盡收其中，各類磚雕、木雕作品豐富多彩，迴廊、影壁相互借景……漫遊園內，讓人感覺園中有園，景中有景，妙趣橫生。

實際上，除卻這兩個主要建築特點外，餘蔭山房還吸收了一部分西方園林的造景理念。例如八角亭、四方水池等幾何造型，這在推崇自然風光的中國傳統園林中並不多見。另外，瑜園的建造過程中還大量採用了西洋花紋地磚、百葉窗等，西方特色與傳統嶺南風格融合在一起，體現了嶺南人相容務實的建築理念。

餘蔭山房有哪些值得一遊的景點？

餘蔭山房與佛山梁園、東莞可園、順德清暉園合稱四大名園，雖然它面積不足2000平方公尺，但由於其遍布亭台樓閣、名花異草，各種花徑圍牆參差交錯，曲徑通幽，故而有許多值得一遊的景點。下面，就為大家介紹幾個最值得觀賞的地方吧：

拱橋

餘蔭山房整片園景可以分為東、西兩個部分，一座廊、橋、亭三合一的拱橋便成為了東、西園的分界線。在月朗星疏的夜晚，漫步在拱橋上，讓月亮、拱橋與人影在橋下的荷花池中相互映襯……畫面之美令人陶醉。有人遂將這一美景稱為「虹橋印月」。

石砌荷池

石砌荷池是西半部分餘蔭山房的中心。在荷池南邊，有一座造型簡潔的臨池別館。它是園林主人的書齋，環境講究清靜素雅。荷池北邊，則坐落著主廳——深柳堂。深柳堂是這座園林裝飾藝術與文物精華的所在，廳內側廂中收藏著三十二幅桃木畫櫥，另外還有幾扇名貴的紫檀屏風。深柳堂的左側，是為賓客小憩而設置的「臥瓢廬」。每逢夏日，石砌荷池旁都飄滿了荷花的芬芳，伴送著清幽晚風，讓人留戀池畔，久久不願離去……

玲瓏水榭

玲瓏水榭環水而立，俗稱「八角亭」。它的八面均為窗戶，既可通風，又可觀景。在玲瓏水榭裡，都能看到哪些美景呢？一首詩精到地描繪出了概

括：「丹桂迎旭日，楊柳樓台青；臘梅花開盛，石林咫尺形；虹橋清輝映，臥瓢聽琴聲；果壇蘭幽徑，孔雀盡開屏」。玲瓏水榭，飽含著餘蔭山房的詩情畫意。

寶墨園的由來

　　寶墨園位於廣州市番禺區沙灣鎮，始建於清末。傳說有一年西江水災，一段黑色木頭順水漂流到村邊。人們將它推回江裡，沒曾想這段木頭再次流回村子裡來。幾次三番過後，村民們覺得十分奇怪。他們對木頭產生了敬畏，故而把它供奉起來。

　　嘉慶年間，貪官和珅被嘉慶帝剷除。一時間各地群情沸騰，人們都希望能夠多有一些像包拯一樣清廉的官員。於是，當地村民把這段神木雕刻成包公像，並修建起包相府用以祭祀包拯。

　　包相府曾經幾次遭遇過損毀，後來荒廢了。直到1995年，在港澳同胞及社會各界的捐助下，寶墨園才得以在包相府原址上重建。如今的寶墨園已經成為廣州知名旅遊景點，因為它風光秀麗，有多部電視劇都選擇在此取景，例如TVB的《末代御醫》、中央電視台的《愛人同志》等。如果你去寶墨園遊玩，說不定還能與心儀的偶像來一場偶遇……

寶墨園

寶墨園的包拯擲硯陶雕群像講了個什麼故事？

　　在寶墨園的寶墨堂梁脊頂上，有一組包拯擲硯陶雕群像。相傳包拯曾經在端州為官三年，因其清廉、愛民，深受愛戴。有一個製作端硯的工匠，對包拯滿懷崇敬，他特別想送一方端硯給包拯以表示自己內心的敬意，但是包拯始終不肯收下。後來包拯離任，工匠便偷偷地將端硯藏在船上。結果包拯一行人行至羚羊峽時，忽遇狂風暴雨。包拯暗忖：自己在端州向來清廉，到底做錯何事讓天公震怒？他前思後想，最終找到了藏在黃布裡的端硯。包拯

廣州的山水園林

095

說：「雖然這方硯台不能物歸原主，但我也要把它留在端州。」話音落畢，他就抓起端硯擲入江水。後來，在包拯扔下硯台的地方，形成了一處擲硯洲。寶墨堂梁脊上的陶雕，講述的就是這樣一個故事。

寶墨園中有哪些景點？

既然能被電視劇製作方選中，成為多部影視劇的拍攝基地，那麼寶墨園的風光一定不會讓你失望。在寶墨園中，最引人矚目的就是那些亭台樓閣了。接下來，讓我們共同了解一下寶墨園裡都有哪些值得一看的景點吧！

龍圖館

龍圖館以館內外的各種磚雕、木雕、泥塑、灰塑等著名。入門正中，可以看到一座巨型紫檀屏風。屏風中間是包公造像，兩側刻著包公遺詩，曰「清心為治本，直道是身謀」。

在包公像的左邊，雕刻著狄青。因狄青是武曲星，與包公文曲星的身分恰巧相對應。包公像左邊則雕刻著呼延家將大破五行陣的故事，畫面上戰旗飛揚，戰馬奔馳，人物傳神，顯示出宋朝戰士們保家衛國的英武氣概。整座屏風花了雕刻師與15個助手一年半的時間方告完成，是一件藝術精品。

藏品館

趙泰來是英籍華人。他前後共計向寶墨園捐獻了41幅大型西藏唐卡，以及明朝銅製觀音、銅香爐等巨型重寶。在寶墨園內，有一座趙泰來藏品館。這裡存放了趙泰來向該園捐贈的幾乎所有藏品，你可以在這裡看到姿態各異的藏傳佛教祖師、藏王松贊干布以及護法金剛的畫像。藏品館正中，擺放著巨大的玻璃櫃，四件大型銅製品擺放其中，觀之令人心靈震撼。

紫洞舫

紫洞舫位於寶墨園的清平湖邊上。它用鋼筋水泥鑄成，加以名貴柚木裝飾。全舫布滿了雕刻藝術品，包括八仙賀壽、竹報平安、花開富貴、松鶴延年等吉祥圖案，船頭坐落的大型木雕「百鳥朝鳳」更是讓人嘖嘖稱奇。舫中

有一處聽曲品茶的場所，你可以在這裡聽到正宗的粵曲。

寶墨堂

去寶墨園一遊，自然不應錯過寶墨堂。寶墨堂正中懸掛著一幅出自四川畫家韓雲朗之手的包拯畫像，而寶墨堂的房梁上則雕刻著包拯擲硯的傳說故事。值得一提的是寶墨堂前的兩棵樹齡近百年的老榆樹。由於它們蒼勁挺拔，就像捍衛包拯的衛士，所以大家親切地稱他們為「樹將軍」。

另外，寶墨園中還有諸如紫竹園、千象迴廊、紫帶橋等景點，此處就不再一一贅述了。更多的美景，就由讀者去寶墨園後，再自行發掘吧。

蘭圃是專門種植蘭花的園林嗎？

廣州蘭圃位於越秀公園的正對面。它總面積達5萬多平方公尺，始建於1951年。最初的蘭圃是一座植物標本園，1957年起，蘭圃專門培育蘭花。如今的蘭圃，已經成為了一座名園。它的蘭花種植分為三冊，第一、第三冊培植以蘭花為主，花色淡雅，清香撲鼻；第二冊則以寄生蘭為主，花色豔麗，卻少有香氣。

蘭圃堪稱蘭花王國，現有品種數百種，盆栽一萬多盆。在慕尼黑國際園藝展中，曾被評為「最佳庭園」。朱德元帥到蘭圃遊玩後被深深地吸引。隨後幾乎每年都故地重遊，甚至還將自己培育的蘭草贈送給蘭圃，並寫詩留念。

「靜境何須遠地求，一九蘭圃足勾留。畫師技巧縮龍寸，名匠心靈布局周。酒綠燈紅棉市鬧，花香鳥語水亭幽。芳華九畹殊堪對，扳得同心結友儔。」這首詩，是對蘭圃的精確描述。雖然它佔地面積小，但具有鬧市中不可多得的清雅、寧靜，引人入勝，深受群眾喜愛。

蘭圃

簡園與南洋菸草公司有什麼關係？

簡園位於廣州市恤孤院路24號，佔地面積近1000平方公尺。它具有20世紀二三十年代歐美別墅的建築風格，紅磚樓，希臘柱陽台，庭院前後空地上均種植有花草樹木。噴水魚池、停車房應有盡有，整座園子透露出的是中西合璧加上一絲野性的美感。

簡園的主人是著名的愛國華僑實業家簡照南、簡玉階兄弟。簡氏兄弟是佛山人，從小家貧。簡照南14歲就開始做童工，後來又去叔父家的瓷器店學做生意。不久後，簡氏兄弟被安排到日本打理帳款，在叔父的支持下，兄弟倆從土產雜貨開始，開商店、做批發，生意越做越大。他們的足跡遍布日本、泰國，瓷器店、輪船公司、布匹店、百貨公司等均在簡氏兄弟的生意範圍之內。

為了打破英美菸草公司對中國捲煙市場的壟斷，簡氏兄弟把目光投向了捲煙製造業。他們在光緒三十二年創辦了南洋菸草公司，與英美菸草商展開了激烈的競爭。南洋菸草公司的註冊資本高達1500萬元港幣，年營業額足有3500萬元之多。在賺錢之餘，兩兄弟還不忘投資慈善事業。他們在廣州創辦了花地孤兒院，又修建了簡園別墅以供自己居住。簡照南去世後，民國高官譚延闓曾常駐於此。他是當時陸海軍大本營大元帥府內政部長，後又作為建設部長，參加了由孫中山親自部署指揮的討伐沈鴻英、趙恆惕之役，是國民黨一位資深的元老級人物。

中共三大在廣州召開期間，毛澤東同志還經常利用休會時期到簡園來拜訪譚延闓，以尋求國共合作。基於簡園與中國近代多個重要歷史人物的因緣，再加上它屬於廣州舊民居建築的代表，在1993年，簡園被評為了廣州市文物保護單位。在這座小小的老房子裡，積澱著歷史的風韻。一幕幕風雲變幻的場景，愈發襯出簡園的彌足珍貴。

在廣州東園發生過哪些大事件？

廣州市沿江東路一帶，有一座紅樓。這座紅樓的原址上，本是晚清時期由廣東水師提督李准建立起來的花園別墅——東園。李准是清王朝得力的

鷹犬，先後鎮壓過洪全福起義、潮州黃岡起義、廣州新軍起義和三二九起義等，革命黨人對李准可說是恨之入骨。但革命黨曾幾次派人謀殺李准，卻都被他逃脫了。武昌起義後，李准發現清王朝大勢已去，於是通過兵諫迫使兩廣總督張明岐宣布獨立，保全了一條命。二次革命失敗後，李准又被袁世凱封為廣東宣慰使，晚年長居天津，別墅東園則被充公。

東園

東園充公後，曾有外國洋行商人在此設立了廣州第一個遊樂場所。遊樂場中設置有粵劇戲台，有迷宮，還有旋轉木馬。東園成為了一處聲色場所。然而，東園更是一處集會廣場。中國近代史上眾多大事均在此處發生：

1912-1921年，孫中山先生多次在東園演講，宣傳三民主義；

1912年，參與過謀殺李准行動的劉師復在東園創立晦鳴學社，宣揚無政府主義；

1919年5月，廣州國民外交後援會聯合廣州各界在東園舉辦10萬人國民大會，痛陳亡國危機，並舉行聲勢浩大的示威遊行；

1922年，廣東社會主義青年團在東園召開成立大會及馬克思誕生紀念會；

1924年，中國國民黨運動講習所首期培訓班在東園開學；

1926年11月，反動份子為了打擊省港大罷工，前往東園縱火，將其焚毀。

1925年6月，省港大罷工爆發，指揮罷工的委員會即設置在東園；

1925年10月，中華全國總工會進入東園辦公；

直到1984年，廣東省政府方撥款，在原地修建起紅樓，作為省港罷工委員會舊址的紀念館。廣州東園現在已經不復存在，只餘下重建的紅樓，映襯在藍天白雲之間，隱隱地透露出一種飽經滄桑的凝重的時代感……

十香園原本是間畫室嗎？

十香園

在廣州市海珠區海珠涌西岸，有一座十香園。這座園林的主人是清代隔山鄉人居巢、居廉。居巢擅長書畫，師承惲南田、宋光寶、孟覲乙。他畫的花卉、草蟲、山水、人物等均神形皆備。居廉是居巢的弟弟，也跟著居巢一起學畫。兄弟倆被當時在廣西做官的東莞人張靜修慕名聘請入幕，後又追隨張靜修來到東莞可園切磋技藝。在可園居住的九年裡，兩兄弟創作了不少扇面冊頁精品，更形成了居派藝術。

張靜修病死後，居氏兄弟回到廣州，修建了十香園，作為居室與畫室。居巢病逝後，就只剩下居廉在此長期居住了。十香園與可園相比，要簡陋樸實得多。院子內種植有大量的香花草木，如茉莉、紫藤等，以供居氏兄弟寫生使用。居廉在十香園內親自栽種了各種花草樹木，又飼養禽鳥蟲魚。他以賣畫養家，後來還開館授徒。居廉的畫風不同於傳統國畫的寫意之風，而是偏重寫生。他教學生時，時常領著學生來到園子裡，對著各種花草蟲魚仔細觀察後再細細描摹。當時，居廉認為無物不能入畫。一般畫家看不上眼的俗物如月餅、臘鴨等，居廉也願意畫。他們教育出來的學生中出了好幾個傑出人才，其中的高劍父、陳樹人等還成為了嶺南畫派的大師。十香園，幾乎可稱得上是嶺南畫派的搖籃。

居氏兄弟故去後，後人便把十香園當作居所。但抗日戰爭時期，日軍破壞了嘯月琴館和居巢的居室，「文化大革命」中，又被紅衛兵搶走了許多繪畫作品。原來的門額、楹聯丟失無蹤，只剩下一些書櫃、畫箱以及庭院中央的太湖石。園裡遍地斷壁殘垣、野草叢生，一派衰敗景象。2006年，居室後人將十香園捐獻給了政府，政府決定按照舊貌對十香園進行復原重建。十香園的遺風，終將重現在世人眼前。

頤養園是廣東首家旅館醫院嗎？

頤養園位於風景如畫的二沙島。它是廣東的第一座「旅館醫院」（即現在的療養院），也是國民黨上層人士的政治避風港。

頤養園的創建者是梁培基。他原本是一名醫生，但在那個特殊的年代裡，梁培基「懸壺濟世」的理想卻並沒有通過其親自為病人看病來實現：他發明「發冷丸」，興建頤養園，開辦光華醫學院，又開發了廣東從化溫泉……除了這些與醫學有關的事蹟外，梁培基還曾支持潘達微開辦《時事畫報》、協助收斂黃花崗起義烈士遺體、參與省港大罷工，是一個堅定的革命者。

梁培基興建頤養園的想法最初起源於1917年。那一年，他前往日本考察治病，了解到日本的旅館醫院。在旅館醫院裡，設備齊全，有固定護士，病人可以自由選擇市內的醫生為其治療。他對旅館醫院的運作模式十分感興趣，回到廣州後，便立即著手聯繫當時名醫、名律師及員警廳廳長、南洋菸草公司大股東及畫家等一派社會名流，研究興辦「留醫院」的相關事宜。最後，大家通過集資，籌備了50萬兩白銀，選址就在魏邦平的二沙島上，頤養園得以開始興建。

頤養園建成後，幾乎能夠與頤和園媲美。各種假山魚池、亭台水榭應有盡有，在其中穿插著手術室和藥房，比當時著名的香港山頂醫院還要舒適華麗。由於頤養園醫療設備先進，又位於三面環水的小島上，易於保衛，故許多國民黨政要都把這裡作為政治避風港。包括蔣介石、李宗仁、白崇禧等國民黨上層人士，都經常在這裡居住。在抗戰時期，頤養園還曾經作為中共的地下秘密活動點呢。黨組織在頤養園內開辦培訓班，吸收先進份子，培養了大批革命骨幹。從旅館醫院，到政治避風港，再到革命培訓班……另類的救世之道，在頤養園身上體現得淋漓盡致。

培英中學假石山上的石匾額是聽松園裡的舊物嗎？

在如今廣州建設機器廠所在地，原本有一座中式園林，叫「聽松園」。聽松園是詩人張維屏和他的兒子張祥泰修建起來的，它位於珠江南邊大通寺旁，佔地十餘畝。聽松園中有兩片池塘，其餘土地遍植松樹。內裡包括眾多

建築物，如煙雨樓、柳浪亭、海天閣、松心草堂、東塘月橋、萬綠堆等，是個讀書、詩酒、遊樂的絕佳去處。

　　聽松園當年文人墨客唱酬往還的逸事甚多，在《南山先生招同溫伊初聽松園看月》等詩歌中均有記載。但在張維屏去世後，聽松園就逐漸衰敗下去。有詩曰「曾記松心舊草堂，綠蕪紅藥水邊香。而今剩有絲絲柳，和雨和煙暗斷腸」，這正是作者對聽松園從繁盛到衰敗的詠歎緬懷。後來，聽松園被教會買下，改建成培英中學。培英中學在抗戰時期被日軍飛機炸毀，只得遷往鶴洞山頂。

　　如今的鶴洞培英中學裡，還有幾座假石山留存。在假山上，鑲嵌著一塊石質匾額，上面篆刻著「聽松園道光丙午初夏松心主人書」的字樣，這便是聽松園裡的舊物了。

廣州的祠堂

　　廣州祠堂眾多。每逢清明，在去墓地拜祭過祖先之後，有些廣州人還要在家族的祠堂裡再祭拜一次。這是傳統，也是心靈驅使。

　　祠堂除了用來供奉和祭祀祖先，還是家族重大事情商議地以及族長行使族權的地方。族人的婚喪嫁娶等家族重大事宜，有時候也會在這裡進行。熱熱鬧鬧的婚禮在肅嚴的祠堂舉辦，既表明這婚事是族人共慶的事情，也讓婚禮有了更多的意義。在別人眼裡嚴肅的祠堂，在廣州人眼裡，卻是家族血緣紐帶最親切的寄託物，也蘊藏著對祖先、對傳統、對宗族的敬重。

廣州的祠堂

為什麼廣州也有蘇公祠？

「十年生死兩茫茫，不思量，自難忘」「明月幾時有，把酒問青天。不知天上宮闕，今夕是何年」……蘇東坡的詩詞，可說是耳熟能詳。他在四川眉山出生，曾於鳳翔、杭州、密州等地就職。按理說，蘇東坡無論如何也跟廣州扯不上關係，但在廣州車陂附近，卻有一座晴川蘇公祠。這座蘇公祠，並非當地蘇姓人士隨便建立的。相傳，它紀念的是蘇軾的孫子——宋太尉蘇紹箕。

蘇紹箕年輕時精通經術，被朝廷授予「迪功郎」的官職。在宋朝宣和年間，還曾擔任過宋朝太尉。後來，彭友連在粵北一帶發起兵變，珠璣巷居民紛紛向南遷徙，直達珠江三角洲。蘇紹箕也隨著這次移民浪潮攜家眷到廣州定居。車陂的蘇公祠建立於明憲宗成化年間，它正是為了紀念蘇紹箕而建。隨著歲月的流逝，蘇公祠成為車陂的文化中心，舉辦過私塾、學堂與學校。

再後來，學校遷出，蘇公祠成了廣州市的文物保護單位。直到今天，蘇公祠門口還有「武功偉業參天地，眉山翰墨貫古今」的對聯呢。

為什麼人們把陳家祠裡的石獅奉為「聖獅」？

陳家祠

陳家祠是清朝末年廣東省陳姓族人合資建造的祠堂，在光緒二十年落成，坐落在如今廣州市的中山七路。陳家祠的門口有一對石獅，當地人都稱呼它們為「聖獅」。這是什麼緣故呢？讓我來為大家講一段故事：

相傳陳家祠門口的石獅是當年南海老石匠鄒福和四個徒弟雕鑿而成的。彼時，陳家祠附近一帶都是低窪地，

年年遭逢水災。然而，自從這對石獅擺在陳家祠門口時，奇蹟就發生了。某次廣州發大水，水勢凶猛，上漲速度飛快。百姓的房屋即將被大水沖垮，人們絕望地等待著流離失所的命運。就在這千鈞一髮的時刻，陳家祠方向突然傳來了一聲獅子的怒吼。這怒吼迴盪在天空中，經久不息。隨即，大水逐漸退去。百姓的房屋、財產俱得到了保全。

由於廣州市內不可能有活獅子，所以當地人認為發出咆哮聲的是陳家祠門口的石獅。從那以後，陳家祠附近再也沒有發生過水災。這一對石獅子越傳越神，最終成為了當地人口中的「聖獅」。

除此之外，廣州還有一句歇後語與這對石獅有關。那是在日寇侵華時期，廣州經常遭遇空襲。在一次空襲中，一枚炸彈被飛機扔到了陳家祠門前。但是這枚炸彈並沒有爆炸，附近有膽大的居民湊過來看稀奇，結果發現石獅眼底有一大滴水，就像是傷心的眼淚。後來，「石獅流眼淚——傷心至極」的歇後語就逐漸在廣州市裡傳開了。

陳家祠獅子

陳家祠採用了哪些傳統裝飾工藝呢？

陳家祠坐北朝南，屬於傳統「三進三路九堂兩廂杪」院落式布局。它布局嚴謹，虛實相間，寬敞優雅，氣勢軒昂。

在陳家祠的修建過程中，採用了多種傳統裝飾工藝。這些傳統裝飾工藝使得整座祠堂華美無比，成為了當

陳家祠裝飾

之無愧的廣東民間建築精華。現在讓我們來看一看，陳家祠到底採用了哪些傳統裝飾工藝呢？

木雕

　　木雕多用於門梁、廳堂、雀替及房檐板上。它一般選用質地細密柔韌、不易變形的樹種雕刻，色澤清淡，格調高雅。陳家祠木雕內容非常豐富，包括王母祝壽、踐土會盟等取材於歷史和民間傳說的故事。其中最為出名的是曹操大宴銅雀台，活靈活現地描繪出徐晃與許諸爭奪錦袍的場面。

石雕

　　石雕多用於廊柱、月梁、牆裙和台階等地。陳家祠中的石雕主要採用麻石石材，石匠在麻石上雕刻出各色花鳥果品以及纏枝圖案。它們色調灰白淡雅，與雙面鐵鑄通花欄板交相映襯，對比鮮明，線條簡潔圓潤，非常精美。

磚雕

　　磚雕多用於牆簷下、門楣、花窗上。雕刻前，先由藝人挑選，再根據整幅圖畫的層次來排列，再逐個雕刻紋樣，一層層鑲嵌在牆上。陳家祠東、西廳的水磨青磚簷牆上，就有6幅大型磚雕。這是現存廣東地區規模最大的磚雕作品之一。

灰塑

　　灰塑多用於山牆上，色彩大紅大綠，活潑斑斕，具有濃郁的民間特色。陳家祠的灰塑就用於它的屋脊基座上，總長高達1800餘公尺，內容主要是人物、花鳥、亭台樓閣與山水美景，嶺南風味十足。

鐵鑄

　　陳家祠的鐵鑄裝飾集中在聚賢堂前後的石欄杆中。其中正面6幅為麒麟玉書鳳凰圖，台階兩邊是雙龍戲珠，還有三陽開泰、年年有餘等。這些鐵鑄由佛山生鐵鑄造，工藝精湛，構圖美觀大方。

陳家祠的裝飾圖案中都有哪些深刻寓意？

　　為了解決祠堂屋頂結構簡單平板的問題，陳家祠大量運用了灰塑裝飾圖

案來豐富造型，通過這些精美的畫面來傳達當時陳氏家族族人對榮華富貴的追求與幸福生活的嚮往。許多珍禽瑞獸，成為了表達吉祥含義的圖案主角。例如「九如圖」，即是由九條金魚組成。「金魚」與「金玉」諧音，數尾金魚構建起整幅圖畫，寓意「金玉滿堂」。另外，在《詩經‧小雅‧天保》一詩中也寫到了「九如」：「天保定爾，以莫不興，如山如阜，如岡如陵，如川之方至，以莫不增……如月之恆，如日之升，如南山之壽，不騫不崩。如松柏之茂，無不爾或承」。九個「如」字連用，後人遂把「九如」作為天時地利人和的象徵。

再如「五倫全圖」，畫面中則繪有五種珍禽，如鳳凰、仙鶴、鴛鴦、鶺鴒等。這裡的鳳凰代表君臣之道，仙鶴代表夫子之道，鴛鴦代表夫妻之道，黃鶯代表朋友之道，鶺鴒則代表兄弟之道。它們蘊含著「君臣有義，父子有情，夫婦有別，長幼有序，朋友有信」的意義。

此外，陳家祠還大量運用了瓜果植物紋樣作為裝飾。如象徵長壽的仙桃與佛手，象徵多子多孫的葡萄、象徵豐收富貴的藤蔓等。諸如「龍鳳呈祥」「魚躍龍門」「花魁獨占」「一品當朝」等圖畫，都屬於借用常見之物表達人們對美好生活質樸傳統的期待。

陳家祠修建至今遭受過哪些劫難？

陳家祠建成後，一直作為陳姓子弟讀書辦學的地方。後來先後被改為陳氏實業學堂、體育專科學校以及聚賢中學等。1988年，飽經滄桑的陳家祠終於被國務院頒布為全國重點文物保護單位，在此之前，它曾經歷了多次劫難，數次險些被毀於一旦：

在抗日戰爭期間，陳家祠曾經進駐過一個日偽特務連。他們對陳家祠進行了毀滅性的破壞，神龕被砍，木雕故事被破壞，整座建築門破牆危。後來，日軍還對廣州地區進行過一次空襲，一顆炸彈被扔在了陳家祠裡。萬幸這顆炸彈沒有爆炸，陳家祠有幸逃出了被損毀的命運。

二十餘年後，一批血氣方剛的紅衛兵進駐陳家祠。他們貼出大字報，要對這個封建文化藏汙納垢的地方進行清洗，把它砸得片瓦不留。書院的工作人員挺身而出，聲淚俱下地向紅衛兵司令訴說著它的可貴之處，最後打動了

對方。不久，另一隊紅衛兵也趕到陳家祠來「破四舊」。經過一場劍拔弩張的交鋒，兩隊司令達成了一致意見：神主牌是四舊，應該砸掉。其餘部分不得毀壞。最終，5000多個陳氏祖宗的神主牌被付之一炬，但換來了陳家祠在十年「文革」中的平安。

如今的陳家祠，兩度以「古祠流芳」之名入選新世紀羊城八景。這兩次劫難沒能摧毀它，它終究得以在嶺南地區大放異彩，並成為廣州市的一張文化名片。

陳家祠的旗杆夾有什麼用途？

旗杆夾是中國科舉制度的產物，又被稱為夾杆石。旗杆夾一般用青白石或麻石等質地堅硬的石頭製作基座，基座中間留著小孔用於固定旗杆。在旗杆夾石上，往往雕刻有中舉人的姓名和年代。由於旗杆夾是家族榮譽的象徵，因此它一般都樹立在家族祠堂門前。在吉時吉日，拜祭大小太公，各路禮成後方可動工。

在陳家祠20年代拍攝的舊照片裡，我們可以發現，祠堂前廣場的東、西兩邊各有一個旗杆夾。據說，這個旗杆夾是清代進士兼翰林院編修陳伯陶所立，他在清朝光緒十八年中了探花。後來，旗杆夾在60年代中期遺失，不知所蹤。四十餘年過後，在對廣州陳家祠圍牆進行修繕重建的工作中，有建築工人在半公尺深的地層裡發現了一塊造型考究的長方形麻石。敲掉這塊麻石上覆蓋的水泥板，人們發現了丟失多年的旗杆夾。從此，它們重見天日。

正所謂「十年寒窗無人問，一舉成名天下知」，陳家祠的旗杆體現著陳氏家族的繁榮，是整個家族的榮譽象徵。

為什麼王聖堂鄉裡的宗祠不姓王？

在廣州市越秀區，有一座村落名叫「王聖堂村」。王聖堂村中，坐落著300年前村內何氏族人共同出資修建的何氏大祠堂。為什麼王聖堂村裡的宗祠不姓王？這就要從當地人間流傳的一段故事說起了：

傳說多年以前「王聖堂村」原名「黃鱔塘」，因為村裡的蓮塘盛產黃

鱔。後來，村子東面一個兵營裡的將軍認為「黃鱔塘」這個名字不好聽，便提筆將「黃鱔塘」改成了「黃勝堂」，經過口口相傳，「黃勝堂」又成了「王聖堂」。除此之外，王聖堂村的改名經歷還有另一種說法。據說乾隆皇帝下江南時，曾經路過黃鱔塘這個地方。黃鱔塘的優美風景讓乾隆皇帝龍心大悅，但他又覺得黃鱔塘地名著實不雅。於是，乾隆帝便賜予該塘「王聖堂」的美名。

　　正因為王聖堂其實是過去的黃鱔塘，所以王聖堂鄉裡的宗祠不姓王也就理所當然了。早在明朝時期，何氏家族就在先祖何雲騰的率領下從南雄珠璣巷搬遷到此地居住。為了紀念先祖何雲鵬，族人們在明末清初建成了這座祠堂。祠堂歷經滄桑，從祭祀先祖之地，成為了養正學校的課堂；再從幼稚園，成為了當地生產隊隊部、老年活動中心……如今的何氏大宗祠，依然發揮著作用：每年正月十三、清明重陽，當地村民都會在這裡開展活動；有人家裡生了孩子，還會來到宗祠懸掛燈籠與龍眼葉子。在平時，何氏大宗祠也並不寂寞：孩子們奔跑打鬧，老人們切磋棋藝，一派安寧祥和的景象。何氏祠堂雖然規模不大，只有兩進結構，但它在當地村民心中佔據著極其重要的地位。

為什麼廣州南村兩間周氏大宗祠是連在一起的？

　　在廣州市白雲區太和鎮南村蟠龍西街，有兩座周氏大宗祠。它們並排在一起，規模形制基本相同。兩座祠堂均建於清代，坐東北，朝西南，三路三進，由主祠、襯祠以及青雲巷組成，造工精細，用料上乘，具有很高的歷史文化價值。

　　廣州地區，祠堂眾多。一個村落有幾間祠堂是常見的景象，各個祠堂之間大多獨立分開，互不干涉。只有這兩座周氏大宗祠，是緊緊相貼，共用一面牆的，故被當地人稱之為「孖祠堂」。據說這裡的村民們是宋代理學大家周敦頤的後人，向來以相親相愛為家風。

　　這兩座祠堂分別紀念的是先祖周仕龍與三世祖周遂祿，他們雖然是遠房堂兄弟，血緣關係比較遠，但兩房族人卻一直團結和睦。因此，族人們在修建兩座祠堂時，將它們並排建在一起，象徵著對兩家人不爭鬥、共同進退的

周氏宗祠

美好祝願。

在民國時期，孖祠堂被村民們貢獻出來用作番禺師範學校的校址；建國後，還曾作為南村小學校舍、村政府辦公場所及供銷社等。如今的孖祠堂，則是村裡的廉政圖書館。2002年，孖祠堂被列為廣州市一級文物保護單位，周氏族人友好互助的風氣將在這裡代代相傳。

為什麼湯氏祖祠沒有以宗祠命名，而叫「湯氏家廟」？

湯氏家廟位於廣州市炭步鎮石湖村，始建於清朝同治年間，距今已經有140餘年的歷史了。湯氏家廟是湯金銘主持修建的，在同治年間，湯金銘中了貢生。中貢生後，湯金銘認為要弘揚祖德，於是組建了宗祠籌建組，號召大家有錢出錢，有力出力。

湯氏家廟被設置為五間三進兩青雲巷的模式，主體門面寬41.5公尺，深度52.3公尺，主體佔地3.5畝，另有附設偏房，合計佔地面積近4畝。屋簷下、牆體上，均繪滿了壁畫，封簷板、蝦公梁、雀替、柁墩上則雕龍畫鳳，極盡精細奢華。

實際上，古代祖祠一般只能以「宗祠」「公祠」等字眼命名；「家廟」二字只有有官爵的人家才能設立，不是人人都消受得起的。湯家的宗祠由於湯姓一世祖綱公起就擔任中衛大夫一職，六世祖丹山、龍山還雙雙入選三品中議大夫。正因為湯氏世代均有官爵，故皇帝特別恩賜，允許湯氏建立「湯氏家廟」，以蔭其後人。

「家廟巍峨屬姓湯，規模宏偉惹人看。七十二門分大小，十八廳房九井場。垂裕年年多俊傑，石湖代代眾書香。後人一展風雲志，長青作史萬流芳。」這是當年詩人對湯氏家廟的吟詠，它體現了湯氏家廟的宏偉壯觀，也記載了湯氏一族代代人才輩出的輝煌。後來，湯氏家廟曾被用作垂裕小學校址幾十年，略顯殘破。如今它一般只在每年元宵節遊燈時方才開門拜祭，那時候香火鼎盛，萬人彙聚，特別壯觀。

黎村村民為何姓宋？

在廣州市獅嶺鎮，有一個村莊叫黎村。這裡山清水秀，風景如畫。

顧名思義，黎村應當是黎姓人家聚居的村落。然而，廣州獅嶺鎮的黎村村民，卻全部都姓宋。在黎村的土地上，竟然還坐落著宋氏家族的代表建築——靜軒宋公祠。黎村村民為何姓宋？黎姓人都去了哪裡？這是很多人心裡難解的疑問。

其實，黎村過去確實是黎姓人居住的地方。後來，有個宋姓祖先認了一位黎姓人士當乾爹。多年以後，宋氏慢慢發展壯大，人丁興旺，枝繁葉茂。黎姓人口反而漸漸凋敝，處於下風。過去的人很講究風水，他們認為既然住在這裡不能讓黎家人丁興旺，那麼這片土地一定是風水出了問題，不適合黎姓子孫居住。於是，村裡的黎姓人口全都遷往他鄉。因此，黎村成為了宋姓人家的聚居地，黎村村民為何姓宋的謎題也就解開了。

為什麼資政大夫祠裡的石鼓比石獅大？

在資政大夫祠門口，豎立著一座牌坊。這座牌坊上最具特色的是四根以獅首抱鼓石夾護的柱子。石獅和石鼓在封建社會中是地位顯赫的象徵，它們不是普通人家可以隨隨便便輕易設立的；只有宗族中有人獲取高官功名，才可以安放石獅、石鼓。相傳，石鼓是文官的象徵，石獅則是武官的象徵。資政大夫祠門口既有石獅，又有石鼓，證明徐氏一族文武雙全。

那麼，為什麼資政大夫祠的石鼓比石獅大？

在清朝道光年間，入朝當官的不僅是武官徐方正一人。他的堂弟叫徐表正，從小就勤奮好學，天資聰穎。徐方正擔任了兵部郎中後，徐表正也擔任了兵部主事。徐氏兄弟為官30多年，盡力報效朝廷、造福民眾，深受皇上的厚愛和百姓的擁護。兩兄弟受到表彰後，隨即返鄉修建宗祠。但因為祖父與父親被

資政大夫祠

封為資政大夫，官銜為二品，徐方正的官銜為五品、徐表正的官銜為六品，均不如資政大夫官銜高。所以，象徵著文官的石鼓就比象徵著武官的石獅體積要大。

資政大夫祠是誰主持修建的？

資政大夫祠坐落在廣州新華街三華村。它豪奢而不失古樸，大氣而不乏細膩，濃縮著徐氏家族變遷的歷史。

據史料記載，宋朝時期，金兵入侵中原。為了躲避戰禍，北方人開始向南方遷徙。徐姓家族就是跟隨著這次南遷的浪潮，從河南地區遷徙到江西的。其中一部分徐氏族人，繼續南下，來到了廣州地區。經過十幾代人的努力，徐氏家族在廣州站穩了腳跟。

道光十八年，徐氏家族的徐方正考中了進士，後來被分派到管理軍隊的武司庫工作。那時候，清朝軍隊的戰鬥力非常薄弱。徐方正喬裝打扮成農民的模樣，以應徵入伍的方式深入軍隊展開調查，發現了軍隊內部的種種弊端。調查結束後，他有的放矢，整頓軍隊紀律、操練士兵，讓清軍的戰鬥力上了一個台階。在湘西平叛中，徐方正帶領清軍立下了汗馬功勞，戰績顯赫。後來，徐方正被封為五品兵部郎中。同治皇帝為了表彰徐方正，授予他祖父、父親以「資政大夫」的封號。徐方正隨後便建立了資政大夫祠，以答謝皇恩浩蕩。

為什麼友蘭公祠門匾上要畫四棵白菜？

友蘭公祠位於塱頭古村西邊。公祠天井中，建有一座非常罕見的接旨亭。因這座亭是黃嘩、黃學裘為了迎接聖旨而建的，故命名為「接旨亭」。友蘭公祠經過幾次重修，現依然保存較為完好。它的封簷板雕花精美，篆刻著各類松蘭竹菊花樣並一些詩文。然而，位於友蘭公祠門匾上方的壁畫卻讓初來乍到的遊客百思不得其解：

一般情況下，公祠中的壁畫內容多以經典故事、福祿壽喜紋樣為主，友蘭公祠門匾壁畫卻單單畫了四棵大白菜。原來，這四棵大白菜是有象徵意義

的。即使每天粗茶淡飯地過生活，也一定要供家裡孩童讀書。旁人眼中看似普通的大白菜裡，蘊含著的卻是當地人勤奮、好學的風骨。

孫中山前妻對盧氏大宗祠有什麼貢獻？

在廣州神山鎮旁，坐落著一棟始建於元朝初期的漢族祠堂建築——盧氏大宗祠。這座祠堂三路二進，總面積達1649平方公尺。全祠後腳青磚，雕梁畫棟，壯觀非凡。

盧氏大宗祠在歷史上經歷過多次修復，最大規模的一次重建發生在民國二十二年。由於當時正值抗日戰爭時期，修復的進度緩慢，直到民國三十七年方竣工落成。當時前來慶賀宗祠落成的來賓眾多，接近數百人。為了留下這一浩大的歷史性場面，盧氏聘請了兩家攝影店聯手設置，才把所有來賓音容全部攝錄進相紙。

在盧氏大宗祠光裕堂中，有一塊「愛慕寧親」的木匾。這塊木匾是孫中山前妻——盧慕貞捐贈的。盧慕貞是一位傳統女性，她嫁給孫中山後為孫中山生下子女，卻最終不得不將國母的位置拱手讓給宋慶齡。國父孫中山及其身邊的親朋好友時常被人們提起，卻鮮有人知道盧慕貞的名字，這不得不說是一個遺憾。

盧慕貞在民國二十五年準備在大宗祠建成後捐贈這塊木匾，然而因當時戰爭時局的緣故，遲遲未能完工。抗戰勝利後，盧慕貞委託族人盧國雄、盧家泉、盧希彬、盧舉潮等前往中山縣，待木匾製作完成，在盧氏大宗祠落成慶典當日送到神山鎮。這塊木匾在1958年遺失，現在懸掛在盧氏大宗祠裡的只是一個複製品。其間發生的許多故事，隨著時間的流逝已經無人知曉。現在的族人們只能根據幾張舊時的照片，來緬懷整個宗族曾經的輝煌。

盧氏大宗祠

黃氏祖祠裡的木鵝去了哪裡？

黃氏宗祠位於廣州市花都區炭步鎮的塱頭古村。這條村落聚居著黃姓家族，他們恪守著「耕讀傳家」的古訓，一旦手頭有餘錢，除了修祠堂，就是蓋書院，書香氣息非常濃厚。正因為黃姓人氏重視教育，才使得塱頭古村成為了古代聞名遐邇的「進士村」：在塱頭古村裡，曾出過及第秀才15名、舉人10名、進士15名……這正是黃姓家族貫徹了「辦學風氣濃，書香有傳承」思想的結果。

說起塱頭古村最具名氣的賢人，要數有著「鐵漢公」美名的黃皞了。相傳他為官清廉，剛正不阿。在他擔任雲南左參政一職時，恰逢雲南饑荒。黃皞當機立斷，開倉賑糧。後來，黃皞被奸臣誣陷，放歸故里。多年後黃皞得以平反，彼時明朝的正德皇帝為了表彰他為官廉潔，賜予他「鐵漢公」的封號，還恩賜其一隻木鵝。正德帝告訴黃皞：可將木鵝放在水中漂流三天，

黃氏祖祠

木鵝流經之地，兩岸5里內田地均歸其所有。黃皞奉旨放鵝，又不忍心侵佔太多百姓土地。於是囑咐一名孩童，潛水將木鵝引入一口池塘停下。

這隻木鵝，相傳一直被黃氏族人放置在黃氏祖祠內。1951年土改時期，木鵝被上繳給了廣東省土地改革委員會，之後便不知所蹤。

為什麼廣州也有考亭書院？

在福建建陽城西25公里處的玉枕峰山麓，有一座考亭書院。這座書院是朱熹父親——朱松被秦檜罷官後，在福建建陽辦學之處。朱熹晚年，也遭遇了和父親相似的命運。他遭到權相韓侂冑的排擠被貶官。於是，朱熹決定繼承父親的志向，回到考亭，修建起竹林精舍教授徒弟。那時候，朱熹已經六十多歲了。但由於他名聞天下，前來求學的學子也越來越多。朱熹的理學觀念，對當時的讀書人起到了很大的影響。尤其是「格物致知」「誠意正

心」等觀念，更是深入人心。朱熹去世後，被宋理宗追封信國公。1244年，宋理宗又御書「考亭書院」匾額，賜給竹林精舍。考亭書院，自此得名。

宋朝末年，元軍南下。朱熹第六代孫朱文煥隨軍南遷，在廣東清遠戰死。他的兩個兒子，從此在廣東地區定居下來，其中一個兒子就居住在廣州府下的新寧地區，漸漸地繁衍成為當地一大家族。為了弘揚祖先考亭先澤，勉勵子孫讀書上進，朱氏家族在離廣州府學不遠的流水井建造起一間書院，同樣取名為「考亭」，又稱「朱家祠」。這座朱家祠除了紀念祖先業績之外，也用於朱家子弟進省或京參加科舉考試，但不再是傳統意義上教書授徒的書院了。

如今保留下來的考亭書院，佔地面積約有1500平方公尺。考亭書院屬於傳統三進結構，前座儀門，中座大堂，大堂中間是大廳，兩側懸掛著楹聯。大堂兩側則是精美的書房，供族中子弟讀書之用。後座則是供奉祖先牌位的地方，也設有書房。這間書院，坐北朝南，冬暖夏涼，確實是個讀書的好地方。民國時期，考亭書院成為了學生宿舍。因當時大學、中學並未設置學生宿舍，故省內族人子弟只要在省城讀書的，都可以在這裡居住。從清朝到民國，這裡出了不少舉人和學者。直到如今，居住在國內或香港地區、美國、加拿大的一些朱氏後人，都還對書院抱有濃厚的懷念之情。

考亭書院

廣州的寺廟陵墓

　　南越王趙佗墓、白雲山上將軍墳、廣州公社烈士墓、沙基慘案紀念碑……廣州有無數的陵墓，在墓裡埋葬著無數歷史名人與革命烈士。

　　除陵墓外，在廣州名山深處、街頭巷尾，還坐落著許多寺廟。這些寺廟與帝王將相、佛教宗師有著千絲萬縷的聯繫，比如六祖慧能「心動幡動」的故事便發生在廣州光孝寺；六榕寺曾獲得蘇東坡當年親筆題寫寺名的殊榮；海幢寺是藩王尚可喜出資擴建的；而大佛寺與武林宗師洪熙官則頗有淵源……這些陵墓與寺廟，遍布廣州的各個角落。它們靜默地佇立在廣州土地上，向來往的遊客述說著廣州城千年來的風雨滄桑。

廣州的寺廟

為什麼海幢寺只有十六羅漢？

海幢寺位於廣州市海珠區同福中路和南華中路之間，佔地面積達1.97萬平方公尺。它的規模宏大，佔據著廣州「四大叢林」之冠的位置。後來，還被定為廣州市重點文物保護單位。

海幢寺

海幢寺內，環境清幽，園林優美。但海幢寺有一個特點，讓初到此地的人們百思不得其解：大多數寺廟中的羅漢塑像都有十八尊，為什麼海幢寺只有十六羅漢呢？其實，這個秘密與傳說中的濟公和尚有關。

相傳，濟公和尚雲遊四方，某一天恰巧路過海幢寺。但海幢寺裡的住持以高僧自居，一副誰也看不起的模樣。濟公見狀，決心捉弄住持一番。於是，他化身成為一個衣衫襤褸的瘋和尚，提著兩個破破爛爛的布袋子來到海幢寺，向住持提出借宿的要求。住持非常討厭這個瘋僧，想把他打發走。於是，濟公便把自己破舊的行李放到了海幢寺的大雄寶殿上，告訴住持：「既然你不肯留我，那麼我就去韶關南華寺吧，還請你幫我挑一下行李。」

住持大為光火，他叱罵濟公：「你這個不識抬舉的瘋子！你要是有本事，你叫這大殿上的羅漢幫你挑破爛吧！」濟公聽言，立刻應諾。他走到大雄寶殿前，高聲呼叫：「兩位羅漢，請奉本寺住持之命，替我挑行李去南華寺吧！」話音剛落，只見兩個羅漢果真現出形來，從寶座上跳將下來，依照濟公和尚的囑咐，拿起布袋便騰雲駕霧遠去了。住持和一幫和尚被嚇得心驚膽戰，只好俯身在地，不停磕頭。濟公和尚在雲頭立定，不忘回身點撥住持：「你要好好修行。放下架子，方成正果。」

據說，那兩個羅漢跟隨濟公飛走後，再也沒有回到海幢寺。從那以後，

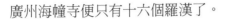

廣州海幢寺便只有十六個羅漢了。

「未有海幢寺，先有鷹爪蘭」的說法是怎麼來的？

廣州海幢寺坐落在海幢公園的旁邊，園內遍植百年古樹，超過300年的菩提樹就有3棵，均為明崇禎年間，天然禪師從光孝寺分植出來的。然而，海幢寺中最古老的樹卻不是這些菩提樹，而是一棵樹齡高達400餘年的鷹爪蘭。

正因為這株鷹爪蘭的年代比海幢寺本身還要久遠，故而廣州流傳著「未有海幢寺，先有鷹爪蘭」的說法。據傳海幢寺的鷹爪蘭原本是明朝末年郭家花園所種植，它的來歷與一段悲慘的往事有關。

那時候有個富人名叫郭龍岳，就居住在海幢寺一帶。此人生性粗暴，戾氣十足。郭龍岳有一名叫蘭香的婢女。某日，他丟了一枚玉扣，便疑心是蘭香偷走的。郭龍岳對蘭香進行了殘酷的拷問，使蘭香身心俱損。為了維護自己的清譽，蘭香跳井自盡了。這件事發生後，郭龍岳命令全家人封鎖訊息，將井填埋，不得在家裡談起。然而郭家上下，卻每天晚上都會夢到蘭香。有人夢到她在花園裡澆灌花草，有人夢到她化作蛟龍……過了不久，被填埋的井裡還長出了一棵鷹爪蘭！大家都說，這棵鷹爪蘭是蘭香變的。郭龍岳一見到鷹爪蘭，想起自己對蘭香做過的惡毒事情，立刻心驚膽戰。隨著鷹爪蘭越來越茂盛，郭龍岳的家境卻一天天地敗落了。最後，郭龍岳暴病而亡，沒能善終。

再後來，有個和尚雲遊到此。他在郭家花園後面搭起一間小屋，並借用佛經上「海幢比丘潛心修習《般若波羅蜜多心經》成佛」的典故，將它命名為「海幢寺」。這就是「未有海幢寺，先有鷹爪蘭」說法的由來。

南沙天后宮祭祀的天后是誰？

南沙天后宮位於廣州市南沙區大角山東麓，它的前身是明代南沙鹿頸村天妃廟，經過重修定名為「元君古廟」，後來在日軍侵華戰爭中被日夷炸毀。現在的天后宮，是霍英東先生捐資在1994年重建的。整座天后宮氣勢恢宏，規模居於現今世界同類建築之最，還獲得了「天下第一宮」的榮譽。它祭祀的天后，實際上是傳說中海上的女神——林默。

林默，就是東南沿海地區人民普遍信奉的「媽祖」。媽祖出生在福建莆田湄洲島附近，是晉代晉安郡王林祿的二十二代孫女。她出生前，母親王氏曾夢見觀音。在王氏的夢中，觀音大士慈祥地告訴她：「因為你家常年積善行德，如今便賜給你一枚丸藥。服下丸藥後，便可得到慈濟之賜。」

王氏從那以後便懷孕了。相傳林默降生那天，有一道紅光從西北方向射入產房，四周光彩奪目，異香撲鼻，有像春雷般的聲音在耳畔轟鳴，就連土地都變成了紫色。這孩子降生後，從出生到滿月都沒有哭過，故而父親給她取名為「默」。

南沙天后宮

林默生長在大海的旁邊，從小就與海親近。她熟悉水性，通曉天文氣象。海邊的居民們經常接受林默的幫助，加之她能夠預知天氣，大家都稱呼她為「神女」「龍女」。只要有人在海上遇難，林默都挺身而出不顧性命地去拯救別人。有一次，天黑過後，海上狂風大起，巨浪滔天。那些船隻都找不到進港的方向，林默在情急之下毅然決然地點燃了自己家的房屋，讓火焰照亮黑暗，給船隻引路。

然而，在一次海上救援行動中，向來勤勞勇敢、樂於助人的林默姑娘不幸被大海吞噬。這個消息傳來後，大家悲痛欲絕。她才剛剛滿28歲啊！誰也不願意相信林默離開了這個世界，人們執拗地認為，林默姑娘是羽化成仙了。她化作這片海域的海神，永遠地給予沿海居民以庇佑。

隨著福建人民對外遷徙，膜拜媽祖的習俗逐漸地在廣州地區流傳開來。廣州人民修建起天妃廟、天后宮以紀念媽祖。南沙天后宮中供奉的天后，就是這位傳說中的海神。

懷聖寺是中國最早的清真寺嗎？

懷聖寺位於廣州市越秀區光塔路，總面積達1553平方公尺，是中國現存最早的清真寺。

唐高祖武德年間，伊斯蘭教創始人穆罕默德派遣4名門徒來到中國傳教。其中的阿布・宛葛素於貞觀初年經海上絲綢之路在廣州登陸，之後開始了傳教活動。他與僑居廣州的阿拉伯人共同籌資修建了一座清真寺，為紀念穆罕默德，寺廟被取名為「懷聖」。

懷聖寺在整體上採用了中國傳統的對稱布局，主軸線上依次建有三道門，分別是看月樓、禮拜殿和藏經閣。禮拜殿要數寺廟內最恢弘的建築了，它位於院庭正面，是三座帶斗拱、圍廊的古典式建築。在禮拜殿的圍欄上，雕刻著各式各樣活潑生動的圖案，如葫蘆、扇子、傘蓋、花卉、遊魚、獅子等花紋。而大殿內部則裝飾簡單大方，力求潔白明亮。這三座建築巍然聳立在一座大平台上，坐西朝東，禮拜時面向聖地麥加。不論是建築的比例、色彩還是紋飾，都非常具有西亞風格。

懷聖寺

1996年，懷聖寺被國務院公布為第四批全國重點文物保護單位之一。現在的懷聖寺是廣州伊斯蘭教協會所在地，僅針對中外穆斯林開放。寺內有教民約2000戶，共計6000餘人。因其歷史的悠久、建築的美觀大氣，國內外前來懷聖寺禮拜參觀的人絡繹不絕。目前，懷聖寺已經成為了伊斯蘭國家高級別訪問團的常駐接待處。

懷聖寺裡的懷聖塔為什麼又叫「邦卡樓」「光塔」？

在懷聖寺內西南角，坐落著迴廊、碑亭以及懷聖塔。懷聖塔又被稱為「邦卡樓」「光塔」。由於當時的教徒時常在塔頂用阿拉伯語呼喊「邦卡」（阿拉伯語中的「呼喚」之意），故懷聖塔得到了「邦卡樓」的別名。又因為粵語當中「邦」與「光」的發音特別相似，再加上這座塔位於珠江江邊，入夜後，塔頂會懸掛燈籠為來往的船隻導航，故它除「邦卡樓」外，還獲得了個「光塔」的別名。

懷聖塔始建於唐代，高36公尺左右，用青磚築成。塔身是圓筒形狀，有長方形的採光小孔。在塔內還設置有螺旋形樓梯，樓梯圍繞著塔心盤旋而上，

直通塔頂。據說，懷聖塔頂原先設置有金雞裝飾，一旦起風，這隻金雞就隨風轉動，為人們指示風向。但由於廣州位於海邊，時常遭遇颱風天氣，在明朝時期，塔頂的金雞就曾幾次三番被風吹落。經過反覆修復，康熙時期，金雞再次被颱風颳落。於是，人們把塔頂的金雞改成了葫蘆寶頂，再後來又改成了橄欖形狀。懷聖塔是中國伊斯蘭教建築最早且最具有特色的文化古蹟之一，但因年代太久，懷聖塔飽受風吹雨打的摧殘，現在已經日益傾斜。

「心動幡動」的故事發生在光孝寺嗎？

　　光孝寺坐落在廣州市越秀區光孝路北段，據說它過去是西元前二世紀南越王趙建德的故宅。三國時代，吳國虞翻曾在此謫居，世稱「虞苑」。虞翻去世後，家裡人把宅院改成了寺院，這就是光孝寺的前身。

　　相傳，禪宗六祖慧能就是在光孝寺的菩提樹下剃度出家的。慧能出生在嶺南地區，他的父親是唐高祖武德年間被削職流放到新州的一名官吏——盧行瑤先生。盧先生的夫人李氏曾夢見過庭前百花盛放，白鶴雙飛，異香滿室。後來她懷孕六年，在唐太宗貞觀年間生下慧能。慧能出生後不久，父親去世，母子倆只好搬到廣東南海居住。慧能長大後，就上山打柴、去集市賣柴，用換來的錢維持母子兩人的生活。後來，慧能在城裡偶然聽到一位客人在店裡大聲誦讀《金剛經》，他感到有所啟悟，前去向客人請教。客人告訴慧能：「我從禪宗五祖弘忍大師那裡來，聽他講過這部經典。如果能夠堅持頌持《金剛經》，便能破除執念，就地成佛。」

　　於是，慧能決心拜別母親，前往黃梅東禪寺皈依五祖出家。母親知道自己兒子並非常人，很痛快地應允了慧能的請求。慧能來到黃梅，找到東禪寺，拜謁弘忍大師。弘忍大師聽說他從嶺南地區來，故意試探他：「那邊的人都是蠻子，他們也能成佛嗎？」慧能說，佛性沒有南北之分。有佛性，皆可成佛。五祖發現他確實是個好苗子，便留下了他。慧能跟在五祖身邊，以行者的身分奮發苦學，終得五祖衣缽。他聽

光孝寺

從五祖的勸告，南下回到廣州地區。

當時，恰逢有位印宗法師在光孝寺講《涅槃經》。慧能聽說後，也前往觀摩。有風吹過，經幡隨之飄搖。一個僧人認為是風在動，另一個僧人認為是經幡在動。於是，他們爭執了起來。慧能笑著說道：「不是風動，也不是幡動，是仁者心動。」

此話一出，滿座皆驚。印宗法師明白慧能不是普通人，便將他請到自禪房內，向他詢問關於「心動」理論的見解。慧能侃侃而談，使得印宗法師大為佩服。印宗法師在得知慧能前往黃梅求法的經歷後，連忙向慧能行弟子禮，希望能夠拜慧能為師，慧能婉轉地拒絕了他。第二天，印宗法師再次開壇講法時，對座下眾人說：「我雖受了具足戒，都還是位凡夫，今天我遇到了一位肉身菩薩。」他指向慧能，後來又擇日正月十五，召集當地名僧大德，為慧能剃度。慧能剃度的地方，正在光孝寺的菩提樹下。他受戒以後，就在光孝寺中駐錫下來，弘揚東山法門。

如今，光孝寺內依然有風幡閣。這座樓閣，正是為了紀念「風動幡動」的故事而修建的。

你知道石室大教堂的前世今生嗎？

石室大教堂

在廣州市區中心一德路上，坐落著一座宏偉壯麗的大教堂。這座教堂就是著名的石室聖心大教堂，它總面積為2754平方公尺，東西寬35公尺，南北長78.69公尺，高58.5公尺。在它長達25年的修建過程中，耗資高達近40萬法郎。

石室大教堂始建於1861年。第二次鴉片戰爭爆發後，英國傳教士明稽章看中了在戰爭中被夷為平地的兩廣總督地基。他請法軍司令出面，對當時的兩廣總督勞崇光進行了各種威逼利誘。後來，中法不平等條約簽訂，法國人得以租地自行建設教堂、學房等建築。於是，明稽章觀

見拿破崙三世，並拿到了50萬法郎專款用於修建教堂。

1863年12月，聖心大教堂舉行了盛大的奠基儀式。明稽章從羅馬和耶路撒冷運來泥土，表示天主教創立於耶路撒冷，興起於羅馬。1864年，法國教會還專門請來兩位建築師，要求他們仿照巴黎的聖克洛蒂爾德設計教堂。

二十餘年過去，聖心大教堂終於落成，但它並沒有在隨後的抗日戰爭中逃過被損毀的厄運。在抗日戰爭期間，有一架日本飛機與教堂頂端的避雷針相撞，並導致了爆炸，拿破崙時代的彩色玻璃被悉數震碎。而在「文化大革命」期間，聖心大教堂更是遭到了顛覆性的破壞。所有的宗教油畫被撕得粉碎，花窗、玻璃被砸得一塌糊塗。更有激進份子將教堂內部的木椅和傳教經書集中焚燒，導致教堂內部部分石柱被燒到爆裂……這裡，一度成為了一片垃圾處理廠。

「文革」結束後，政府重新落實了宗教信仰自由的政策。石室大教堂經過數次修復，終於再度與信徒們見面。特別是在2004年的那次大修中，政府耗巨資從菲律賓訂製特殊玻璃，玻璃上刻畫了包括耶穌誕生、受洗以及最後的晚餐等約60個《聖經》故事。此外，還安裝了機械大鐘，又對樓梯、梁架、石柱、祭台等悉數進行修復。1996年，石室聖心大教堂成為了全國重點文物保護單位，位列全球四座全石結構哥德式教堂建築之一的石室大教堂，至此終於煥發出了新生的光彩。

廣州黃大仙祠供奉的黃大仙與北方流傳的黃大仙是一樣的嗎？

在北方農村地區，流傳著「黃大仙」的故事。他們認為，黃鼠狼是一種妖獸。除了有偷襲家禽的毛病外，它還能夠附身操縱人的身體，使人精神錯亂，滿口胡言。據說，被黃大仙附身的人發病時不認識家人親朋，說話語調與平時

黃大仙祠

也不同。還有人說發病者的皮膚下面會出現滾動的小球，如果能夠精確地用銀針扎住小球，附身的黃大仙就會死去。隨著歲月的流逝，黃大仙最終成為了百姓們供奉的一種神靈。它位列五大仙之二，其餘四仙則分別為狐狸、刺蝟、蛇以及老鼠。舊年間，在天后宮中還有人供奉黃大仙的塑像呢。

廣州的黃大仙祠，坐落在芳村的花地村。然而，這裡供奉的黃大仙可不是北方地區成仙的黃鼠狼。黃大仙祠裡的黃大仙，實際上就是道士黃初平。因為黃初平是在赤松山修煉成仙的，故後世稱他為「黃大仙」。黃初平生於西元328年，在他15歲那年，獨自一人趕著羊群到南山放牧。後來，這個人就消失了。家裡人與親戚朋友四處尋找打聽，卻沒有打聽到半點消息。一年年過去，黃家父母都離世了，黃初平的哥哥——黃初起也已滿頭白髮。他依然非常記掛自己的弟弟，每次去集市上都會四處打聽。

某日，黃初起聽人說蘭溪集市上來了個道人，算卦很靈。於是他求算卦道人幫自己算一算弟弟的蹤跡。道人表示，自己曾經在赤松山的金華古洞中見到過黃初平。黃初起跟著算卦道人，一同來到了金華古洞，黃初起終於與失散多年的弟弟重逢。雖然四十年時光已經過去，但黃初平依然黑髮貝齒，一點也不見衰老。原來，他已經煉成了法術，修道成仙。

黃初起問弟弟：「當初放牧的那群羊去了哪兒？」黃初平指著山洞裡的石頭告訴哥哥：「它們就是羊。」哥哥面露不可置信的神色，於是黃初平用拂塵一揮，亂石立刻化為羊群。哥哥黃初起從中感悟到了道教的神奇之處，提出與弟弟一起修煉。多年後，黃初起也成了仙。

得道成仙之後的黃初平兄弟倆，在民間各地施醫贈藥，懲惡除奸，普善行善，深得民心，廣大民眾稱他為黃大仙或赤松仙子。在廣州、香港都有許多信徒為他建廟立祠，香火旺盛。廣州的黃大仙祠中，供奉的就是這位赤松仙子，而不是北方地區「五大仙」之一的黃鼠狼哦！

六榕寺中的鐵禪和尚是怎麼變成漢奸的？

在廣州市六榕路上，有一座歷史悠久、聞名海內外的古剎——六榕寺。六榕寺，係因蘇東坡當年為寺廟題字而得名。廣東近代名僧——鐵禪和尚就是在這裡出家修行的。

鐵禪和尚生於清代同治四年，俗名劉梅秀，法號心鏡。在其年少之時，就沉迷於書法繪畫當中。19歲那年，鐵禪和尚加入了劉永福的黑旗軍。他與黑旗軍戰友們一起，在中法戰爭中參加諒山之役，英勇抗擊法國侵略者。然而戰爭結束、解甲歸田後，鐵禪和尚因生計艱難，在廣州六榕寺落髮為僧。

憑藉自己工於心計的特點，鐵禪和尚進入六榕寺後，通過數年悉心鑽營，不久便成為了六榕寺的住持。彼時，鐵禪和尚可謂八面玲瓏。

光緒年間，捐贈寺產給學堂畢業生赴日留學用，獲得清廷嘉獎。光緒帝還特地賜予他一塊寫有「清修忠悃」四字的匾額。

辛亥革命前夕，又與孫中山先生相識。他對革命黨人表示同情，於是孫中山贈予其手書「平等、自由、博愛」和「闡揚佛教」兩塊牌匾。

再後來，鐵禪和尚更是結識了林森、胡漢民、汪精衛等人。仰仗著這些權門富戶的勢力，他大肆收斂錢財……

鐵禪和尚的所作所為越來越與佛門教義背道而馳。到日軍進駐廣州之時，他竟然欣然出任日寇炮製的日華佛教協會會長，還兩度前往日本訪問，拜謁了日本天皇裕仁。至此，鐵禪和尚正式從古剎住持淪落為一名徹底的漢奸。

抗日戰爭勝利以後，鐵禪和尚以漢奸罪罪名被逮捕，1946年在監獄中去世。其實，倘若拋開此人為人不談，鐵禪的書畫俱佳。他的大字行書與楷書深受當時的廣州人追捧，許多人前往六榕寺，只求鐵禪和尚賜字。鐵禪的

六榕寺

畫，則清淡簡潔，而又意境深遠。就連有名的學者胡適也曾對他表示過欣賞，稱其為「儒僧」。鐵禪和尚，是一個非常複雜的人物；而他身上的這種複雜，與其當時所處的政治環境脫不了干係。也許，在從儒僧到漢奸的演變過程中，也有著許多無可奈何吧。

太虛和尚來廣州後，是在哪個寺廟講經的？

太虛和尚是中國近代著名的佛教學者，曾多次來到廣州宣講佛法。他協助組織過廣州僧伽教育會，在白雲山雙溪寺、華林寺講過經，還與葉竟生、潘達微、林君復等革命黨人來往甚密。針對當時佛教界僧人隊伍素質低下、兼以對時代變化麻木不仁的情況，太虛大師大聲疾呼、提倡佛學革命，還宣導「人間佛教」的概念，要求僧人也參與到時代變革當中來。太虛指出：「佛學所謂的淨土，是指一種良好的社會，或優美的世界。凡是世界中的一

切人事、物象皆莊嚴、清淨、優美、良好的，就是淨土。」

1936年，太虛大師第三次來到廣州。他在中山大學、嶺南大學、學海書院及六榕寺開展佛學演講，並承諾出任泰國留學團導師，與肖佛成會晤，商談中泰兩國佛教現狀及改進之道。1947年3月，太虛大師圓寂。廣州佛教界，在六榕寺為他舉行了盛大的追悼會。太虛大師的一生，與廣州多個寺廟產生了密切的聯繫。他的「人間佛教」說，也在中國佛教界留下了深遠的影響。

你聽說過任威廟的故事嗎？

在廣州城西龍津路附近，有一座年代久遠的道教建築——任威廟。它始建於北宋皇祐四年，供奉的是真武帝君。

真武帝，又稱「北帝」「黑帝」「玄武帝」。傳說中，真武帝是司水之神。任威廟最初建成時，被人們稱作「北帝廟」。後來，為什麼要更名呢？這就要從當地流傳的一個故事說起了：

據說過去有仁、威兄弟二人，在廣州泮塘地區販賣荸薺。有一天，他們在去集市的路上發現了一塊石頭，這塊石頭的形狀跟菩薩一模一樣。兩兄弟俯身就拜，拜完後繼續上路。誰知，那一天他倆的生意特別火爆。從那以後，這兩兄弟每次經過這塊奇石，都會去拜祭一下。隨著生意的興隆，石頭被別人搶走的擔憂也越來越濃。於是兩兄弟試圖將奇石搬回自家留存，結果石頭像腳底生根一般，任憑他們使盡了吃奶的力氣，也未能移動一分一毫。關於奇石的故事，也在當地流傳開來。大家紛紛來到石頭前拜祭、燒香，後來乾脆就地建廟，寺廟就以兄弟倆的名字——任威來命名了。

這處由鄉民們集資修建的寺廟，成為了村子裡一個重要的公共場所。農曆三月三是北帝生日，每到這一天，任威廟中都會舉辦熱鬧非凡的廟會。人們參拜神靈、上香、舞獅子、玩雜耍、販賣各種土特產，氣氛熱烈，活動豐富多彩。在第二次鴉片戰爭時期，這座寺廟還成為了村民們自發聚集抗擊洋人的一個重要據點。後來，任威廟一度被政府徵用，曾辦成學

任威廟

校、派出所、生產車間等，直到1999年，佔據廟中的企業才陸陸續續撤完。四年後，經過漫長的整修過程，任威廟正式開放。如今的任威廟，依然沿襲著每年三月三舉辦廟會的傳統。「旭日珠江，源接香浦石門，四海同沾帝利；龍津連泮，水通虹橋荔岸，千秋共沐仁威」的任威廟，終於覓回了自己的光芒。

大佛寺與洪熙官有什麼關係

　　廣州大佛寺始建於南漢，是南漢王劉龑上應天上二十八宿而建。當時，劉龑在廣州市東、南、西、北四個方位各建了七間佛寺，合稱「南漢二十八寺」。隨著歲月流逝，朝代交替，二十八寺中絕大部分已經消弭。唯有位於廣州市中心的大佛寺，至今依然晨鐘暮鼓。

　　鮮為人知的是，大佛寺除了是千百年來的禪宗香火之地外，還與廣州武術界有著一段極深厚的歷史淵源。相傳康熙年間，著名的「少林十虎」之首——洪熙官遭遇清兵追殺。他背負著匡扶明朝、逐出清廷的使命，一路從泉州南少林寺逃到了廣州，與方世玉等一眾武林高手藏身於大佛寺中。從那時起，洪熙官就與大佛寺結下了緣。他藉助大佛寺的掩護，廣收門徒，招兵買馬，為實現自己的宏圖大業不遺餘力。然而，由於習武之人經常打鬥，各個武館之間時常發生衝突，洪熙官的行跡最終被暴露，特務機構覺察後，一路追殺過來。方世玉逃回了肇慶，洪熙官卻不知所終。

　　洪熙官是個地地道道的武學大師。除了洪拳之外，他還創立過虎鶴雙形拳。這些精湛的拳法隨著「少林十虎」南下被帶到了廣州，並在廣州得以發揚光大。洪熙官與方世玉等武學宗師為廣州民間武術的興盛不衰起到了至關

大佛寺

重要的作用，這些故事我們在電影《一代宗師》裡都能夠看到。

　　1928年，黃嘯霞在大佛寺裡創辦了國民體育會，這座千年古廟成為了當年廣州體育運動的寶地。新中國成立後，廣州市體委也選擇了大佛寺作為辦公地點。正因為大佛寺與洪熙官等人的武學淵源，使得它獲得了廣州「少林寺」的美譽。

大佛寺因何得名？

大佛寺的前身是劉龑於南漢時期修建的新藏寺，到宋朝時幾近荒廢。元代時，人們在新藏寺舊址上修建起「福田庵」，明代後擴建成為龍藏寺。那時候，龍藏寺的規模非常宏偉：南控南城腳，北枕拱北樓，山門朝西直通龍藏街。明朝末年，佛教逐漸式微，當時的政府遂將龍藏寺改造成為巡按御史公署。在清朝順治六年，平南王尚可喜、靖南王耿繼茂受命南征，史稱兩王入粵。巡按御史公署在戰爭中被焚毀，成為了一片廢墟。

後來，尚可喜因為屠城過程過於慘烈，決定營造廟堂，以此來「放下屠刀，立地成佛」。他召集了大幫僧侶，商議修建寺廟；又從安南王處募集到大批優質楠木，運送到廣州。楠木到廣後，尚可喜捐獻出自己的俸祿，並親自監理建造廟宇。廟宇竣工後，於大雄寶殿供奉上用黃銅精鑄的3尊三世佛像，各高六公尺，重10噸，居嶺南之冠，因此，這座寺廟被取名為「大佛寺」。

傳說尚可喜晚年時，經常預感有不詳之事。他的謀士金澄，勸說其「逃禪避禍」。於是，尚可喜決定在大佛寺皈依。他廣招沙彌，大開法會，大佛寺一派欣欣向榮的景象。當時大佛寺門口掛著幅「大道有岸；佛法無邊」的山門聯，就是出自金澄之筆。然而，儘管尚可喜放下了屠刀，依然難以求得心靈平靜。康熙十二年，他雙眼失明後離開大佛寺，回到遼東地區準備安度晚年。大佛寺的興旺景象，也隨著尚可喜的離開而逐漸地衰落下來。

光孝寺的訶子是什麼？

在文人雅士留下的許多關於光孝寺的作品中，我們都能看到「訶子」的身影。例如《嶺南異物志》中，孟琯就寫道：「廣州法性寺（即光孝寺）佛殿前有四五十株，子極小而味不澀，皆是六路，每歲州貢只此寺者」；「每子熟時，有佳客至，則（光孝寺）院僧煎湯以延之。其法用新摘訶子五枚，甘草一寸，破之，汲井水同煎，色若新茶」。而屈大均也曾在《廣東新語》中寫道：「宋武帝永初元年（420年），梵僧求那羅跋跎三藏至此（光孝寺），指訶子樹謂眾曰：此西方訶梨勒果之林也」。

光孝寺的「訶子」究竟是什麼呢？原來，它是桃金娘目訶子樹的果實，

是一種重要的中藥材。在秋、冬二季，訶子果實成熟。人們將它採下，曬乾後去核打碎。訶子的味道酸苦兼澀，難以下嚥。但它有許多功效，包括治療腹瀉、便血、咳嗽、咽喉腫痛等。相傳，光孝寺的訶子是三國時期吳國名士虞翻手植，到明朝時期，光孝寺內還有訶子樹五六十株。然而明末清初，原先種植的訶子樹卻幾近絕跡。如今，只有大殿後餘留一株訶子樹。這棵僅存的訶子，據記載也是清代中葉後期才補種的。

廣州城隍廟供奉著誰？

　　城隍廟的產生，與一個地方城市的發展有著密不可分的聯繫。沒有城市，也就沒有城隍。「城」與「隍」實際上分別指的是土築的城牆與城牆外無水的壕溝，它們是冷兵器時代一座城池的安全保護屏障。後來，人們逐漸地開始供奉城隍，以祈求一方平安。

　　城隍成為道教理論中城市的守護神。他們的職權相當於陽界的市長，是

城隍廟

冥界的地方官。明朝洪武二年，朱元璋為了把「護國安民、懲惡揚善」的思想傳播到全國各地，下詔加封天下城隍，從高到低分為都、府、州、縣四級。正因為此，各地城隍神都以當地仁人志士、狷介君子充任。廣州城隍廟的老爺們，現在就有三位。他們分別是劉龑、海瑞和楊繼盛。

劉龑

　　劉龑是曾在廣州地區稱帝的一個君主。歷史上的劉龑，性格比較暴戾。為什麼廣州人民會供奉一位暴戾的皇帝做城隍呢？這就要說到劉龑滅國的歷史了。當時南漢國滅，劉龑沒有下令火燒都城。這對當時的廣州居民來說是一個天大的恩德，人們認為劉龑保護了廣州城。因此，他成為了廣州城隍廟老爺之一。

海瑞

　　海瑞則是明朝時期著名的清官。他一生剛直不阿，反對貪污奢侈；挫抑

豪強，清丈土地，退田予民，改革佃僕、佃戶的地位；禁止向城市居民濫派供應；清理驛傳，禁饋贈，懲貪官；秉公執法，審理積抑，昭雪許多冤獄。雖然海瑞只在廣州上學、讀書，但他在海南待了很長一段時間。那時候的海南屬於廣東，而廣州城隍廟又是省屬的級別。所以，海瑞自然而然地也成為了城隍廟老爺之一。

楊繼盛

最後一位廣州城隍老爺——楊繼盛，也是明朝的名臣。他生性耿直，剛正不阿，以直諫氣節著名，因彈劾權臣嚴嵩而死。人們為了紀念楊繼盛，把他的古宅改成了廟宇，將其尊為城隍。楊繼盛死後十二年，穆宗才給他追認了一個「忠湣」的諡號。

廣州有哪些著名的文昌塔？

文昌塔，又稱為文筆塔、文峰塔。它們一般位居水口，對於保護一方文人學士出入平安、大魁天下有著重要的作用。據說，文昌塔不是隨便可以修建的。要想興建文昌塔，必須得到皇帝的批准。廣州地區就有很多這樣的文昌塔，每逢「魁星誕」時，許多學子紛紛趕往文昌塔參拜魁星，以求取功名……

泮塘文昌塔

泮塘文昌塔位於舊西關上支涌畔。它坐南朝北，六角兩層，寶頂上是一枚高達二公尺的陶塑葫蘆。遠遠望去，就像一支文筆直插入雲。據說，這座文昌塔是與仁威廟同期建設的，屬於典型明清建築風格。它採用青磚石腳，窗花樸實中含著精巧。看起來古意盎然，靈氣四溢。

從化水口塔

從化水口塔修建於明朝萬曆四十七年，曾在抗日戰爭期間被日軍飛機炸毀。1993年，在政府投資下重建。現該水口塔塔高九層，佇立在青山綠水間，氣勢雄偉壯觀。

深井文昌塔

深井文昌塔位於廣州黃埔區深井社區金洲大道旁。它始建於清光緒年間，是一座三層式建築。第一層供奉土地，第二層供奉文昌和關公，第三層方供奉魁星。

許多人不知道的是，在廣州人魁星崇拜的傳統中，與北方相比，多出了一個上級——文昌帝君。相傳文昌帝君就是蜀人張育，他在東晉年間起義反抗前秦苻堅統治，後戰死。人們在梓潼郡建立起祠堂，供奉他為雷澤龍神。後來，又被元仁宗欽定為文昌帝君。廣州人崇拜的魁星和金童就是文昌帝君的兩個下屬，一個負責點斗，一個負責公布金榜。

廣州南海神廟供奉的是哪個神靈？

在中國傳說中，一共有四大海神。他們分別是南海神「祝融」，東海神「勾芒」，北海神「玄冥」，西海神「蓐收」。廣州南海神廟供奉的，就是南海神祝融。

據說上古帝嚳在位時，有個叫重黎的人。重黎是顓頊的子孫，官職為火官，主要負責教導百姓用火，並且誅殺四處造孽的火龍。由於重黎做火官有功，故而帝嚳賜予他「祝融」的封號。「祝」意味著永遠，「融」意味著光明。「祝融」這個封號就象徵著用火照耀大地，給人們帶來永恆光明。

堯帝時期，人世間洪水氾濫，人們生活在水深火熱之中。堯帝命令鯀去治理洪水，然而近十年過去，依然看不到任何成效。鯀經過多方打聽，知道了息壤的存在。它能夠自己生長，永不耗減。只要用一點投向大地，馬上就可以堆積成山。鯀設法上天偷竊息壤，結果被天帝發現了。天帝命令祝融下凡，殺死了鯀並奪回息壤。後來，天帝又下令要祝融監視人間治水，讓他掌管一方水土。又因為祝融屬於南方之神，在五行中屬火。最後合水火為一體，祝融兼任了南海神。

除南海神外，南海神廟中的昭靈宮內還供奉著南海神夫人。相傳南海神夫人原本是順德地區一個養蠶的姑娘，某年該地

南海神廟

遭逢大旱，眼看莊稼即將顆粒無收。姑娘非常焦急，她跪在南海神前禱告，許願如南海神肯降下大雨，則願為南海神侍妾。姑娘的誠心感動了南海神，南海神果然施法降雨，並娶姑娘為妻。後來，姑娘也成為了南海神廟中供奉的神靈。除保佑一方水土風調雨順外，還兼了「送嗣」的職能，被人們稱為婦女和兒童的保護神。

南海神廟裡的兩個銅鼓是怎麼來的？

廣州南海神廟坐落在廣州市黃埔區廟頭村。它始建於隋朝開皇十四年，距今已有1400餘年的歷史了。在南海神廟裡，擺放著一大一小兩面銅鼓。大銅鼓，與廣州嶺南東道節度使鄭續有關。相傳唐朝僖宗年間，高州府有個放牛郎。他在村外放牛時，發現了幾隻金黃色的青蛙在眼前互相追逐。於是，放牛郎放下牛犢，前去追趕青蛙，結果一不小心掉進一個深洞裡。放牛郎大聲呼救，被附近的村民救起。人們把放牛郎拉出洞穴後，還發現了一面巨大的銅鼓，銅鼓內壁上雕刻著「漢伏波將軍鑄」的字樣。當時的高州太守林藹聽說這件事情後，以免收三年稅賦為誘餌從村民手中得到了這隻銅鼓。但鄭續也對銅鼓非常感興趣，他用官位來壓制林藹，通過各種旁敲側擊，迫使林藹將銅鼓獻給了自己。

鄭續得到銅鼓後，將它安放在衙門裡。某日，鄭續做夢，夢到自己與一個身著黃袍的人一同觀賞銅鼓。他鼓足勇氣問黃袍人：「你是何人？為何到此？」黃袍人笑著告訴鄭續，自己是管轄水中眾神的南海神廣利王。鄭續醒來後，心有不安。他知道人不能與神鬥，既然廣利王也看中了這面鼓，就把鼓送給廣利王吧。於是，這面大銅鼓最終來到了南海神廟中。

小銅鼓，則與明朝時期的潯州太守有關。據說明萬曆年間，有人在潯州銅鼓灘發現了兩個小銅鼓。當銅鼓灘河水消退之時，水流撞擊小銅鼓的聲音可以傳到幾里之外。潯州太守聞訊趕來，親自帶人將銅鼓挖出，並抬到衙門，懸掛在四穿樓以供自己欣賞。結果，也驚動了南海神。

有一天，潯州太守在午休時忽聞天空有悶雷響起。他起身探查究竟，發現一位白髮仙人踏雲而來，稱自己是南海神。南海神告訴潯州太守，這兩面小銅鼓來自宋朝一個地方部落。部落的首領曾經用它們號令族人與蒙古兵作戰，最後在河邊戰死。銅鼓在戰役中也落到了水中，因此，當地人稱呼這片水域為

銅鼓灣。首領死後，成為了銅鼓灘的河神。但現在太守拿走戰鼓，河神不願意再護佑當地人民了。所以，南海神準備問問太守想怎麼處理這件事。

太守從夢中驚醒後，決定聽從南海神勸告。他也命人將銅鼓送到了南海神廟。這便是南海神廟裡大小銅鼓的來歷。兩椿人神較量的傳說，體現出的是古代社會神權與皇權相互交織的統治形態。如今，擺放在南海神廟中的銅鼓均為仿製品。

廣州哪吒宮曾經是抗日根據地嗎？

在廣州市東平馬市嶺村，有一座300多年歷史的哪吒宮。哪吒宮青磚黛瓦，雕梁畫壁，佔地面積約為200平方公尺。現存的主體建築均為1947年被炸毀後重新修建的。它以中央廟宇為軸心，向外擴展，正中隔為廟堂，兩側則各有一間廂房。抗日戰爭時期，抗日游擊隊來到馬市嶺村宣傳，但沒有地方落腳，於是他們選擇哪吒宮作為寄居之所。抗日戰爭時期，附近的南村機場被日本人佔領了，用於停放戰機。這一帶時常受到轟炸，哪吒宮也曾一度被誤炸。

解放戰爭時期，馬市嶺村成為了廣州北郊革命根據地。民主黨派的領導人梅日新正是依靠哪吒宮，以教師身分作為掩護領導起義。梅日新白天在村中祠堂上課，晚上就到哪吒宮中向村民進行宣講。它是名副其實的敵後根據地，承擔著掩護革命力量、宣傳革命思想的責任。

如今的哪吒宮，兩邊的廂房已經被分給鄉民居住，主體廟宇則成為了村民們乘涼睡覺的地方。在哪吒宮中曾經發生過的英雄歷史，也將在這兒一代代地傳承下去。

廣州的陵墓

白雲山上將軍墳內埋葬著哪位將軍？

從白雲山景區正門進入，沿著行人登山道路一直往上爬，在千尺嶝附

近，你可以看到一座將軍墳。將軍墳三墓相連，旁邊有石鼓作伴，墳後豎立著天誥命碑，前面還有幾根拴馬柱，柱體刻著「將軍地」，非常有氣派。

這座墳裡埋葬的是劉紹基將軍和兒子劉世安。劉紹基先祖係清代駐防廣州的漢軍，祖父劉朝輔是駐廣將軍的印務外郎，父親劉瑞是駐廣將軍的侍從武弁，後因道光年間鴉片戰爭中諸事奮勇當先，被提拔為驍騎校。劉瑞十分注重後代教育，對劉紹基悉心栽培。劉紹基隨後擔任了統領步軍營的協領，他秉承了其父重視教育的思想，勸導兒子劉世安發奮學習。劉世安果然不負所望，在光緒年間陸續考中舉人、探花，出任廣州同文館，從事教育工作。雖然劉紹基父子並沒有真的擔任將軍一職，但由於清王朝習慣將有地位的官員統稱為「將軍」，故而劉紹基父子的墓地也就被人們稱作「將軍墳」了。

廣州烈士陵園紀念的是哪些烈士？

廣州烈士陵園位於廣州市中山路92號，面積達18萬平方公尺。它是解放後修建的，用於紀念在中國共產黨領導下廣州起義中犧牲的烈士。

1927年12月11日，中共廣東省委書記張太雷及葉挺、葉劍英、蘇兆徵、徐向前等人共同領導了廣州起義。經過長達3天的奮戰，廣州起義因遭到血腥鎮壓而失敗。在這次起義中，被屠殺的軍民多達5700餘人。這次起義與南昌起義、秋收起義具有同等重大的意義，它們成為了中共獨立領導革命、創建人民軍隊的偉大開端。

1956年，廣州市政府在當年烈士們犧牲的紅花崗上興建了廣州烈士陵園，一年後陵園建成，正式對外開放。陵園的正門用白花崗石作為基底，以漢白玉配上橙紅的琉璃瓦頂，正面石壁上則鐫刻著周恩來總理手書的「廣州起義烈士陵園」八個大字。陵園內部包括廣州起義紀念碑、廣場、紅花崗四烈士墓以及葉劍英墓等建築，在陵園東部則坐落著中朝人民血誼亭、中蘇人民血誼亭以及血祭軒轅亭等。整座陵園的紀念性建築與自然風光渾然一體，每當清晨時分，太陽升上高空，朝霞的光芒在陵園中流淌，將所有的建築、植物都鍍上

廣州列士陵園

了一層金色。後來，廣州烈士陵園的「紅陵旭日」還成為了新羊城八景之一。

南越王墓中出土了哪些有名的文物？

南越王墓

南越王墓位於廣州市解放北路象崗山上，是西漢初年南越王趙眜的墳墓。趙眜是趙佗的孫子，號稱文帝，在位時間為西元前137年至西元前122年。這座墓地鑿山為藏，採用豎八鑿洞的方法構築而成，墓室共有7間。前面的三間是前室及東西耳室，後面四間則分別為主棺室、東西側室和後藏室。

在南越王墓中，考古人員出土了大量的隨葬品，包括金銀器、銅器、鐵器、陶器、玉器、琉璃器等，數量高達1000餘件。東耳室擺放的器具大多數是宴飲用具，如酒器、棋盤及石編鐘等；西耳室則主要擺放兵器、甲冑及生活用品與貴重珍寶。其中的波斯銀盒、非洲象牙、深藍玻璃片等物品，足以證明南越國早期，廣州就已經與波斯國及非洲東岸地區有了海上貿易往來。

南越王墓最為珍貴的文物，還要數絲縷玉衣與「文帝行璽」金印了。絲縷玉衣是漢朝特有殮服，具有其自身的等級規定。諸侯王用金縷，也有些採用銀縷。再下等的爵位，則只能選用銅縷了。南越王墓裡出土的這件絲縷玉衣，比河北中山靖王墓中劉勝所穿的金縷玉衣年代還要早，採用近2300塊玉片製成。匠人們在玉片四角鑽出小孔，再用朱紅色的絲帶串聯起來，整件絲縷玉衣十分精緻。而

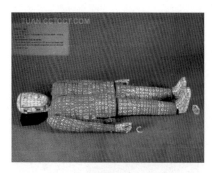

絲縷玉衣

「文帝行璽」的金印，則是中國考古發掘出土的第一枚帝印。這枚印章長寬均為3公分左右，高1.8公分，重148克，屬於趙眜私人用印，不得往下傳，因此被帶入了陵墓深處。

除絲縷玉衣與金印外，另外尚有一部分珍貴文物。例如角形玉杯以及銅屏風構件等，它們已經成為了首批禁止出國展覽的文物。

南越國開國國君趙佗埋葬在何處？

南越國在中國歷史上僅存留了短短93年。在這93年中，開國國君趙佗在位時間為67年。然而，趙佗的墓葬到底位於何處，卻一直是個謎團。

從《水經注》裡所引用的文獻記載我們可以看到，趙佗的墓穴依山而建，非常隱秘，地宮十分龐大，各種奇珍異寶堆積如山。趙佗生前極盡奢侈，死後卻十分慎重，根本無人知曉墓穴所在的具體位置。從這段話中，雖然無法推斷出趙佗墓確切位於何處，但我們能夠得到一個重要的消息：他的墓穴是以山為陵修建而成的。唐代的李吉甫寫過《元和郡縣圖志》，圖志中的記載與《水經注》有相似之處：在元和郡縣西南方向，佇立著一座禺山，而禺山就是趙佗埋葬的地方。因此，許多學者認為趙佗墓就在禺山。但這座禺山如今位於廣州的哪個方位，卻沒有人可以確定。

有人認為，禺山就在廣州市高坡附近。因為古詩中有「欲問禺山何處是，路旁童子說高坡」的記載。再加上清朝時期，高坡附近還曾建立起一座「禺山書院」，因此禺山一定是在高坡一帶了。然而，考古人員在20世紀50年代就已經考證：這片地區並非先天形成的山脈，而是歷朝歷代雜物堆積形成的一片高地。另外，別的史料也曾經記載過，南漢國君曾於五代時期鑿平了番禺兩座山用於建造宮殿。因此，傳說中的禺山並不可靠。

在番禺縣志中，我們可以讀到：趙佗去世前建造了許多處墓地。出殯之時，車輛從番禺城四個門中同時出發以掩人耳目。究竟趙佗埋葬在何處？根本沒人能夠說清。又有人認為，趙佗墓位於葛蒲澗南側。可這裡僅發現了一些明清時期的墓葬，趙佗墓依然不知所終。趙佗墓真的在廣州嗎？它具體選址在廣州的哪個地方？這些問題至今是考古人員心目中一個巨大的謎團。

為什麼說思復亭不是個普通亭子？

思復亭，位於廣州隔山鄉息園附近。它不是一座普通的亭子，因為革命烈士陳復就埋葬在這裡。陳復祖籍廣東番禺，出生在一個具有民主革命思想的藝術家庭裡。他的三父親是有名的嶺南派畫家陳樹人，曾師從「嶺南畫派啟蒙祖師」居廉學畫。居廉很喜歡這個聰慧善良的徒弟，於是替陳樹人做媒，把哥哥

居巢的孫女居若文嫁給了他。婚後，陳氏夫妻的生活十分幸福美滿。1907年4月，陳復出生。他的名字意義深遠，有著其父「以復興中華為己任」的抱負。

20世紀初，陳樹人夫婦一方面繼續著畫壇革新，一方面投身於如火如荼的革命運動。少年陳復受到父母影響，內心裡時時刻刻燃燒著為革命獻身的火焰。他先是前往上海復旦中學讀書，再是投身上海工人運動。後又被廣東革命政府選中，前往莫斯科中山大學深造，並加入了中國共產黨。陳復畢業回國後，來到《工人日報》擔任副社長。在他的領導下，《工人日報》成為了一塊宣傳革命思想的聖地。然而，陳復母親居若文卻對兒子滿懷擔憂。但陳復卻向父母表明自己的態度：只要能解放勞苦中掙扎的工農，哪怕丟腦袋也心甘情願！

1930年，在白色恐怖的籠罩下，陳復因傳遞進步書籍、宣揚革命思想而被捕入獄。在獄中，陳復受盡酷刑，但他始終咬緊牙關，不肯對敵人透露出關於共產黨的半點秘密消息。陳樹人心疼兒子，想方設法委託故友將其救出。可陳復終究沒有逃過悲慘的命運。

陳復在廣州開展地下黨宣傳活動期間，再度被反動當局察覺。這一次，反動當局趁著陳樹人北上的機會，抓捕陳復，並將其押送到南石頭「懲戒場」，

思復亭

把陳復秘密殺害。這一年，陳復年僅25歲。陳復犧牲後，陳樹人久久不能釋懷。他將陳復在樗園居住之地，命名為思復樓。後來，又在隔山鄉息園選址，為愛子修建墳墓。在墳墓附近，陳樹人修建一座六角墓亭，給它起名為「思復亭」。這座思復亭並非普通的亭台，而是陳復烈士浩氣長存之地。

你知道「沙基慘案」烈士紀念碑嗎？

沙基慘案紀念碑位於廣州市荔灣區沙面東橋東側。1925年6月23日，廣州各界群眾聯合起來，舉行了一次支援上海五卅反帝愛國運動的示威遊行，抗議帝國主義侵略暴行。參與到這次行動中的群眾，多達10萬餘人。當時，共產黨廣東區委的主要負責人周恩來與陳延年也在遊行的隊伍中。然而，這支浩浩蕩蕩的隊伍途經沙面租界對面的沙基附近時，英國、法國軍隊向遊行隊伍開槍

射擊。這次瘋狂的射擊導致52人死亡，170多人重傷，輕傷者更是不計其數，歷史上稱之為「沙基慘案」。一年後，廣州市政府決定將沙基修築成公路，並以「六二三」為這條路命名。而沙基慘案烈士紀念碑也是在這一時期樹立起來的，最初選址就在沙面東橋頭六二三路上。後來，因廣州擬建人民橋，又把紀念碑遷移到了現在所在的地方。這座紀念碑上刻「毋忘此日」四個大字，時刻提醒著人們：不要忘記，許多年前為了革命而抗爭過的那群既平凡又偉大的英雄⋯⋯

沙基慘案紀念碑

為什麼說東征陣亡烈士墓是國共兩黨烈士唯一共葬的地方？

東征陣亡烈士墓位於廣州市黃埔區黃埔軍校舊址西面的萬松嶺上，墓裡埋葬著在1925年黃埔軍校兩次東征戰役中犧牲的烈士遺骸。

1925年2月1日，為了討伐盤踞在東江的軍閥——陳炯明，廣東革命政府與中國共產黨共同舉行了第一次東征。這次鬥爭以黃埔學生軍為主力，周恩來也參與了指揮。依靠東江農民的支持，這支東征軍迅速地打敗了陳炯明，獲取勝利。國民革命軍乘勝追擊，於同年10月5日發動第二次東征。在第二次東征的進程中，省港罷工委員會也起到了重要的作用。他們組織了數千人的運輸隊伍，為東征出力。該年11月，東征軍隊進駐汕頭，陳炯明被徹底擊垮，東征行動宣告勝利。

在這次勝利的背後，黃埔軍校付出了很大的代價：國共兩黨官兵犧牲人數多達516人。為了紀念這些在東征中犧牲的官兵，1926年6月16日，政府主持建立起東征陣亡烈士墓。它佔地面積約5萬平方公尺，坐南向北，面臨珠江，後枕萬松嶺，氣勢雄偉，素有「小黃花崗」之稱。1988年，東征陣亡烈士墓與黃埔軍校一起被列為全

東征陣亡烈士墓

國重點文物保護單位。

在植地莊抗日烈士紀念碑後，埋藏著怎樣的故事？

　　如果你來到廣州番禺南村里仁洞撻沙崗，可以看到一個被松柏簇擁在中間的陵園。陵園裡矗立著一座氣勢宏偉的紀念碑——植地莊抗日烈士紀念碑，碑後，則長眠著多年以前在植地莊之戰中犧牲的48位烈士。

　　植地莊戰役是抗戰時期珠三角傷亡較大的戰事之一，也是最機智勇敢的戰事之一。當時是1944年，即便日軍已經侵佔廣州長達六年，但抗戰的烽火卻顛撲不滅。廣游二支隊新編第二大隊，就是最活躍的抗戰隊伍之一。這支隊伍人數共250餘人，原本準備在番禺市橋北集中，之後向市橋進攻。但由於遭逢暴雨天氣，洪水沖垮了道路，戰士們只好在植地莊暗地駐紮，準備條件恢復後再行襲擊。

　　然而，有漢奸向日軍告了密。7月26日凌晨，日軍帶領500餘人連夜突襲植地莊，如鐵桶一般將村莊重重包圍。支隊只好組織戰士分幾路進行突圍，以求撤退。擔負起保衛村莊、牽制敵軍主力的，是中隊長何達生帶領的小分隊。這支小分隊一共只有8名戰士，卻打退了好幾次敵人的進攻。彼時何達生讓戰士們分成兩個小組，利用茂密的竹林、村莊裡的窄巷以及閘門作為掩體，出其不意地對敵人進行狙擊。在何達生的帶領下，日軍頭目被擊斃，只好暫時撤離。後日軍又利用莊外一段倒塌的圍牆，分成兩路夾攻植地莊。這場戰鬥從清晨一直持續到下午4時左右，日軍一共發動了五次進攻，卻始終不能佔領植地莊，只好夾著尾巴無可奈何地撤退。在植地莊抗日戰鬥中，廣游二支隊共擊斃日軍數十個，但主攻小隊卻無一人傷亡，不可不說是一個奇蹟。即便如此，廣游二支隊也損失慘重。犧牲的烈士達48名，大隊長衛國堯也是其中之一。後來，人們在最慘烈的戰場所在地築起了紀念碑，寄託群眾對烈士的追思與緬懷。

廣州的民俗特色

　　民俗，可謂人類傳承過程中最「接地氣」的一種文化。它無所不包，種類繁多，千差萬別；它根植於本土，隨著時過境遷不斷地發生改變，卻又有著其涇渭分明相對固定的模式性規範，這種模式通常可以跨越時空。

　　拿廣州舉例——結婚時，有獨特的結婚典禮；過年時，有各種講究；搬遷時，有好玩的固定程序要一項一項完成；開工時，也有著一套傳統做法需要遵循。通過對廣州市的民俗文化進行探討研究，我們可以更加深刻地領略其特有的韻味和文化內涵。

廣州人的節日習俗

「太公分豬肉」是什麼風俗？

　　在廣州，流行著一句俗語：「太公分豬肉——人人有份」。這句俗語的大意，是指一團和氣的平均主義。俗語裡的「太公分豬肉」是什麼樣的習俗呢？

　　廣州地區重男輕女的觀念比較嚴重。每年清明、冬至和除夕，很多宗族都會前往祠堂舉行隆重的祭祖儀式。在過去一年裡，添了男丁的家庭都必須送一塊一二十斤的豬肉到宗祠，同時在宗祠內點一盞油燈，寓意「添丁」。祭祖儀式結束後，家族中德高望重的老人就負責把這些豬肉平分給每家每戶。這些輩分較高的老人，被孩子們稱為「太公」。

　　然而，古時候的太公分豬肉並非「人人有份」。分豬肉儀式所需的費用都從宗族的公共財產中支出，家族裡會派人做好人口調查工作，對每家每戶的男孩數量進行統計，再派發一張記載著應得豬肉分量的紙質憑證。分肉時，只分男不分女。另外，年紀越大的，分得的份數越多。以家族男丁平均一人一份的額度來計算，60歲以上的老人就應得2份，70歲以上則應得4份，以此類推。有的地方90歲以上的老人甚至可以隨意取肉，數量不限。

太公分豬肉

　　新中國成立後，「太公分豬肉」的儀式就發生了潛移默化的變化。分肉的費用不再是公共產業承擔，而是由同姓族人自願捐助；儀式不分男女均可參加。豬肉經過加工後，直接擺在酒桌上由男女老少共同享用。「太公分豬肉——人人有份」的俗語終於做到了名副其實。分豬肉儀式的變化，從側面反映出廣州地區男女平等的理念已經深入人心。

廣州人過中秋有哪些傳統習俗？

每年八月十五，中秋佳節。天清如水，月明如鏡。自古以來，中秋節就有賞月、拜月、吃月餅等傳統習俗。人們闔家團聚，享受天倫之樂。在廣州地區，「中秋節」俗稱為「月光誕」。除了全國各地通行的習俗外，廣州人還準備了不少獨特的節目呢：

樹中秋

「樹中秋」又稱為「豎中秋」，意指將彩燈高豎。每逢八月十五，家家戶戶都用竹條紮出形態各異的燈籠，包括魚龍燈、鳥獸燈、花果燈等，還有人將燈籠做出「賀中秋」的字樣。夜幕降臨後，人們在燈籠裡點燃蠟燭，把它們掛在竹竿上或露台上。彼時滿城燈火，與天空皎潔月光交相輝映，以此來慶賀中秋。

耍祿仔

耍祿仔是在廣州兒童之間流行的一種遊戲。孩子們在柚子殼上雕刻出圖案，中間放上小蠟燭，然後提著柚子燈沿街穿行，一邊奔跑一邊唱歌：「耍祿仔，耍祿兒，點明燈。識斯文者重斯文，天下讀書為第一，莫謂文章無用處，古云一字值千金，自有書中出貴人⋯⋯」這首歌，就叫做「耍祿歌」。

拜月光

廣州人吃完中秋團圓飯後，會在家裡擺上各式果品舉行「拜月光」儀式。貢品除了月餅外，還有芋頭、石榴、蓮藕、柚子、田螺等。芋頭象徵闔家團圓，石榴象徵長壽吉祥，柚子則象徵著希望月亮給予家庭護佑的美好願望。拜月光的地點，一般是在天台或者家門口。焚香禮拜完畢後，大家就圍坐在一起，分吃貢品，暢敘天倫之樂。

追月

「追月」是指八月十五過去後，人們興猶未盡，於是在次日夜晚，再次邀約親朋好友繼續聚餐、賞月。在清人陳子厚所著的《嶺南雜事鈔》序中，

就曾寫到過這種風俗：「粵中好事者，於八月十六夜，集親朋治酒肴賞月，謂之追月」。

廣州人怎麼過七夕？

在廣州地區，七夕節又稱為「七姐誕」。「七姐」指的就是天上的織女，傳說她是天帝的女兒，排行第七，編織雲彩是她的工作。廣州人對「七姐誕」的熱愛堪稱全國之最，宋朝詩人劉克莊就曾作詩吟詠道：「瓜果跽拳祝，喉羅朴賣聲。粵人重巧夕，燈光到天明」。

在每年七月初七到來之前，廣州姑娘就會預先準備好各種精巧的玩意：她們用通草、芝麻等物品製作成花果、器物模型；又提前把穀種、綠豆放進盒子裡用水浸，等到它發芽長到兩寸多長的時候，拿來拜神。

七夕當天晚上，姑娘們紛紛穿上新衣，塗好指甲，把預先準備好的東西放到廳堂中央的八仙台上，再點燃一盞油燈。一切安排妥當後，她們焚香燃燭，虔誠地對著星空跪拜「迎仙」。

除親戚朋友外，大家還會互相邀請鄰里姐妹一起拜神、觀賞彼此製作的巧奪天工的玩具，這些玩具獲得越多讚賞，主人家姑娘就越是高興。拜仙活動結束後，姑娘們用手拈著彩線在燈影下穿過針孔。如果有人可以一口氣穿過七枚針孔，就可以獲得「巧手」的稱號。

除此之外，廣州舊俗七夕那天還有女子泛舟遊玩的活動。她們相信，七月初七是仙女淋浴日。去水上泛舟，也是過七夕的一項重要活動。所用遊艇都用各色鮮花裝點而成，香氣撲鼻，被廣州人稱為「花艇」。

「向月穿針易，臨風整線難。不知誰得巧，明旦試看尋」。如今的七夕節，被人們當作中國的情人節，乞巧的風俗已經越來越少了。但如果你想體驗一下廣州古代人是如何過七夕的，可以選擇去乞巧文化節看看。在文化節上，可以見到各種傳統的七夕活動，例如擺巧、乞巧、吃七娘飯、看七娘戲等，讓你感受到濃郁的嶺南風土人情。

廣州七夕文化節

為什麼廣州人不過臘八節？

農曆十二月初八，俗稱「臘八節」。從先秦時起，臘八節就是用來祭祀祖先和神靈的節日。自臘八節始，年味逐漸地濃郁起來。因此，有「過了臘八就是年」的說法。

在北方地區，臘八節有吃臘八粥的習俗。人們用八種糧食和果品製作臘八粥，寓意著連年五穀豐收。還有一部分北方人在臘八這一天用米醋炮製臘八蒜，據說這些臘八蒜將被送到債務人手上。債務人一收到臘八蒜，就心知肚明：年關到了，要清算債務了。

然而，廣州卻似乎明顯缺乏過臘八節的氣氛。有很多廣州人甚至不知道什麼是「臘八節」。其實，這是因為廣州人過的「小年」是農曆臘月二十三。在臘月二十三這一天，大家一起吃「臘八粥」、舉辦祭灶儀式，祈求來年風調雨順。

北方臘八粥多用小米紅棗熬製。廣州人的「臘八粥」，主料較北方更為豐富多彩：蓮子、銀耳、百合、山藥、紅豆、綠豆、米仁、木耳……除了喝「臘八粥」以外，廣州人還會舉行謝灶活動。傳說中，家家戶戶的灶君老爺都會在臘月二十三這一天上天向玉帝述職，告訴玉帝各家的善惡。玉帝就根據灶君老爺的彙報，判斷是否要在來年給予這戶人家更多福祉。於是人們便清洗灶君神位，又用雞肉、豬肉、美酒、蔗糖等拜祭灶君，以蔗糖將灶君嘴巴黏住，讓他不能多講家裡的壞話。

由此看來，廣州人的臘月二十三其實與北方臘八節的寓意是極其相似的。廣州人不是不過「臘八節」，只是過「臘八節」的日子與其他地區不同而已。

你知道廣州人怎麼過清明節嗎？

「清明時節雨紛紛，路上行人欲斷魂。借問酒家何處有？牧童遙指杏花村。」清明節，向來是一個細雨紛紛、慎終追遠的日子。在這一天，廣州人與全國大部分地區的人民一樣，會選擇祭祖、掃墓。大家攜帶著酒食果品與紙錢來到墓地，向去世的親人獻上貢品，再將紙錢焚化，並為墳墓培上新

土。叩頭祭拜後，方踏上歸家之路。除此以外，廣州人還有一些獨特的風俗。讓我們一起來看看吧：

插柳

在廣州，清明節這天，人們會在家門口前插上楊柳枝。據說插柳的風俗，是為了紀念教民稼穡的神農氏。也有人認為，插柳是預報天氣的一種做法。古書裡，有著「柳條青，雨濛濛；柳條乾，晴了天」的記載。還有人說，插柳是因為可以避邪。只要在門口插上柳枝，邪魔鬼怪就不敢來侵。廣州地區的插柳活動，已經無法探究是什麼原因流傳下來的了。無論代表的是哪一種寓意，它都成為了老廣們雷打不動的清明習俗。

挖筍

「清明筍現樣，穀雨人恁長」。在廣州鄉下長大的孩子們，大概都聽說過這樣一句俗語吧！清明節到來後，人們回鄉祭祖。山間田邊，遍布著生長茂盛的春筍。這個時期的筍味道特別鮮美，挖筍也就隨之成為廣州人過清明的一項獨特活動。

清明祭品

廣州人清明節的祭品大多採用包子、甘蔗、發糕、烤乳豬等物。其中，發糕和包子是因其在蒸製過程中，會從小麵團「發大」，寓意著家族壯大。而甘蔗一般是有頭有尾的，意味著家庭一直繁榮。甘蔗的滋味，則象徵生活歡歡喜喜甜甜蜜蜜。清明節吃烤乳豬的習俗，在廣州也算是歷史悠久了。在每年清明祭祀完成後，大家都會把焦黃酥脆的烤乳豬帶回，一起大吃一頓。

廣州喪葬習俗是怎麼樣的？

舊時廣州民間盛行土葬。老人年邁，家裡人會早早地為其預備好棺木、墓地和壽袍。待其去世後，親人會將遺體「調頭」（頭朝屋內，腳朝屋門），然後蓋上紅白被綢。子女們則一方面向親屬報喪，一方面在家中設置靈堂並通宵戴孝守靈。治喪期間，哀者會在自家門口點上蠟燭，並懸掛一個

寫著死者壽數的燈籠。燈籠的字體也是有講究的：死者壽數70以下的，用藍色；70歲以上的，用紅色，除此之外還要另行加上個「福」字。親朋好友前來弔唁，家屬用酒菜招待，謂之「吃壽飯」。到了出殯當天，孝子賢孫們則赤著雙腳「擔幡買水」，沿途散發紙錢。其餘親朋則排成一列長長的隊伍，隨在子孫後為其送葬。送葬歸來，家門口要設置一個火盆。進門時，必須要從火盆上方跨過，以祛除邪氣。接下來，便從死者去世之日起算，每過七天做一次拜祭，直到「七七」四十九天。在「頭七」「三七」，會請尼姑、和尚前來打齋念經、超度亡靈；「三七」過後，孝子才脫去孝服，並用柚子葉燒水洗頭，又燒掉戴孝用的黑色紗巾，以示驅邪。

什麼是廣州從化的「擲彩門」？

從化的擲彩門活動，一般選擇春節期間大年初七後舉行。這是一種喜慶習俗，人們將大花籃中裝滿煙花炮竹，並且糊上紅紙，形狀就像一扇小門，此即為「彩門」。彩門做好後，要高高地掛在杆子上方。而「擲彩門」，則是指大家把小包的鞭炮點燃，並且向杆子頂端的彩門中投擲，誰先把彩門引燃，誰就

擲彩門

能夠在接下來的一年裡獲得好運氣。這項活動由來已久，目前正在進行非物質文化遺產的申報。

為什麼廣州人端午節要吃龍船飯？

廣州許多地區都有這樣一個風俗：在每年端午節的龍舟比賽結束後，鄉親們一起來到祠堂，大家共同開台設席，宴請四方。這種習俗被稱為「龍船飯」，它與做龍船、賽龍舟等相似，都寓意著人們對神的敬仰。這餐龍船飯，不僅涵蓋了人們對生活的美好祝願，還象徵著家族的團結。據說，吃過龍船飯後，接下來的一年家族便會風調雨順。

龍船飯

吃龍船飯，有幾個講究。第一是人人平等，無論身分高低貴賤，都可以前來享用。第二是免費共用。只要你來到了龍船飯設宴的地方，熱情的村民們根本不會仔細詢問你的身分。就算你是個偶然間路過此地的陌生人，也能享受嘉賓待遇，得到殷勤款待。第三是菜色多樣，燒豬肉、栗子燜雞、油豆腐煮魚等應有盡有。有的地方還會把菜做好後，直接拌到飯裡。肉丁、蝦仁、瑤柱、冬菇等食材與米飯的香氣融合得無比熨帖。這樣紮實的一碗菜飯，能夠快速地為龍舟賽上的運動健兒們填飽肚子，提供能量。

通常，在江水上龍船比賽正酣之時，龍船飯桌上對於宴席功夫的比較也已經進行得如火如荼。身處龍船宴上，各種猜拳聲、行令聲伴隨著鞭炮聲此起彼落，人人喜笑顏開、推杯換盞……現場成了一片歡樂的海洋。

廣州人怎麼造龍舟？

眾所周知，廣州地區的人們自古就尊龍崇龍，就連端午節的賽龍舟活動也有非常多的講究。在廣州人做龍舟的過程中，崇拜龍的風俗貫穿始終：

首先，造船開工後，船工每天上下班都必須要供神。在第一根龍骨架用墨斗拉線之前就要舉行祭拜儀式。通過燒香、祭酒來供奉魯班；船工們每日開工前、收工時，一定要在龍舟上燒香祭拜，祈求神靈保佑各項工作能順利開展。

扒龍舟

其次，造船工廠選址必須封閉。一般情況下，人們會選擇大門緊閉的祠堂內部；實在沒有辦法，就選擇河灘。造船時，再用各種竹簾將龍船團團圍住。一旦開始造船，工人們就不能停工，大家通宵達旦地幹下去，直到龍船落成。在舊時，做龍舟的過程，女性是不能圍觀的。龍

頭的雕刻更是頗為小心：不能被女性觸摸、不能在工廠內晾曬衣物、撫摸前必須洗手。龍頭的咽部，設計有一個小洞。洞中放著大米、木炭、碎銀與茶葉，龍舟打造日期及宗祠族長的姓名生辰也要寫在紅紙上一併塞入。除此之外，塞進洞裡的還有三種中藥：象徵龍舟輕巧的蟬蛻、象徵龍舟頭與船體緊密相連的勾屯以及象徵在比賽中連連獲勝的連翹。龍頭沒有點睛之前，是不能讓外人看到的。相傳，只有畫上眼睛後，龍舟才會有靈性。

最後，龍舟下水時工廠與買方都要祭拜龍神。工廠會舉行一個簡單的竣工儀式，在買家接船當天準備好燒肉、蘋果與香燭，進行拜祭，以求鴻運當頭。而買方接船則要準備燒酒、生雞、龍眼葉、爆竹等物助陣。隨行接船的，一般是龍舟隊成員。他們先把標示了村名的龍牌插在龍頭上，再擺放祭品，說上一些吉利話。再將生雞雞冠割開，把雞血滴在龍眼上，為龍船開光。龍眼葉，則用於避邪。龍船試水後，人們將龍舟迎回村裡。然後，前往神廟拜祭。儀式結束後，龍舟划手們會划著龍船在江面上來回兩圈，寓意著龍因水而生，水有龍則靈。

除了賽龍舟，廣州人還有哪些端午節民俗？

一提到端午節，大家的第一反應就是吃粽子與賽龍舟。其實，除了賽龍舟外，廣州人還有一些其他的端午民俗。

廣州人對端午節非常重視。在農曆五月初二至五月初四，便有送節之舉。例如「新抱手藝」，便是廣州獨有的端午節民俗之一。「新抱」即是新媳婦，在端午節時，年輕的新媳婦們要用六個或四個全盒盛上粽子、豬肉、生雞、雞蛋、水果等回娘家向長輩賀節。孩子們均佩戴上以五色絲線編製而成的香包，香包裡放著檀香、八角、花椒及硫磺。這些香包基本上都是新媳婦手作，既體現了她們精湛的技藝，又體現了新媳婦們的賢良品質。這種風俗，就是傳說中的「新抱手藝」。

端午香包

在廣州部分郊縣地區，有人組織孩童放風箏。另有部分廣州人會使用燒符水洗手洗臉，清潔完畢後將符水潑灑在街道上，意為送走災難。帶小孩洗龍舟水（即在賽龍舟的江邊洗澡），也是廣州人過端午的民俗特色之一。

另外，許多廣州人還會舉辦貼「午時符」的活動。製作午時符，需要準備一些寬一寸、長一尺的黃色紙條，用朱砂寫上「五月五日午時書，官非口舌疾病蛇蟲鼠蟻皆消除」等字樣。午時符將與菖蒲、鳳尾、艾葉等物一起被懸掛或張貼在家門口，用以避邪。還有的人家會用雄黃酒調製朱砂，在孩子的額頭與胸口點上紅點。如此一來，孩子就不會輕易被邪魔侵犯了。

廣州人為什麼要供奉土地神？

據《禮記‧祭法》載，在炎黃時代，天神共工的兒子句龍開疆拓土，在神州大地上遍植五穀，死後被奉為土地神。漢唐之際，土地神的性質發生了變化，由自然之神逐漸演化為人鬼之神。再後來，民間開始以名人作為各方土地。例如，清代翰林院及吏部祭祀的土地神，就是唐朝的大文豪——韓愈。

由於土地神是民間俗神，地位比較低微，故而歷朝歷代的統治者都不是很看重。土地神的廟宇一般都很小，但由於農耕時代的人對土地心存敬畏，土地神又肩負著保佑一方水土安寧的職責，故人們依然為土地神建立起廟宇，用於供奉。

廣州的土地廟一般採用石材製作，往往立於城角村頭。廟高僅有兩三尺，廟裡安放著慈眉善目的土地公、土地婆。傳說中，土地公比較寬容耿直，而土地婆則有點愛貪小便宜，處事圓滑。

廣州大部分城鎮、村莊的主要路口都設置有土地廟，即使不專門建廟，也會搭設一個簡易的神位。村子裡有人家新生兒女，就要將兒女的姓名和生辰八字寫在紅紙上，再貼到土地廟內，表示認土地爺作為乾爹，為兒女求得神靈庇佑。如果有人去世，家裡人也會把棺材停放到土地廟跟前，並圍著棺木轉圈。因為只有這樣，才能夠保證親人在陰曹地府得以準確地認領屬於自己的衣物。

在廣州，人們祭拜土地神的時間並無一定。初一、十五、年關、節日俱可。拜祭時，也不需要向土地神提供豐厚的祭品。拿一些家中的糖果、水

果、魚肉，甚至是白米或冥幣都行。再者，幾杯清茶、三炷香也足夠了。土地神雖然法力不大，卻是廣州人身邊最為親密的神靈。人們相信，土地爺可以保護自己生存的土地風調雨順、六畜興旺、五穀豐登、事事如意。

為什麼華光帝被封為粵劇戲神？

華光帝是傳說中的一位火神。據說他有三隻眼睛，玩火上癮。有一天，華光帝獨自闖入玉帝宮殿，還燒壞了九龍墩。玉帝得知此事後，並沒有過分苛責華光帝，只是要求他每年初秋的八月初一下凡，看看火災給人們帶來的深重災難。華光帝看到這些災難後，自覺有愧。於是，他再也不隨便玩火了，還決定盡自己的力量幫助人間減少火災。

如此看來，華光帝似乎與粵劇並無關係。然而，他最終卻成為了粵劇戲神。這樣的角色轉變是怎麼發生的？原來，華光帝得道轉世後，曾被封為南帝。南帝掌管著嶺南地區，而粵劇作為廣東地區一大地方劇種，理所當然也在南帝的管轄範圍之內。古時候，戲台用竹木搭成，非常容易起火。因此，粵劇伶人們便時時供奉華光帝，以祈福消災。

在粵劇演員工作前，都會先向華光帝上香禱告。而粵劇童子班「開身」（即正式加入戲班），也必須先在華光帝面前表演一齣《八仙賀壽》。有時候，犯錯誤的演員還會被帶到華光帝面前受罰……至此，華光帝從單純的保護神，演變成了粵劇戲神，地位就如同粵劇祖師爺一般。

每年農曆九月廿八是華光神誕，粵劇戲班均舉行隆重的祭祖師活動。有的地區，演戲酬神的時間可達三天三夜呢！

廣州人的穀神節是怎麼來的？

每年的六月初六，廣州人都要過穀神節。穀神節是怎麼來的？其中有一段廣為流傳的故事：

相傳，五穀是五穀神賜予的。一開始，人們的糧食多得根本吃不完。結果某年六月初六，五穀神臨時起意決定下凡視察。他裝扮成一名普通老人，連續拜訪了好幾家農戶，發現每家農戶都有嚴重的浪費糧食的現象。五穀神

非常氣憤，便來到田間。他伸手拈起一棵穀子，並從根部捋到尖部，穀子就只剩下了一個穗兒。從那以後，人間稻穀產量劇減。人們擔心五穀神把最後的穀穗一併收走，因此就在每年六月初六燒香上供、祈求豐收。敬穀神的習俗，就是這樣來的。

穀神節這一天，廣州人紛紛殺雞殺鴨，來到土廟祭祖拜神。大家手持香燭，在五穀神像前頂禮膜拜，感謝五穀養育之恩。有的村民還會迎著太陽在田間地頭揚灑穀物，寓意五穀豐登。除此之外，人們還會觀穀、食穀、養穀。大人帶著孩子前往田野，觀賞作物的生長、感受自然的力量；觀穀歸來，則全家共同淘米蒸飯、煮粥，一起享用晚餐。最後的養穀，實際上是逛花市的活動。一家老少前往花卉市場選購鮮花在家栽培，意味著對土地的親近。五穀神的崇拜，在佛山、肇慶和雲浮等地也頗為流行。而河北的邯鄲武安一帶，同樣流傳著祭祀五穀神的習俗。穀神節，承載著的是人們對豐收的急切渴望。

廣州人怎麼過三元節？

在道教初創時，人們信奉著天、地、水三官。三官誕辰就是三元節，其中正月十五為上元節，七月十五為中元節，十月十五為下元節。

上元節這天，除了吃元宵、放爆竹等傳統外，廣州大部分地區還存在著掛燈的習俗。因為傳說中的天官喜歡熱鬧、光明，再加上燈火還具有驅邪降福、祈求光明的象徵意義，故而人們在上元節要點燈。下元節，是水官誕辰。道教認為，這一天是水官解難救厄的日子。廣州人在下元節會聚集到三元宮朝拜三元大帝，祈求福祿。

而中元節，則是地官的誕辰。據說閻王爺在中元夜會把惡鬼放回人間，讓他們享用供品。因此，廣州人中元節絕不嫁娶。在中元節這天，大家回到故鄉，祭祀祖先。入夜後，帶上鞭炮、紙錢、香燭等，找一塊僻靜之地，用石灰圍成一個圓圈。再在圓圈內部潑灑水飯、焚燒紙錢及衣物，並鳴放鞭炮，示意送祖先返回陰曹地府。除此之外，廣州人還會用紙紮成各式河燈，如荷花、金魚、元寶等，將河燈放在水上順水漂流。以星星點點的燈火，寄託對死去親人的思念。

廣州人為何要過龍母誕？

在廣州地區，流傳著「正月生菜會，五月龍母誕」的習俗。龍母誕裡的「龍母」是誰？為什麼廣府人要為她設置節日？這其中，流傳著一段故事。

相傳廣西滕縣居住著一戶人家，戶主名叫溫天瑞。溫天瑞的妻子梁氏懷孕即將臨盆，忽見屋頂靈光閃耀。梁氏隨即生下一個女嬰，頭髮長達一尺有餘。接生婆十分驚訝，她認為這是不祥之兆，勸說溫天瑞夫婦放棄這個孩子。然而，溫天瑞夫婦並沒有聽從接生婆的勸告溺死女嬰。他們把女嬰放到了木盆裡，脖子上繫好寫有女嬰名字與生日的紅紙，隨後任木盆順水流去。

這個女嬰就是溫天媼。她順水漂流到廣東，被一個漁夫收養。在漁夫的照料下，溫天媼一天天地長大。她幫養父操持家務，十分勤勞。某日，溫天媼來到西江邊上洗衣，在水中發現了一顆斗大的發光的巨蛋。她將巨蛋帶回家裡，從蛋中孵化出了五條小龍。從那以後，溫天媼就成了「龍母」。她養育五條小龍長大，並鼓勵它們為百姓造福。正因為這五條小龍的庇佑，那片地域才常年風調雨順，收成頗豐。龍母則一心鑽研治病防疫，開荒種糧，為著當地百姓的幸福生活而鞠躬盡瘁。後來，龍母去世。五條小龍化為五個秀才，將龍母埋葬。

由於傳說中的龍母是一個為民造福、廣施恩澤的形象，因而廣州地區的居民們自古便有祭祀龍母的風俗。每年農曆五月初八是龍母生辰，這一天各地的善男信女都會前往龍母廟參拜。人們在龍母廟中恭灑聖水、虔誠進香，再向龍母獻上茶果以及福祿壽桃。三鞠躬禮成後，還會燃放禮炮……目前，西江流域的龍母廟多達300餘座，除廣州外，梧州、肇慶等地也均有供奉龍母的風俗。

龍母誕

老廣州有哪些婚嫁習俗？

廣州地區的婚嫁習俗，在全國範圍內來說都可稱得上隆重。老廣州的婚

嫁事宜，基本都按照三書六禮一一辦理。具體分為哪些步驟，就讓我為你一一道來吧：

納采

納采是婚禮的第一步。此時，男方會委託媒人向女方提親。

問名

如果女方家長接受男方提親，則會把女孩的生辰八字及姓名籍貫等寫在紅紙上交給媒人，媒人轉交男方用以占卜吉凶，看雙方是否適合締結婚姻。

納吉

納吉又名「過文定」。男方經占卜後，如雙方八字不存在相剋的情況，便可帶上薄禮來到女方家，奉上確定婚約的聘書，雙方開始商量定親的條件。

納徵

納徵又稱為過大禮。過大禮一般在婚前一個月左右進行，雙方商妥了舉辦婚事的條件後，男方將準備聘禮到女方家裡。送禮當日，男方會請四位全福的女性親戚（全福指丈夫、兒女、公婆、父母皆在），會同媒人帶著各類聘禮來到女方家中，聘禮的數量必須是偶數，取其「成雙成對」之意。男方聘禮送到後，會打開禮盒選取金飾為準新娘戴上，並說幾句吉祥話。過大禮的儀式，便算完成。

請期

請期是男方請先生擇定婚期的儀式。良辰吉日選定之後，男方就通知女方，以便於女方為女兒出嫁做好準備。

安床

在婚期前幾日，女方指定好命婆把新床安放在有利於新人的吉位上，並鋪好龍鳳被，撒上紅豆、蓮子、桂圓、花生等喜果。安床後，還要請小孩跳床並分吃喜果，意為「開枝散葉」。

上頭

　　在結婚前一晚，男女雙方均要完成上頭儀式。男方上頭儀式比女方早半個小時，上頭前要用柚子葉煮水沐浴，後更換全新衣褲，靠在一扇可以看到月亮的窗口坐下，由全福之人為其梳頭。而新娘則會把頭髮梳成髮髻，一邊梳，一邊吟誦吉祥話，如「一梳梳到尾，二梳白髮齊眉，三梳兒孫滿地，四梳梳到四條銀筍盡標齊」等。最後，新娘頭上會繫上一根紅色頭繩，象徵著父母對兒女婚事的祝福。

入門

　　男方出門迎親，抵達女方家後的第一樁考驗是入門。經過女方眾姐妹的考驗，並派發開門利是後，男方才能順利入門。入門後，新娘由伴娘帶出，交給父親。父親親手把新娘交給新郎，並舉行夫妻見面禮，向雙親奉茶跪拜。在此期間，伴娘要為新娘打紅傘，其餘姐妹則邊走邊撒紅綠豆及金銀紙碎，寓意開枝散葉。

廣州裙褂

進門

　　男方接到新娘後，新娘將踏入男方家門。家門檻外會設置一個燃放木炭的火盆，新娘要從火盆上方跨過去。這一舉動意味著旺財、驅邪。接下來，便展開拜堂儀式。新娘向公婆奉上香茶，一方面是答謝父母養育之恩，另一方面也是表示雙方家長接受新娘成為家族中的新成員。公婆喝完香茶，會送新娘一些手鐲、玉器作為見面禮。至此，婚嫁儀式告一段落。

三朝回門

　　雖然古代的「三書六禮」中並沒有列回門，但回門卻是老廣州人一項非常重要的嫁娶禮儀。新娘出嫁後第三天，會在丈夫的陪同下回娘家探望父母。回門時，新娘要穿上象徵冰清玉潔的裙褂，男方還要回送一隻金豬。丈人與丈母娘要留新人在家吃飯，並把金豬分給親戚朋友享用，表示女兒不辱

門楣。現在的回門儀式為圖簡便，在結婚當天即可進行，但絕對不能超過第三天。

廣州人舉辦婚禮有哪些禁忌？

老廣州人按照傳統婚俗舉辦婚禮時，還有一些禁忌需要注意。例如，新娘出門時嫂子不能相送，因為「嫂」與「掃」同音，不太吉利。新娘的出門服不能設置口袋，如果有口袋的話，意味著會帶走娘家的財運。除此之外，新娘還必須佩戴耳環。人們認為耳環示意「聽話」，即使新娘沒有打耳洞，也得佩戴夾耳耳環。另外，婚禮當天，新娘必須穿新鞋子，寓意將舊物扔掉。婚禮未舉辦完畢，任何人都不可以在新床上坐下。新娘更是不能躺下，因為一旦新娘躺下，就可能一年到頭都病倒在床上。最後，新人如有已經去世的長輩，在敬茶時要在已故長輩應當落坐的地方，放上新人敬獻的香茶。敬茶後，順便移動一下凳子，再請下一位就座。

為什麼廣州客家人嫁女要送傘？

在中國的很多地區，結婚這種喜事一般不送傘，因「傘」「散」同音，略顯晦氣。然而，廣州客家人嫁女卻有著送傘做嫁妝的習俗，這是怎麼一回事呢？

原來，我們可以看到「傘」字中部是由許多個「人」字構成的。送「傘」給女兒出嫁，係取其「多子多孫」的寓意，以求吉祥。

實際上，客家男孩16歲成年禮時，父母也會給他送上一對紙傘。因為「紙」和「子」是同音的，預示著孩子已經成年，要開始自己的人生。紙傘撐開後，呈一個完滿的圓形，這象徵著孩子今後事事都能如意圓滿。

廣州人一般去哪兒拜太歲？

太歲是中國民間古老的信仰，源自天體崇拜。人們認為太歲是木星的神格，傳說太歲運行到哪兒，相應的方位下就會出現太歲星的化身。太歲星，

是道教的神靈之一，一年一換。當年輪值的太歲叫值年太歲。

太歲神素來有「年中天子」之稱，據說太歲神掌管著人世間的吉凶福禍。每個人都有「本命太歲」主管一生，每一年又有一位「值年太歲」主管當年的健康、工作、事業、婚姻等。由於有的人命格與值年太歲相沖，會導致不幸。故而，拜太歲的習俗漸漸地流傳開來。

廣州人拜太歲在正月初八，這一天「犯太歲」的要去化煞解厄，沒有犯太歲的，也要祈求太歲保佑自己身體健康、大吉大利。拜太歲的地點，則一般選擇在仁威古廟。雖然三元宮、黃大仙祠、純陽觀等地都可以拜太歲，但仁威廟裡的太歲神最全，共有六十位，與傳說中的六十甲子一一對應。

參拜太歲時，首先要填寫太歲符。把自己的出生年月日及名字、年齡寫在上面，再向太歲統領上香。接著參拜自己生肖年份的值年太歲，參拜完畢後把太歲寶拿到廟外的化寶塔化掉並點燃香燭，最後再次拜請太歲星君庇佑。每年冬至前，人們還會準備好生果、香燭，進行「還太歲」活動，以酬謝神明一年來的保佑。

拜太歲

廣州人過年從初一到十五分別都有哪些講究？

在廣州人傳統的年俗裡，春節要持續到正月十五才算結束。從初一到十五，老廣州人各有各的講究：

年初一

大年初一是新年的開始。廣州人大年初一起床後會祭祖拜神、殺雞、燃放炮仗，意為「搶春」。諸事妥當後，人們互相拜訪，恭賀新歲。長輩會給晚輩分發「利是」（壓歲錢），表示給晚輩新年的美好祝願。在大年初一這天，廣州人有不動掃帚的忌諱。他們認為動了掃帚會把家裡的好運福氣給掃走。另外，大年初一還不能往外潑水或者倒垃圾，否則新的一年裡就會破財。

年初二

　　大年初二在廣州又有「姑爺節」的俗稱，因為這一天女性會攜家帶口回娘家。回娘家時，要攜帶水果、年糕、冬菇等年貨，而大年初二吃的開年飯也頗多講究：雞、生菜、鯉魚等是必備菜肴，預示著「生財好市」。廣州部分郊區農村，還保留著大年初二買紅鯉魚放生的習俗。但現在已經不多見。

年初三

　　傳說中年初三是窮鬼日。在年初三，人們起床後會打掃垃圾，寓意著「掃走污穢和窮根」。除此之外，大家幾乎足不出戶，如果出門的話，多半會遇到凶煞。年初三的這個傳統，老一輩人比較在意。但現在的年輕人已經越來越不在乎「窮鬼日」了，大年初三依舊出門遊玩。

年初四

　　由於年初五是財神的生日，故年初四這天家家戶戶都會置辦酒席，迎接財神，為其恭賀誕辰。接神儀式一般在下午四點到晚上進行，祭品要有雞鴨魚肉，水果糖茶。

年初五、初六

　　年初五初六，必須進行的種種傳統儀式基本已經完成。在這天，廣州人盡可以盡情娛樂，開開心心地享受過年的樂趣。

年初七

　　年初七是廣州人俗稱的「眾人生日」。在這一天，廣州人要吃「七寶羹」。七寶羹包括七種蔬菜，有芹菜、薺菜、菠菜、青蔥、大蒜等。民國時期，廣州人過年初七還會結伴去花地遊玩，選出最美的姑娘作為「人日皇后」呢！

年初八

　　「初七七不去，初八八不歸。」年初八這天，廣州人多留在親戚家。

年初九

大年初九是傳說中玉皇大帝的生日，老廣州人會準備各色祭品用以祭拜玉皇大帝。

年初十

年初十，廣州人有打春的風俗。兩村小孩子會拿著石頭互相開戰。哪個村子贏了，就代表這個村子明年會過得更好。

初十一

初十一，是初十打春的延續。如果打春的遊戲還沒有結束，家長要把這些對打的孩子們趕回家。

初十二

初十二這天，廣州人家家戶戶、大街小巷都會點滿新燈。

正月十五

正月十五是元宵節，廣州人湧上街頭，觀賞花燈。在廣州農村，上一年家裡生了男孩的，要在祖祠裡掛上一盞燈籠，表示新生的孩童向祖宗報到。

廣州人怎麼過冬至？

自古以來，人們都非常重視冬至節，因為「冬至陽生」，這一天是陰、陽二氣的自然轉化。由於冬至是北半球一年中白晝最短的，故冬至節舊時又稱「日短」或「日短至」。

儘管廣州氣候溫暖，冬天溫度比較高，幾乎從來沒有下過雪，但廣州人對冬天的熱愛卻絲毫不減。「肥冬瘦年」「冬至大過年」甚至是所有的廣州人從小就知道的兩句諺語。

「冬節夜最長，難得到天光」「冬至天氣晴，來年百果生」「冬在頭，賣被去買牛，冬在尾，賣牛去買被」……這些民諺中，飽含著人們對冬至節的重視。每逢冬至節，廣州人都會準備好酒肉、果品，前往祠堂祭祖。祭

祖時，要舉行一些殺豬宰牛、演戲酬神的儀式，大家聚集在一起，宣讀族譜、講述家史。祭拜完祖先，還有一個分柑的活動。「柑」在廣州話裡，與「金」是同音的。分柑，也就意味著分金。故而廣州人有冬至分柑的傳統。

分柑活動結束後，人們會圍坐在一起吃飯，稱為「團冬」。飯桌上，堆放著蒸糕、糍粑、糯米飯、魚生等食物。除此之外，湯圓更是團冬宴席上不可或缺的美食。與中國大部分地區的甜湯圓不同，廣州冬至節吃的湯圓是鹹的，糯米粉內裡包裹著沙葛、豬肉、蝦米等物，吃時以雞湯搭配，鮮美無比。吃湯圓，寓意著一家人隨後的一年團團圓圓。

「雪花從水灑仙城，冬至陽回日日晴。蘿蔔正佳籬菊放，晶盤五色進魚生」就是清朝詩人倪雲臞對團冬場面的描述，老廣州人過冬至節的熱鬧情景彷彿就在眼前。

龍抬頭這天，除了理髮外還要做什麼？

農曆二月初二，又被稱為「龍抬頭」。相傳這與唐朝女皇武則天有關。武則天當皇帝後，玉帝震怒，下令三年間人間不許有雨。天河玉龍心有不忍，偷降大雨。玉帝得知後，把玉龍打下天宮，壓在用太白金星的拂塵變成的山下，說是玉龍想要重返天庭，除非金豆開花之時。

人們為了拯救龍王，四處尋找開花金豆。次年二月初二，大家在翻晒玉米粒時，想到了對策：玉米的形狀跟金豆一樣，把玉米炒開花，不就是金豆開花嗎？於是家家戶戶紛紛開始爆玉米花，並作為貢品敬奉給玉帝。玉帝只好讓太白金星收回拂塵，玉龍終於騰空而起，回到天庭。從那以後，民間就把農曆二月初二稱為「龍抬頭」了。在這一天，大家都要前往理髮店理髮。據說理髮過後，會使人鴻運當頭，福星高照。正因為此，民間流傳著「二月二剃龍頭，一年都有精神頭」的說法。

除了理髮之外，龍抬頭還是廣州人最愛的「美食節」呢。每逢農曆二月初二，廣州人都會把常見美食以「龍」命名，一圖吉利，二來也可大快朵頤。吃豬頭肉，成了「挑龍頭」；吃麵條，成了「扶龍鬚」；吃水餃，成了「吃龍耳」；吃米飯，成了「吃龍子」。就連春餅，都有了個「龍鱗餅」的新名字。你看，春餅圓圓的，薄薄的，形狀不就是一片片龍鱗嗎！

近年來，廣州市還會在龍抬頭這天舉行起龍船、開筆禮的活動。孩子們在文塔前站成矩陣，通過「正衣冠」「朱砂啟智」「擊鼓明志」「書寫人字」「文塔祈願」「答謝師恩」等程序，完成人生的開筆禮。龍抬頭，漸漸地多了一種與教育相關的全新風俗。

如今的廣州人都是怎麼過重陽節的？

古人認為，重陽節是大吉大利之日。重陽節這一天登高，可以圖個吉利。在廣州，重陽節是一年中的一個大節。往年廣州人過重陽節主要是登高、掃墓、放風箏等，如今卻以登山遊樂為主。

重陽節為什麼要登高呢？有一個傳說。相傳古時候，汝南縣有個叫桓景的人，跟隨費長房遊學多年。有一天，費長房告訴他：「你家在九月九日有大災難。只要你回家讓家人們做好絳色袋子，在袋子裡裝上茱萸，帶著袋子去爬山登高喝菊花酒，就可以逢凶化吉了。」桓景聽從了費長房的勸說，帶領全家人上山遊玩。晚上歸家後，發現家裡的牲畜全部暴斃。這個故事流傳開來後，人們為了躲避災難、求取吉利，漸漸地養成了重陽節登高的習俗，並流傳至今。

廣州人有很多重陽節登高的好去處：白雲山、天堂頂、越秀山、帽峰山……有的地方，還會舉辦盛大的菊花展覽。除登高以外，廣州人還會做重陽糕吃。重陽糕又稱花糕、菊糕、五色糕，它並無一定的製作方法。只要是重陽節吃的鬆軟糕點，都可以稱之為「重陽糕」。每逢農曆九月九日這天，長輩們會用片糕搭在子女頭頂，口中念念有詞，祝福子女百事俱高。講究的重陽糕，必須要做成九層，看起來就如同一座寶塔。「寶塔」頂端，還要做兩隻可愛的小羊，以符合重陽（羊）之意。

重陽糕

廣州人的「入伙」是合夥做生意嗎？

　　廣州人說「入伙」是指合夥做生意嗎？並非如此。實際上，廣州人口中的「入伙」大多數情況下都是指搬入新居。在廣州人入伙前，一定要先把新房打掃乾淨，並將門窗打開擱置兩三天，使空氣流通：這叫「引入吉氣」。吉氣入屋後，還要舉行「拜四角」儀式，與屋裡的土地神明打個招呼，祈求神明在今後的日子裡多多關照。再買來一把新掃帚，從大廳每個角落開始，清掃到大廳中央，最後掃出大門口。打掃完畢後，象徵屋內的污穢已經被統統掃除乾淨了。除此之外，入伙前還需裝一桶水放在門廳中央。打開風扇，對著水桶吹，預示著新屋主人風生水起。舊屋的泥土也要在這時預先送到新屋，預防搬家後水土不服。

　　入伙當天，一定是事先算好的良辰吉日。這天廣州人除了燃放鞭炮驅邪外，還要準備一些稀奇古怪的物品：用米桶裝八分滿的米，還要拿一個紅包放在米桶上方。此舉代表入住後，全家人豐衣足食；舊屋用過的碗筷，每人一套。碗筷上覆蓋紅紙，代表家人飲食健康，沒有病痛；火爐一個，代表家庭興旺；柚子兩枚，從門口一直滾進房門，寓意財源滾滾；用柚子葉煮水，再撒到地上，代表驅趕邪氣……最後，便是新房入伙儀式的重頭戲了：吃湯圓。由於「伙」字是「人」「火」二字組成，故而新房入伙一定離不開煮食。一家人連帶上親朋好友，在新居歡聚一堂，一起吃甜湯圓，象徵團團圓圓、甜甜蜜蜜、生活幸福美滿。另外，吃完湯圓後家人一定要在新居居住一晚。相傳只有這樣，才能使新居人氣旺。這就是廣州人關於「入伙」事宜的講究，現在你該清楚了吧。

廣州人經商有哪些習俗？

　　廣州向來是中國南方經濟貿易繁盛的商業中心。在浩蕩的歷史長河中，廣州人在經商方面養成了許多獨特的習俗，不信你看：

開市

　　廣州商家一般在每年初四或初五正式開業。當天，店主要早起準備三牲

祭拜財神，再焚燒紙錢寶燭，最後燃放鞭炮。當第一個顧客步入店門，就會被店主視為財神，熱情接待。一般而言，廣州商人無論如何都要與第一個顧客達成一項買賣，否則就意味著開年不利，今年做生意可能會虧本。

吃無情雞

在新年開市前一兩天，店主照例要慰勞店員，給他們設宴打牙祭。當然，打牙祭時也是老闆解雇雇員的時候。開席後，桌上會擺一盤白斬雞。店主與店員圍繞桌子坐下，先說一通過年好之類的祝福的話，話畢，則開始感慨生意越來越難做之類的話語，接著用筷子夾一塊雞肉放到店員碗裡，誰第一個被老闆贈予這塊雞，就說明誰下一年度會被炒魷魚了。所以，宴席雖好，雇員們吃雞時卻愁眉苦臉，因為它的的確確是一塊名副其實的「無情雞」呀！

吃意頭

除了白斬雞外，經商人家過年時還會準備一些蘊含著美好祝福的菜，這些菜被稱為「吃意頭」。吃意頭的菜式，包括燒豬肉（紅皮赤肚）、魚（年年有餘）、髮菜蠔豉（發財好市）、粉絲（連綿不斷）、腐竹（富足）、炒螺（多子）、炒蜆（發市）等。

敲打算盤

廣州商人開店之際，會有一個敲打算盤的儀式。由老闆或者帳房先生端坐在收銀台後面，用自己的拇指、食指和中指劈劈啪啪上下打算盤珠子，表示開門興隆、生意旺盛。

拜關帝

廣州商家多數信奉關帝，把關帝作為財神。幾乎每家廣州店鋪的正堂上都會供奉關聖帝像，店家認為這樣可以借來正氣、正義，童叟無欺。尤其是茶樓、飲食行業，除了供關帝外，還要在門楣上安一面鏡子或一塊畫有八卦圖樣的牌子，以求祈福消災。

廣州人的娛樂活動

你知道沙灣飄色嗎？

沙灣飄色

　　沙灣飄色興起於廣州市番禺區沙灣鎮一帶。它結合材料、力學、音樂、造型、裝飾等工藝於一體，在結構上，則由三個部分組成：一是色櫃，色櫃是活動的小舞台；二是色梗，色梗是支撐用的鋼枝；三是扮演「色」的演員，分為兩種角色。坐在色櫃上方的叫「飄」，由3歲左右的小孩子扮演；坐在色櫃下方的叫「屏」，一般由10～12歲的小孩扮演。通過色櫃與演員之間的連接，沙灣飄色形成了一個有機的整體，以此來表現某個民間傳說或者戲曲故事的片段。

　　沙灣飄色的起源存在著幾種不同的說法。有人認為，明代時期沙灣人李路遠在雲南做大將，當時雲南有兩族人因爭奪朱元璋始造的北帝塑像幾乎要發生械鬥，多虧了李路遠從中斡旋，雙方重修舊好。兩族族人為了感激李路遠的幫助，就把北帝塑像送給了他，他帶著塑像回到沙灣後，每逢北帝誕辰，都會抬著它出遊。再加上舞龍、書會等傳統節目助興，久而久之就產生了沙灣飄色。

　　也有一部分人認為，沙灣飄色是清代粵劇藝人李文茂初創的。相傳李文茂曾經參與太平天國起義，起義失敗後使得清廷大為震怒，下達了不得觀看粵劇的禁令。當地的群眾想看戲而不得，於是李文茂想出了一個規避的法子：他讓小孩子扮演成戲曲中的人物，抬著他們在各個村落遊行。這種類似演戲又不是演戲的表演方式，發展到後來就是現在廣州人熟悉的飄色了。

　　沙灣飄色共有100多板，每板造型都有對應的故事情節，例如六國大封相、劉邦斬蛇、精忠報國等。它色彩豔麗、造型大方、裝置奇妙。飄色巡遊時，伴著八音鑼鼓的鼓點音節，大家以統一的步伐行進，整板飄色起伏悠

揚。色梗上可愛的孩子做出各種逗人喜愛的動作,令觀眾賞心悅目。

　　如今,沙灣飄色已經成為了廣東省非物質文化遺產之一。廣州人通過創新,又改編出不少內容貼合現實生活的故事,例如為國爭光、錦上添花、青雲直上、賽龍奪錦等。每當逢年過節、招商聯誼等,沙灣飄色便會上街出遊。目前,這種獨特的藝術形式先後到過香港、佛山、中山等地,被人們譽為「南國奇葩」。

你了解廣州的醒獅嗎?

　　醒獅屬於中國獅舞中的南獅,它融武術、舞蹈、音樂等表演形式於一體,是廣東地區地道的傳統民間舞蹈。醒獅自唐朝宮廷的獅子舞脫胎而來,在五代十國時期隨著中原居民南遷來到了嶺南。廣州是醒獅重地之一,人們認為醒獅可以驅邪避害。每逢節慶或重大活動,廣州人一定會叫上醒獅隊伍前來助興。

　　醒獅的造型多種多樣,大致分為金獅、黑獅、紅獅和彩獅。金獅又被稱為太獅,往往用於隆重的社交禮儀,一般不會輕易出動。一旦出動金獅,別的獅子就要向其三跪九叩。如果金獅相遇,就要互相點睛、跪拜並交換請帖。黑、紅、彩獅則分別代表著張飛、關羽和劉備。黑獅凶猛,紅獅凝重,彩獅溫和。表演醒獅節目時,以鑼鼓作為主要的背景音樂。鼓聲會根據醒獅的不同動作進行不同設置,分出強弱、快慢、急速與柔和。

醒獅

　　醒獅舞的步伐,完全採用了南拳武功:四平馬、子午馬、麒麟步、老樹盤根……這些動作剛勁有力,落地生根。在表演時,舞獅人會做出各種動作,如出洞、下山、過橋、飲水、採青、醉睡、醉醒等。採青,又是舞獅表演的高潮。它是指獅子通過一系列套路表演,獵取懸掛於高處的利是。因為利是往往與青菜相伴,故而該環節被稱為「採青」。採青一般包括操青、驚青、食青、吐青等環節。當彩禮用竹竿挑起高懸時,舞獅人會搭人梯(九人

配合）登高採摘。人梯搭得越高，則技藝越高，掛「青」者多會圖得吉利。

醒獅活動在廣州人當中有著廣泛的群眾基礎。廣州醒獅隊遍及城鄉，幾乎每個鄉鎮都有醒獅隊伍。有的以家庭為單位組成醒獅隊，三代同堂齊齊上陣舞獅；有的小學建立起自己的少年醒獅隊，此外，還有成員全部是女性的女子醒獅隊呢！

你聽說過粵語講古嗎？

「講古」，是「說書」的意思。顧名思義，「粵語講古」就是表演藝人採用廣州方言對各種小說或民間故事進行再創作，講給聽眾的一種語言藝術形式。藝人們大量地將廣州本地的民間諺語、俗語融合進講古過程中，再加上對戲曲表演技巧的借鑒，僅僅憑著一個人、一把摺扇及一塊驚堂木，就可以在方桌前把故事還原得栩栩如生。

粵語講古最初來源於北方的評書。在明末清初時期，廣州地區有一批失意文人，他們聯絡上一些口齒伶俐的破落門戶子弟，以向聽眾講述歷史演義及民間傳聞為生。這批文人後來成為了講古藝人，他們講的故事也獲得了「粵語講古」的稱謂。

據說，廣州最早的講古表演者其實是江蘇泰州的說書大師柳靜亭。他抱著一顆反清復明的心，跟隨左良玉一同抗清起義。在柳靜亭隨軍向南征伐時，將這種表演形式帶到了廣州。直到現在，廣州的講古藝人們都尊柳靜亭為此行業的祖師爺。

在過去，表演粵語講古的地點一般位於廟宇，內容則多與二十四孝等勸人做善事的故事相關。到民國初年時，講古藝人開始自己搭設房屋，每天夜晚點燃一炷香，開始為大家講故事。香燃燒到盡頭之後，聽眾如想繼續聽下去，就要自覺付費了。民國後，廣播事業逐漸興起。水準較高的講古藝人會接受電台方的聘請，去主持相關節目。粵語講古，也算是到達了自身發展的巔峰。

粵語講古

20世紀90年代以來，粵語講古這一民間藝術逐漸開始衰落。直到它加入廣東省非物質文

化遺產名錄後，才再度受到人們重視。如今，越秀古壇與文化公園古壇重新開放講古活動，粵語講古中承載著的廣州歷史與文化得以繼續保持下去。新的講古傳人與新的聽眾正在成長，相信它在未來一定能夠恢復生機與活力。

粵語講古有哪些有趣的行話？

摘花面

又叫「揭花面」，指藝人專門挑選故事中最熱鬧、最容易吸引人的部分來表演。

生古脹

從字面上來看，意思是說講古藝人肚子裡有許多民間傳說，它們多到脹肚子，必須要全部講出來。這是聽眾對藝人的一句戲言，用於形容講古藝人故事多。

吞生蛇

如果有藝人被評為「吞生蛇」，那麼他就應該好好反省一下自己的職業素養了。這個詞一般是用來批評講古藝人對故事情節不熟悉，勉強上場糊弄觀眾的。

吞拆

「吞拆」一詞，是用於比喻講古藝人一定要好好消化書中故事情節的。在講古時，不僅要完整複述出每個故事的情節，最好還要加入講古藝人自己的思考。

花枝

「花枝」是指藝人在講古時穿插到主要內容中的一些富有知識性、趣味性的內容，例如笑話、典故或者奇聞趣談等。

花路

在講古業，吸引聽眾的手段被稱為「開花」，開了花才能夠向觀眾收錢。開花的路子，就是花路了。它與花枝指代內容相似，但更多地偏重於指一些輕鬆幽默的段子。

追古

由於粵語講古講的大部分都是長篇故事，聽眾只聽一場是沒法了解整個故事的前因後果的。他們必須每場必到，追著聽完。這種行為被稱為「追古」。

發口

指表演藝人講古時採用的語調與節奏。

亂軍

指藝人不按照套路，亂七八糟胡講一通。

盟軍

指藝人在台上因為怯場或者遺忘等原因導致說不下去。

你聽過廣州鹹水歌嗎？

鹹水歌，是漁民們用廣州方言演唱的一種傳統漁歌，又稱「鹹水歎」「白話漁歌」等。除廣州地區外，鹹水歌在中山、珠海、順德、新會等地也頗為流行。正因為生活在上述地區的漁民們常年與腥鹹的海水打交道，故漁民在勞作時自娛自樂演唱的民歌就被人們稱為「鹹水歌」了。

鹹水歌

鹹水歌的歌詞多為即興創作，你能在其中找到很多口語化色彩濃厚的俗語。它一般由上、下兩句組成單樂段，或由四個

樂句組成複樂段。演唱時，則包括獨唱、對唱等形式，以後者為主。對唱採用男女互答形式，問答雙方的曲式結構是一樣的。男唱前兩句，女唱後兩句。男的結束句多有「姑妹嘿」一語，女的結束句則多有「兄哥」一詞。水上的愛情生活，是鹹水歌的主要內容。

鹹水歌這種藝術形式有600多年的歷史，最為興盛的時期要數明、清兩代，在大量的古籍、詩句中均能找到與其有關的記載。「碧樹藏蠻邐，清歌發蜑舟」便是明代文人汪廣洋在《斗南樓詩二首》中對漁民演唱鹹水歌的情景描繪。然而，隨著時代變遷，漁民生活方式的改變，鹹水歌逐漸式微。近年來，鹹水歌重新得到當地人的重視。為了不讓其失傳，廣州市政府在一些轄區內的大中小學設立起鹹水歌演唱隊伍，廣州濱江街道更是修建了水上居民博物館。在博物館中，不僅能夠看到當年蜑家人生活的物件和照片，還能聽到曲調悠揚的鹹水歌呢！

粵曲與粵劇有什麼區別？

粵曲是在廣東、廣西等粵語地區流行的最大地方戲曲劇種，它脫胎於粵劇，並與粵劇在唱腔、音樂等方面長期互相吸收、互相促進、共同發展，關係十分密切。

粵曲起源於清朝道光年間，那時候廣州地區出現了以清唱粵劇為業的八音班，這便是粵曲的雛形。到同治年間，粵曲在失明女藝人「師娘」處得到進一步的繼承與發展，並逐漸趨於成熟，它從自彈自唱發展到要用樂隊伴奏。

民國以後，明目女伶也步入了演唱粵曲的隊伍中來。這些女伶改「戲棚官話」為廣州方言，改假嗓為真唱，將唱功分為大喉、平喉、子喉三類，又吸收了地方歌謠、小曲、小調作為輔助。粵曲的伴奏樂器最初較為傳統，主奏樂器是高胡與揚琴。後來，隨著音樂形式的豐富，薩克管、小提琴等西洋樂器也紛紛加入其中。

粵曲傳統曲目有八大名曲，包括《百里奚會妻》《辨才釋妖》《黛玉葬花》《六郎罪子》《棄楚歸漢》《魯智深出家》《附薦何文秀》《雪中賢》。另外，《柳毅傳書》《鳳閣恩仇未了情》等也深受觀眾喜愛。

粵曲界的「四大天王」都是誰？

在20世紀20年代，省港粵曲界有「四大天王」。他們分別是尹自重、呂文成、何大傻與李佳。

粵曲領域，有一個俗稱叫「牛奶嘴」，專用於比喻那些初學者。一般情況下，粵曲師傅都不太願意與這些「牛奶嘴」做搭檔，因為會拖累整場演出的效果。但尹自重則完全相反，即使與初學者一塊兒出場，他也能幫「牛奶嘴」兜住。故而，尹自重成為了粵曲界四大天王之首。

尹自重是東莞人，擅長拉小提琴。他是將小提琴引入粵曲演奏的第一人，後來更改進了小提琴的定弦方法，並加入小提琴、薩克斯風等西洋樂器作為伴奏，使得粵曲的表現力更為豐富。而另一位天王，則是擅長二胡的呂文成。呂文成曾與尹自重一起組建樂隊，除精湛的樂器演奏技術外，更引人矚目的是他的才華。呂文成是粵曲界著名的高產作家，代表作包括《平湖秋月》《步步高》《銀河會》等。

何大傻是三水人。雖然他名叫大傻，人卻不傻。他有精湛的琵琶、吉他與爵士鼓演奏技術，還曾經把夏威夷吉他改造成粵曲樂器。只是因為他經常在粵曲裡出演一些傻裡傻氣的角色，才被觀眾稱為「何大傻」的。如果真是傻的話，何大傻也寫不出如《孔雀開屏》《花間蝶》等一系列精彩作品了。

最後一位天王是玩薩克斯風的李佳，他去世得比較早。李佳故去後，四大天王中補充了一位爵士鼓手——程躍威。但程躍威有吸毒的惡習，他在20世紀50年代因為沉迷於毒癮導致欠下一屁股債，沒有辦法償還，最後選擇在香港灣仔的一座木屋天台上跳樓自殺。四大天王從此各奔東西，只留下一張張舊照片、一段段江湖傳說，供熱愛粵曲的人們懷念憑弔。

粵劇真的曾經遭遇過鎮壓嗎？

粵劇一直以來深受廣大人民喜愛，但鮮為人知的是，這種藝術表演形式曾經一度遭到清政府鎮壓，幾近滅絕。那時候的粵劇名人李文茂率領紅船弟子與天地會共同參與了太平天國的反清鬥爭，起義失敗後，粵劇受到牽連。清政府嚴禁當地人組織粵劇表演、觀看粵劇，粵劇戲班被稱為「紅頭賊」，

粵劇行會會館也先後被清兵查封、夷為平地，粵劇處於滅亡的邊緣。

粵劇

在這種殘酷的局勢下力挽狂瀾，保存下粵劇火種的那個人，名叫徐癸酉。他也曾經參與過李文茂組織的反清鬥爭，後來改名為蘭桂。為了使粵劇留存下來，蘭桂決定偷偷開設戲班並收徒。他在廣州十三行富商之一——伍紫垣的伍家花園內，以家庭娛樂活動的名義開辦慶上元童子班。童子班招收了一大批十來歲的孩童學習粵劇基本功，並時常排練劇碼。

天地會造反活動被清兵肅清後，清廷對粵劇的禁令有所放鬆。這時候，慶上元童子班立即開始組織登台演出。在這個班底裡，出了不少粵劇界的知名人物。著名的小生楊倫、武生新華等人都是慶上元班出身。

除此之外，蘭桂晚年時還提出再次建立粵劇行會組織。他留下遺言，要求徒弟們在廣州城內西關地區重建會館。鄺新華、獨腳英、林之等遵從師命，捐資建館。八和會館最終落成，票友們點戲聽戲、粵劇紅伶們競相登場，正可謂「火樹銀花不夜天」的娛樂之地。另外，八和會館還設立了方便所、養老院等機構，為沒有子女供養的老藝人提供醫療與食宿。今天的八和會館，是在抗戰勝利後重建的。當你來到這裡，千萬不要忘了：曾經有一位叫蘭桂的伶人，為了保全粵劇而做出的努力與犧牲……

八和會館

粵劇演員的鬍鬚裝扮都有哪些講究？

粵劇演員的鬍鬚，對於表現其所扮演角色的特定情緒有很大的關係。傳統粵劇中，鬍鬚的顏色一般包括黑、白、蒼、紅、五色等，其中五色鬍鬚是粵劇裡特有的品種。鬍鬚的形狀也分為很多種類，例如滿鬍、五綹、三牙、

扎、吊口、牙擦鬚、一字龍等。

在通過鬍鬚進行表演時，要配合角色不同的身分、不同的境遇來做出不同的動作，這些動作多種多樣：捋、挑、抖、攬、撥、揚、吹、攤、撕、咬、彈、推、撚……武生採用的表現技巧是捋、挑、揚、吹、拋、彈等，而花面則多用撕、攬、推、撥、咬等。丑生最為簡便，只需要撚鬚即可。

通常情況下，掛黑鬚的演員多表示角色正處於中年、壯年，全身心都撲在了生計與功名之上；掛白鬚的則表示已步入老年，成就累累，躊躇滿志，時常惜須撚鬚。以鬍鬚來表現人物情緒最具有代表性的粵劇劇碼，就要數《打宮門》了。在表演《打宮門》時，演員要跪著上殿勸誡君王。每膝行一步，就要拋一次鬍鬚。直到抵達宮門口，皇帝卻大門緊閉，不願見他。於是他攬起鬍鬚，自右向左拍打宮門，又用頭撞將上去，完成死諫的使命。這齣戲的精彩，可以說與鬍鬚的功夫密不可分！

你知道粵劇戲服的發展歷程嗎？

粵劇戲服

早期的粵劇戲服，並不是舞台專用。與其他戲種多以明代服飾作為戲裝不同，粵劇戲服別具一格：男女角色戲服樣式都採用廣繡長袍，闊口中袖，看起來與生活中的裝扮差不了太多，這種設計，是基於表演時對寬鬆自由、不受拘束的追求而確定的。後來，粵劇戲班為了使戲服更好地與表演技藝相互襯托，又引進了水袖、板帶等京劇中特有的服飾與裝扮。到20世紀30年代，為了吸引觀眾，部分粵劇戲班引入了珠筒、膠片戲服，更有甚者，還在戲服上掛滿了小燈泡，釘上了金屬板……這些對華麗的追求並沒有長久地保存下來，因為它讓表演者更加束手束腳，違背了粵劇的藝術規律，最終被淘汰。

傳統的粵劇戲服，是非常類型化的。在粵劇行業，有句話叫做「寧穿破莫穿錯」，它說的是即使一套戲服再破舊，也不能無視它特定的角色種類，選用其他角色的專用戲服來替換。各種「木蘭扣」「寶玉裝」等極具角色個

性色彩的粵劇戲服的出現，就是這句話的最佳詮釋。

　　除粵劇服裝外，還有各種道具用於表演搭配，例如福儒巾、水火棍、廣東蹻、雷公翼、日月牌等。它們構圖飽滿，圖案生動，色彩濃烈，具有熱烈明快的嶺南文化特徵。

南派粵劇與少林武技有什麼關係？

　　與一般粵劇相比，南派粵劇有粗獷豪放、火爆熱烈的特點。台上的演員功底紮實，以做工見長。一招一式，都講究神形皆備，各種大幅度表演動作使得表演現場氣氛激昂。

　　南派粵劇的此種特點是怎麼來的呢？據史料記載與老一輩藝人回憶，這與少林武技脫不了關係。清乾隆年間，福建武術行會組織少林派反清，被清兵殘酷鎮壓。寺中武僧至善禪師以及武師方世玉、洪熙官等人從兵亂中逃出生天，來到廣州。

　　因世傳粵劇伶人均係愛國志士，至善禪師、洪熙官遂選擇粵劇紅船作為藏身之地。在長時間的共同生活中，至善與洪熙官的真實身分被粵劇伶人所知曉。於是，他倆開始教導粵劇戲班練習少林武技，刀槍棍棒無不一一教習。當時接受少林武技真傳的第一批伶人，最後成為了名噪一時的武打名角，比較有名的有梁二娣、公爺福等。經過數十年的相互傳授，少林武技的種子漸漸地與粵劇表演密不可分。南派粵劇中著名的「六點半棍法」與「十八手羅漢伏虎拳」都是從那時候傳來的。

　　在過去，粵劇舞台上用的兵器都是真刀真槍。這些兵器，輕則十餘斤，重則有三十多斤，在台上廝殺起來虎虎生風。正因為有了少林武技的加持，南派粵劇中的《武松殺嫂》《魯智深出家》《林沖夜奔》等劇碼才深入人心。如今南派粵劇雖然不再使用真刀真槍，但其威武凌厲、氣勢宏大的特色卻沒有絲毫消減。喜愛熱鬧的觀眾，不妨前去一探究竟，在戲曲形體表演中，感受多年前少林武學的輝煌。

粵劇有哪些經典劇碼？

《紫釵記》

粵劇劇碼數量眾多，題材廣泛。傳統劇碼講述的大多是帝王將相、才子佳人以及草莽豪傑的故事，其主要來源有四個方面：一是宋元明清的南戲、雜劇以及傳奇故事，例如《西廂記》《搜孤救孤》等；二是外地戲班進入廣州後帶來的劇碼，如《江湖十八本》；三是本地粵劇藝人吸取外地戲班的提綱戲，再加入自己本地特色經過加工及重新編排後形成的劇碼，如《新江湖十八本》。最後就是根據本地民間的傳說及稗官野史自行改編的劇碼，例如《王大儒供狀》《山東響馬》等。

在粵劇體系中，有部分內容成為了傳統的例戲，《六國大封相》《天姬送子》《祭白虎》《玉皇登殿》等都是有名的例戲。另外，還有的劇碼由於深受觀眾喜愛，除在戲劇舞台上活躍之外，還被人們拍攝成了電影、電視劇甚至話劇、音樂劇。例如《帝女花》《紫釵記》《寶娥冤》《花田八喜》等。當然，粵劇界最為經典的作品絕對是粵劇《梁祝》，它可是被列入第一批國家級非物質文化遺產名錄的經典劇碼呢！

哪些歇後語是從粵劇中誕生出的？

在老粵劇的發展歷程中，誕生出無數有趣又好記的歇後語。現在就和作者一起，來領略一下粵劇中歇後語的趣味吧：

二花面頸——當堂火爆

二花面一般飾演張飛、李逵等脾氣暴烈的人，而「頸」在廣州話裡則是脾氣的指代。這句歇後語，一般用來形容性格急躁的人。

七姐翻宮裝──花樣諸多

粵劇有一出名戲叫《仙姬送子》。在這齣戲裡，各位仙女穿在身上的戲服能夠當場翻轉，變成另外一種顏色。人們用它來形容某人花招迭出，正如「七姐翻宮裝」一般。

八仙賀壽──老排場

《八仙賀壽》是粵劇例戲之一，往日戲班日場經常表演這齣戲。後來，「八仙賀壽」就用於比喻表演簡單、重複，沒有新意。

六國大封相──盡地出齊

《六國大封相》是展示全班組陣容及行當藝術的一齣例戲。「六國大封相──盡地出齊」常用以形容應有盡有、和盤托出。

六國大封相

包天光──挨時候

過去鄉下表演粵劇，一天分三場。白天的叫「正本」，上半夜的戲叫「出頭」，從半夜兩點到清晨的戲叫「天光戲」。這種表演體系主要是考慮到遠道而來的客人，他們看完「出頭」後不用再趕夜路回家，可以留在戲棚裡。既能看戲，也能睡覺。正因為天光戲沒有多少認真看的觀眾，故而戲班子對天光戲都比較敷衍。挨到天亮，大家散場了事。這句歇後語也應運而生了。

戲棚官話──唔鹹唔淡

早年間，粵劇演唱時都要使用一種奇特的方言，既不像普通話，又不是廣州話。這種話被稱為「戲棚官話」，後來戲棚官話就被人們用來形容在生活中遇到的不倫不類的事物。

通過臉譜猜角色，你能做到嗎？

　　與其他兄弟劇種相似，粵劇表演裡，臉譜也是用於凸顯人物性格十分重要的一部分。粵劇臉譜分紅面、白面、金面、五色面等多種畫法，不同的畫法，有著不同的象徵意義：

粵劇臉譜

白面

　　白面是用白色作為主色調勾畫的臉譜，在粵劇表演中一般象徵多疑、狡詐的角色，例如《鳳儀亭》裡的董卓以及《華容道》裡的曹操。

紅面

　　紅面則以象徵正直、忠誠的紅色作為主色調，粵劇中用紅色臉譜的角色幾乎都是戲裡的正面角色，如關羽、孟良等。

金面

　　金面象徵著角色的威嚴與勇猛。一般而言，番邦大王、將軍、神怪、妖魔等異於常人的角色就會畫上金面，比較出名的金面包括白蛇傳裡的塔神一級雙槍陸文龍裡的金兀朮。

黑面

　　黑面是粗猛、豪放的代名詞。張飛、包公等人物都會用黑面來表示其性格中剛烈、忠勇的特點。

五色面

　　五色面是用五種及以上顏色畫出的臉譜。粵劇中的五色面多採用金色、藍色、紅色、黑色以及白色勾畫，偶爾也會選擇性地使用黃色、紫色等作為點綴。五色面的角色多為妖魔鬼怪或下凡神仙，通過駁雜的色彩，展示角色

的神秘。

象形面

象形面一般用來表現劇裡的動物或動物幻化成的人型。它會把每個動物的面部形象圖案化，力求觀眾能一眼看穿這個角色是哪種動物的原型。例如《孫悟空大戰鐵扇公主》裡的牛魔王，就要採用象形面來勾畫。

陰陽面

在畫陰陽面的時候，要將演員的眉心、鼻梁作為一條面部的中軸線。在中軸線兩側，分別畫出截然不同的圖案和色彩。這種色彩用於表現角色獨特的生理特徵，例如《鍾無豔三氣齊宣王》中的知名醜女鍾無豔，她的角色就需要頂著一張「陰陽面」完成整場表演。

豆腐潤

豆腐潤是指在演員臉上鼻眼之間畫上一小塊白色方形，用於表示丑角。由於這塊油彩看起來跟豆腐差不多，故而得了個「豆腐潤」的諢名。貪官、花花公子這種角色，一般就要用到豆腐潤來刻畫。

為什麼說嶺南畫派融匯中西？嶺南畫派代表作是什麼？

嶺南畫派與粵劇、廣東音樂一起，被人們稱為「嶺南三秀」，它是中國繪畫史上一個重要的民族流派，創始人為「二高一陳」（即高劍父、高奇峰、陳樹人）。

實際上，中國嶺南地區的繪畫藝術發源相當早。在新石器時代的彩陶當中，已經能夠發現一些構圖比較簡單的圖畫了。但如果從傳統的中國畫意義上來說，嶺南畫派只能追溯到明清時期。那時候，嶺南畫壇名家輩出，初步有了自己的特點。到近代，西洋畫法從國外傳入中國，嶺南地區的畫家們就開始了中西結合

江山如此多嬌

的嘗試。例如19世紀的居廉、居巢，就將工筆畫和沒骨畫法融為一體，還創造性地採用「撞水」「撞粉」的手段，描繪嶺南各色風物，確立了自己的風格。而「二高一陳」則在20世紀20年代開始從事中西繪畫融合的試驗，畫出了不少新國畫。抗日戰爭爆發後，嶺南畫家黃少強更是一連創造了多幅以抗戰為主題的繪畫，並舉辦了一系列畫展，例如「國難展覽」「戰地歸來展」等，通過嶺南畫派的繪畫來達到「藝術救國」的目的。

嶺南畫派最為著名的作品應該要數關山月與南京國畫大師傅抱石聯合創作的巨幅山水畫了。這幅山水畫要掛在北京人民大會堂當中，受到了毛主席、周總理的格外重視。周總理曾經對兩位畫家表示：要把這次任務作為一項政治任務來完成，還主張將繪畫地點選在故宮當中。

兩位畫家研究後，嘔心瀝血創作出《江山如此多嬌》這幅山水大畫。從遠處看，有白雪皚皚；從近處看，有江南山川；黃河長江貫穿全畫，一輪紅日正從東方冉冉升起……這幅畫自創作完畢後就一直被懸掛在人民大會堂正廳內，後來還成了老百姓家家戶戶的年畫。

嶺南古琴知多少

嶺南古琴

古琴，是中華民族最古老的彈撥器樂之一。在漫長的時間河流中，古琴藝術發展出了許多流派，各個流派都有其特有的風味。在廣州及其周邊地區，誕生了嶺南派古琴藝術。讓我們一起來看看嶺南派古琴藝術的前世今生吧！

嶺南的古琴早在秦代時期就已經傳入了，漢代時期，這種樂器逐漸在廣州流行開來。一大批有名的古琴演奏家如雨後春筍般湧現，例如南北朝的侯安都、五代十國的陳用拙、明代的陳子升、陳子壯等。清朝道光年間，嶺南流派正式形成。它以黃景星為代表，諸如何洛書、鄭健候等名家也前赴後繼，活躍在嶺南古琴的舞台上。現當代，嶺南古琴藝術則要推楊新倫、謝導秀等人為代表了。

嶺南琴派收藏了不少著名古琴，其中「綠綺台」「春雷」「秋波」「天

蠶」被譽為嶺南四大名琴，它們都是從唐代流傳下來的。另外，還有「水仙」「松雪」等名琴，光是看這些古琴的名字，都讓人覺得心曠神怡。

在嶺南，古琴名家們保存下一大批珍貴的曲譜，包括《懷古》《雙鶴聽泉》《平沙落雁》等。這些曲目不論是標題還是音樂節奏，都體現出了清、微、遠、淡的意境。而嶺南古琴的演奏手法，則具有古樸、剛健的特點。它與曲目風格一併構成了嶺南流派的基本藝術特徵。

2008年，嶺南派古琴藝術被選入了第二批國家非物質文化遺產名錄，它是嶺南地區歷史及文化的寶貴見證。

廣州人為什麼要舞貔貅？

舞貔貅，又被稱為舞客家貓，在廣州增城等地民間廣為流傳。這種活動起源於明末清初，彼時大量的客家人遷徙來到了增城，也將貔貅舞一併帶來。到現在，已經有300多年的歷史了。

貔貅舞的道具主要採用泥巴和紙張做成，身子長，腦袋圓。貔貅長著一張猴子的臉，但遠遠看去，又像貓頭多一些。此外，貔貅還能分出長幼男女。如果舞會上是一大一小兩隻「貓」一起跳的話，就表示其中一隻是貓媽媽，另一隻是小貓；如果只有一隻「貓」，則說明這是隻公貓。

表演貔貅舞，實際上講的是西遊記中唐僧師徒在取經路上降服妖獅，為客家人驅逐瘟疫的故事。在整個表演過程中，一共會出現三個角色：帶上娃娃頭造型的沙僧、裝扮成猴子的孫悟空以及三個演員共同扮演的貔貅。跳貔貅舞之前，表演者要先行朝拜四方的土地神。參拜完畢後，沙和尚一手拿著蒲扇，一手拿著樹葉，逗弄貔貅入場。孫悟空，也隨之進入表演場地。貔貅在鑼鼓的伴奏之下，與沙僧、悟空一起完成跳躍、拜山、出山、逗猴、採青等動作，氣氛分外熱鬧、詼諧。

廣州人舞貔貅一般在家有喜事、逢年過節以及開店鋪、建新房的時候進行。它蘊含著喜慶吉祥的意義，表達了廣州人祈

舞貔貅

求好運、驅邪避祟的美好心願。

鰲魚舞背後的傳說

鰲魚舞

在廣州市番禺區的沙灣、渡頭、龍岐、西村等地，流傳著一種獨特的舞蹈藝術——鰲魚舞。相傳古時有一個書生，遭逢海難，掉進了水中。水裡的鰲魚，奮力將書生救了起來。這名書生得救後，高中狀元，獨占鰲頭。再後來，書生羽化成仙。為了報答鰲魚的救命之恩，書生來到自己蒙難的大海邊，指點鰲魚，使得鰲魚也位列仙班。從那以後，鰲魚被當地人奉為了保護神，人們堅信鰲魚可以獲取功名。每隔九年，當地人便會組織一次歷時三天的鰲魚會。在鰲魚會上，演員們將通過跳鰲魚舞把關於鰲魚的傳說表演出來。

鰲魚舞的主要道具是用竹篾編織成的，約有五尺長，講究一雌一雄。兩隻鰲魚的造型均頭角高聳、蝦眼高鼻，僅在部分細節中有所區別：雌性鰲魚的尾巴像茨菰葉子，全身鱗片是銀色的，身下繫著一條綠色綢裙；而雄性鰲魚的尾巴則像茨菰花一樣，全身金鱗，綢裙採用了與綠相對的紅色。跳鰲魚舞時，舞者要將自己的身體套進竹篾道具中間，肩膀托舉起整條魚的身體，雙手則緊握把手，通過身體各個部分的動作來操縱鰲魚的姿態及魚口的開合。伴隨著熱烈明快的鑼鼓聲，書生在鰲魚中間不斷穿插。整個表演可說極盡生動，既活潑又意趣盎然。

為什麼廣州雙崗不舞獅？

雙崗村位於廣州市黃埔區大沙鎮，村民多姓區。據說區氏遠祖屬獅形，村落又背靠著獅山，故而雙崗村自古以來就不准舞獅，以求避諱。那麼，雙崗村村民要如何表達自己的喜悅之情呢？以鳳代獅的舞鳳習俗，就這樣誕生了。

每逢秋收冬藏的農閒時節，雙崗村就會開展舞鳳活動。鳳是用硬紙板加

以綢緞、碎布、羽毛，再塗上顏料和油漆做成的，形狀跟一隻大公雞十分相像。體積則非常巨大，可與一頭新生牛犢媲美。這隻彩鳳要讓兩名年輕人操縱表演，另外需一夥管弦演奏技巧嫻熟的青年人邊奏樂、邊唱曲，作為舞鳳的背景音樂。舞鳳隊伍後面，則跟著一撥八音鑼鼓和唱曲藝的表演者，他們化上裝、穿上戲服，輪流演唱。

除雙崗村之外，舞鳳隊伍還會沿途到各個有親緣關係的其他村落演出，同時也算作探親。用舞鳳這一藝術形式來訪問親朋，一同歡聚。每當舞鳳隊伍來到一個村莊，村裡的人都會熱情款待。大家爭相觀看舞鳳表演，歡樂得如同慶祝盛大節日一般。通常情況下，雙崗村的表演路線從雙崗到廟頭、南灣，再經過沙涌、蘿崗、龍眼洞、石牌等地，最後返回雙崗村。這樣一來，舞鳳隊伍在外表演的時間長達十來天，沿途簡直比舞獅還要熱鬧呢。

廣州的美食特產

　　「生在蘇州，住在杭州，食在廣州」，這是清末民初在民間流傳的一段概括理想人生的幽默民諺。這段民諺中，將廣州放在了「烹飪王國」的位置上，廣州美食的精細程度可見一斑。在漫長的歲月裡，廣州人民憑藉著食材的繁多新鮮、技巧的傳承吸納，創造出無數道聞名中外的菜式，使粵菜成為廣州一大招牌。

　　當你來到廣州，漫步在它那繁榮的街頭，你可以深切地感受到它那興旺非凡的飲食業：茶樓酒肆林立，各類傳統糖水鋪、小吃攤琳琅滿目，無論是乾炒牛河、糖不甩這種街頭小食，還是烤乳豬、白雲豬手這類上得廳堂的硬菜，都能讓你吃得停不下來。

　　除美食以外，廣州彩瓷、廣繡、嶺南繪畫、廣式宮燈等造型精美、作工細緻的特產，也是廣州馳名中外的一大名片。廣州的美食和特產，吸引著海內外遊客絡繹不絕地來到這裡，讓它的旅遊業發展得愈發昌盛。

廣州的美食

廣州菜有什麼樣的特色？

廣州菜是粵菜的代表，又稱為廣府菜。它聚集了南海、番禺、東莞、順德、中山等地風味特色，注重質與味，品種繁多，在廣東、香港、澳門、廣西東部等地區頗為流行。

廣州菜的發展，有兩個高峰時期。第一個高峰期是明清時期，彼時廣州菜吸取了中外菜肴的精華，使自身得到了迅速的發展與提高，又隨著華僑足跡，走向歐美國家；另一個高峰期，則在近代。近代的廣州，受到了西餐影響，吸收了許多西方的烹調方式。一大批中菜西做、中西合璧的菜品如雨後春筍般湧現出來，令廣州菜更具特色：

選料

廣州菜選料非常駁雜，不論是天上飛的、地下跑的，還是洞裡鑽的、水裡游的，都可以作為菜肴。例如高檔的魚翅、燕窩等可以上餐桌，而令人生出畏懼之心的蛇、貓、蟲等物一樣可以上餐桌。在北方人眼裡，那些不屑一顧的魚頭、雞腳，來到廣州後竟然就成為了鍋裡進補的湯料。除了選料範圍廣之外，廣州人還講究用料鮮活、「生猛」。他們篤信只有用最新鮮的食材，才能做出最美味的菜肴。

烹調

廣州人的烹調手法多種多樣，煎、炒、炸、蒸、燉、焗、燴一個也不落下。在烹調過程中，廣州人最為看重的要數火候了。根據食材性質與口味的不同，要做出猛火、中火、慢火和微火的區分。例如炒青菜時，需要猛火；燉湯時，就要用微火。對火勢的細分，使得廣州人做菜口感層次更加豐富。

味道

不同於北方菜的重油重鹽，廣州菜追求的味道是清淡、鮮美、爽滑。廣州名菜中的白切雞、白灼蝦等，均採用最簡單的製作手法——把食材蒸熟，在蒸的過程中，一點佐料都不加。吃的時候，再配上用醬油、蔥、薑等調製成的蘸料，最大限度地保留食材的原汁原味是廣州人做菜的目標。

菜品

廣州人對廣州菜中的湯水十分重視。他們認為，「寧可食無菜，不可食無湯」。先湯後菜，更是廣州人舉辦宴席的既定格局。有許多靚湯，是只有在廣州地區才能喝到的：三蛇羹、西洋菜豬骨湯、冬蟲草竹絲雞湯……這些靚湯根據時令而改變，每個季節都有適宜飲用的獨特的湯水。各種湯品，均口味鮮美，營養豐富；它們已經成為了廣州菜的一張名片。

造型

除了口味之外，廣州菜還追求造型。許多廣州大廚都有一手好刀工，能夠將食材雕刻成各種千姿百態、栩栩如生的花朵或者山水風景。在吃飯時，一邊品嘗美味佳肴，一邊觀賞盤內風光，味覺與視覺都得到了美的享受，堪稱一種藝術。

廣式早茶的「四大天王」有哪些？

眾所周知，廣州人非常熱衷於喝早茶。在喝早茶時，有四大件是一定要點的。這四大件被廣州人稱為「四大天王」，它們代表著廣式早茶美食的精髓：

排名第一的，當然是蝦餃。蝦餃是廣州人飲茶必備之物，它起源於20世紀20年代後期的海珠區五鳳村。五鳳村與河涌毗鄰，人們經常在岸邊捕捉鮮蝦。鮮蝦出網後，剝出鮮肉，與豬肉、竹筍等一起剁成餡料，用澄粉裹一裹，上屜蒸。蒸出來的蝦餃，味道鮮美，汁液飽滿，很快就在廣州地區流行起來。一份上乘的蝦餃，皮像紙一樣薄，像冰一樣白，透過餃皮，還能隱隱約約地看到裡面包裹的肉餡——這樣的蝦餃咬一口爽滑鮮甜，非常誘人。

屈居榜眼之位的，則是乾蒸燒賣。廣州的燒賣與北方的燒賣同源，但經過多年來的精細化改造後，有了自己的本土特色。一般說來，乾蒸燒賣分為豬肉和牛肉兩種。製作時，將肉類去掉筋，剁碎後配上薑汁、馬蹄、筍粒等，滋味肥美動人。

另一位早茶天王，要數叉燒包了。叉燒包主要講究餡料，一定要用半肥瘦的叉燒粒和叉燒醬互相混合。它的直徑大小約為五公分左右，蒸熟後頂端稍微裂開，露出中間的叉燒餡。趁熱吃下，美味可口。叉燒包在廣州不僅僅是一種小吃，還象徵著家庭的團結與和諧。但近年來，年輕的廣州人還賦予「叉燒包」另一個定義──他們用叉燒包來形容思想不敏捷、行動遲鈍的人。

最後一位天王，是蛋撻。蛋撻的來歷有爭議，有人說蛋撻最初起源於中世紀的英國，那時候的英國人，早就開始利用奶品、糖、蛋以及香料來製作類似蛋撻的食品了；也有的人認為蛋撻是中國17世紀滿漢全席中的一道菜品。按照皮來分類，蛋撻一般分為牛油蛋撻和酥皮蛋撻兩種。前者的皮比較光滑，有曲奇味；後者口感比較粗糙，皮較厚。現在，有很多茶樓推出了各種新型蛋撻。他們在蛋撻裡加入了水果、牛奶，還有的茶樓甚至將雪蛤、燕窩等名貴材料也放置在蛋撻內，口感比過去更為豐富多彩。

如意果是什麼小吃？

如意果

如意果的學名叫糖不甩，是廣州傳統名小吃之一。它乍看起來跟湯圓差不了多少，但與湯圓又有不同之處：湯圓是以糯米粉包裹餡料後放入滾水中煮熟吃的食物，而糖不甩則直接把糯米粉搓成圓球在鐵鍋中用滾熱的糖漿煮熟，再撒上花生碎、椰絲、白芝麻或煎蛋絲即可食用。

最早的糖不甩出現在清朝。有人認為，它的由來跟呂洞賓有關。相傳清道光年間，鴉片在廣東一帶氾濫成災。呂洞賓聽說後立志普度眾生，他設法將治療毒癮的仙丹放入蒸熟的糯米粉丸裡，配上糖漿，煮成一碗又一碗的糖不甩，拿到街頭販賣。人們吃了糖不

甩後，果然戒掉了鴉片流毒。這款小吃，從此就在廣東流傳開來。

　　糖不甩在廣州與男婚女嫁一事有著千絲萬縷的聯繫：舊時廣州地區嫁娶比較保守，一般都是媒人介紹互相撮合，少有自由戀愛。當媒人帶著男方上女方家拜訪之時，如果女方家長看中了男方，就會給男方煮上一碗「糖不甩」，寓意著好事「甩不掉」。但如果女方用加了打散的雞蛋花的腐竹糖水的話，則意味著這門親事就此散掉了。

你知道乾炒牛河的由來嗎？

　　河粉又叫沙河粉，源於廣州沙河鎮。在炒製河粉時，如果加了芡汁，就是「濕炒」做法；如果不加芡汁，則是「乾炒」。「乾炒牛河」即是用豆芽、河粉和牛肉乾炒而成的，屬於廣州特色傳統小吃之一。

乾炒牛河

　　據說抗日戰爭時期，廣州淪陷之前，只有濕炒河粉。廣州淪陷之後，乾炒牛河才出現在人們的餐桌上。那時汪偽政權在廣州招募了大批流氓地痞，將他們組成「偵緝大隊」，負責對普通市民進行監管。某天晚上，一個偵緝大隊的隊長帶著手下來到許姓人家經營的大排檔吃夜宵。隊長和手下點了炒牛河，但是那晚大排檔的生粉剛剛用完，沒有辦法勾芡汁，做不成這道菜。於是，仗勢凌人的大隊隊長開始對著許氏母子發難找茬，許母在隊長的刁難之下靈機一動，讓兒子先炒牛肉，再加入醬油炒河粉，最後撒上豆芽和韭黃，試圖將隊長應付過去。沒曾想，偵緝大隊隊長吃完後，對許氏母子的手藝讚不絕口。後來，許氏母子發現這種做法非常受人喜歡，便在自家店內進行推廣。一時間，許氏大排檔門庭若市，擠滿了要來一嘗乾炒牛河美妙滋味的市民們。從此，乾炒牛河就在廣州發揚光大了。

艇仔粥是如何得名的？

　　艇仔粥是一種由多種食材精心熬製而成的粥品。它的原料包括魚片、炸

花生、小蝦、蛋絲等，有的艇仔粥中還會加入海蜇。吃的時候，配以蔥花、麩皮、油條屑等輔料，味道鮮甜香美。最早的艇仔粥發源於廣州荔枝灣。由於荔枝灣有著著名的羊城八景之一——荔灣晚唱，故而吸引了大量遊客來此遊玩。在荔枝灣河水上，無數小艇穿梭往來。有一種小艇，專門供應粥品。別船遊客或岸上顧客下單後，小船便一碗接一碗地把粥品遞送過去。漸漸地，這款粥品就獲得了「艇仔粥」的美名。

艇仔粥滋味鮮香，營養豐富，受到了廣大廣州人民的歡迎。基於對艇仔粥的熱愛，有人為它的誕生編織出一段動人的故事：相傳古時候有個叫金水的女孩兒，生於船上人家。他的父親曾經捕捉到一條鯉魚，但金水不忍心殺它，將其放回了水中。幾年後，金水父親重病纏身。傷心欲絕的金水姑娘來到江邊，祈求有神靈庇佑。此時，從水中升起了一位仙女。仙女告訴金水，自己就是多年前她放生的那條鯉魚，如今前來報恩。只要金水用魚蝦熬成

艇仔粥

粥，再加些脆香的小菜拿去販賣，一定能夠大受歡迎。賣粥得來的錢，就可以給父親請大夫了。金水聽從了魚仙的話，她做的粥果真風靡一時。父親的病，在大夫的治療下漸漸地痊癒了。金水姑娘做的這種粥，就是今天的「艇仔粥」。

艇仔粥在廣東各地的粥品店都是菜單上必備的菜品。無論是街頭小店，還是五星級大酒店，你都可以看到艇仔粥的身影。艇仔粥的美味程度，由此可見一斑。

白雲豬手是如何名揚天下的？

白雲豬手是廣州特色名菜之一，在任何一家廣州酒樓的功能表上，你都可以看到白雲豬手的身影。白雲豬手要先將豬腳毛甲去盡，再用沸水反覆蒸煮，直到豬腳軟爛之後，再浸入用白醋、白糖、精鹽製成的醬料裡，泡製 6 小時以上。要吃的時候，直接去碗裡夾取即可，美味與方便並重。如果配上瓜英、錦菜、紅薑、酸藠頭等製成的五柳料，則更有一番風味。

　　白雲豬手的美味，有一段傳說可作為旁證。相傳古時候，白雲山上有座廟。廟裡有個小和尚，他從小愛吃豬肉，有嘴饞的毛病。出家以後，他在寺廟裡從事為師父們煮飯的工作。某日，小和尚饞蟲上湧，沒法控制自己。他背著外出的師父，偷偷地在集市上買回許多最便宜的豬手。當小和尚正準備放豬手下鍋時，師父卻突然回來了。他沒有辦法，只好把豬手扔到了寺廟背後的清泉中藏起來。幾天過去，師父終於再度外出。小和尚趕忙來到清泉邊上打撈豬手。原本，他以為經過這些日子，豬手會腐爛，然而泉水中的豬手

卻並無任何怪味，反而顯得更加白淨了。小和尚撈起豬手，放到鍋裡，加入糖與白醋一起煮。煮熟後，發現它們在肥美之餘，不顯油膩。小和尚從此一發不可收拾地開了葷，還引得廟裡的其他和尚跟著他一塊兒破了齋戒。這段故事傳到民間後，人們也如法炮製，學得了白雲豬手的製作方式。就這樣，白雲豬手揚名天下了。

白雲豬手

你知道雞仔餅的由來嗎？

　　雞仔餅，原名「小鳳餅」，是廣東四大名餅之一。雞仔餅在清朝咸豐年間的廣州，誕生於一名叫小鳳的婢女手裡。那時候小鳳是伍紫垣的婢女，某天主人預備接待外地來客，卻碰巧遇上點心師傅休假。於是，主人要求小鳳做一款廣東點心來招待客人。由於家裡沒有準備食材，小鳳便前往成珠樓，把成珠樓常年儲存的梅菜加上五仁月餅餡搓爛，再混入糖製肥豬肉等物，拌好後用餅皮包裹，放入爐中烘烤。客人吃了小鳳做的點

雞仔餅

心，覺得那鹹中帶甜的滋味十分獨特，大加讚賞。因為這款點心出自小鳳之手，故而當客人問起點心名稱時，主人隨口說道：「它是小鳳餅」。小鳳餅就

這麼誕生了，後來因為小鳳餅形狀很像雛雞，遂又得了個「雞仔餅」的美名。

廣州的雞仔餅外脆內軟，特別有嚼頭。不論是皮薄的、皮厚的，餡少的、餡多的，都各有各的風味。拈起一枚雞仔餅送到嘴邊，再一口咬下去，那種美妙的感覺就像在香料庫中點燃了一枚炸彈，所有的味蕾都燃燒了起來：芝麻香、蒜蓉香、肥肉香等味道劈頭蓋臉地襲來，咀嚼時間越長，越能夠體會到它那種多層次、多滋味的好處。

市橋白賣不花錢就能吃到嗎？

白賣白賣，顧名思義，就是不花錢的買賣。然而市橋白賣卻並非如此，它是廣州市番禺地區的一款著名小吃。

市橋白賣，乍看之下跟大家平時吃的燒賣差不多。但咬上一口，就知道它與普通燒賣的區別了：平日裡的尋常燒賣，一般是黃色燒賣皮，用蝦仁做餡；而市橋白賣，則選用的是白皮，內裡包著鯪魚肉作為餡料，口感滑而不膩。你能吃到魚肉的香味，卻嘗不出半點腥味，吃完後，可謂齒頰留香。

由於廣州番禺地區水網交錯，河鮮豐富。白賣，故而成為了番禺家家茶樓必賣的小吃之一。後來隨著時代的發展，番禺人民生活方式的變化，打撈河鮮的人越來越少，白賣也一度銷聲匿跡。後來，市橋白賣被評為百種廣東傳統特色小吃之一，廣州飲食界也在盡力恢復市橋白賣的地位，相信它不久之後就能再現廣州人的餐桌上啦！

誕生在湖南的雲吞麵是怎麼傳入廣州的？

一說到雲吞麵，大部分人都會自動把它歸為廣州名小吃的範疇之內。然而，鮮為人知的是，雲吞麵並非起源於廣州。

廣州人說的雲吞，其實就是北方人口中的餛飩。在唐宋時期，餛飩從湖南傳到廣州。雲吞麵來到廣州的時間則更晚，要追溯到清朝的同治年間。那時候，有個湖南人來到廣州，在雙門底開了一家「三楚麵館」。這家麵館專賣麵食，其中就有雲吞麵的蹤影。不過彼時的雲吞麵做得極為粗糙，用麵皮加肉餡配上白水湯即成。後來，經過店主的幾次改良，雲吞麵的做法得到了

長足發展：用雞蛋液和麵做成雲吞皮，再包上用肉末、蝦仁和韭黃做成的餡料。煮上竹昇打的銀絲麵，就成為今天我們飯桌上的雲吞麵了。

雖然雲吞麵不是廣州本土誕生的小吃，但廣州人對它十分熱愛。雲吞麵逐漸成為了廣州飲食文化中的一個符號，吃麵時，也多出來許多講究。

雲吞麵中的麵，一定要用麵粉加雞蛋做成，一點水都不用。這樣做出來的麵才能飽含韌勁。雲吞，則一定要選用整個新鮮蝦球，吃起來才爽滑有彈性。雲吞麵的湯也絲毫不能馬虎，必須要用柴魚蝦殼熬製，絕對不能加味精。另外，韭黃是絕對少不了的配菜。這樣一碗雲吞麵，口感鮮香清脆，非常誘人。

雲吞麵

為什麼蘿蔔牛雜要站著吃？

在廣州民間，有這樣一種說法：認識廣州，就得從蘿蔔牛雜開始。蘿蔔牛雜已經有二百多年的歷史了，它最初誕生在廣州西關地區。製作時，先將牛心、牛肝、牛肚、百葉等切成條或塊狀，再將它們與沙薑、肉桂、草果、陳皮等香料一同放入開水中燉煮。牛雜煲好後，即可放入蘿蔔，用小火慢燉半個小時。蘿蔔燉軟後，即可出鍋了。

在廣州街頭漫步，可以看到很多販賣蘿蔔牛雜的小店。不論是繁華的北京路，還是破舊的小巷子，都能找到那些站在店前捧著小碗、捏著竹籤吃得油光滿面的食客。蘿蔔牛雜，簡直能稱得上是廣州人的摯愛了。

蘿蔔牛雜是從哪兒來的？為什麼人們都愛站著吃呢？原來，這與清末民初，生活在廣州的回民有關。那時候回民想要吃肉，是非常不容易的。有地方宰殺水牛，回民們往往奔相走告。回民廚師阿德，發現人們宰牛後將心、肝、肺、肚全部丟棄，覺得特別可惜。於是他將別人不要的內臟帶回了家，又買來廉價易入味的蘿蔔，配上五香調料用小火慢慢煨，最終創造出蘿蔔

蘿蔔牛雜

牛雜這道名菜。吃蘿蔔牛雜時，將其剪碎蘸上辣椒醬，任何一個回民都難以抵擋其滋味的誘惑。蘿蔔牛雜漸漸地從回民圈傳到了廣州本地居民生活中，一時之間，廣東各地都開起了大大小小的店面，個個門庭若市，生意火爆，許多客人只好站著吃。後來，站著吃蘿蔔牛雜，就成了一項傳統的固定模式。

嫁女餅與劉備娶妻有什麼聯繫？

嫁女餅是廣州地區常見的一款小吃。相傳，嫁女餅與三國時期劉備娶妻有聯繫。當年，孫權為了收回劉備手中長借不還的荊州，在謀士中間廣納計謀。最終，孫權接受了周瑜想出的「美人計」，他謊稱要把自己的妹妹嫁給剛剛沒了老婆的劉備，以此為由要接劉備到東吳去成親。劉備將計就計，一踏上東吳的土地，就命令自己手下的兵士四處派送禮餅，宣稱即將與孫權妹妹結婚。這椿喜事，通過廣泛派發的禮餅弄假成真。嫁女餅的習俗，就這樣逐漸流傳開來，直到今天。

嫁女餅有黃色、白色、紅色、橙色四種顏色。不同的色彩，寄託著不同的寓意。黃色嫁女餅，是用豆蓉做餡料的，比喻皇族、貴氣；白色嫁女餅，

嫁女餅

用爽糖做餡料，象徵女方的貞潔；紅色嫁女餅，用蓮蓉做餡料，渲染出喜悅的氣氛；而橙色嫁女餅，則選擇豆沙或者椰絲做餡料，寓意小倆口婚後生活幸福美滿。四色嫁女餅，代表著親朋好友對新人的祝福。直到現在，老廣州人為兒女操辦喜事時，都會準備許多嫁女餅以圖個吉利。

正宗廣州烤乳豬有哪些講究？

「色同琥珀，又類真金，入口則消，壯若凌雪，含漿膏潤，特異凡常也」──一千四百多年前，賈思勰在《齊民要術》一書中，鄭重其事地記載下了當時中國人民精湛的烤乳豬技術。其實，烤乳豬在西周時期就被列入了

「八珍」之一，以「炮豚」的名稱記錄在典籍當中。發展到今天，這道菜已經成為「滿漢全席」中的主打菜肴，也是廣州人生活中必不可少的特色菜。

烤乳豬的來歷，要追溯到上古時期。那時候中國生活著一個打獵能手，以獵取野豬為生。他與妻子育有一子，起名火帝。火帝是個勤勞的孩子，他經常主動給父母幫手。在父母進山打獵之時，火帝就在家飼養豬仔。一日，火帝撿到了幾塊火石。他玩心大起，帶著火石來到豬圈附近敲打，結果火星引燃了豬圈，火勢熊熊。彼時火帝年紀尚幼，不知道火災的可怕後果。他被柴草燃燒的劈裡啪啦的聲音及乳豬燒死前的嚎叫驚呆了，沒有採取任何救火措施，直到仔豬被燒死，這場火災才告一段落。父母回來後，見到豬圈化為灰燼，非常心疼。正準備教訓火帝，卻見他捧著一隻烤得焦紅油亮、異香撲鼻的烤乳豬獻到父母面前。見到兒子這麼孝順，打獵能手忍不下心責怪他，在嘗過烤乳豬的滋味後，甚至高興得跳了起來。這便是烤乳豬背後的故事。經過代代相傳，它的烹飪手法愈發精細：

烤乳豬

製作烤乳豬時，要挑選皮薄豐滿、5～6千克的香豬。宰殺、褪毛、去掉內臟後，沖洗乾淨。從乳豬的臀部內側，沿著脊梁骨劈開，在這過程中千萬不能損傷表皮。完成整理工序後，就要開始醃製工作了。人們把五香粉、鹽巴、調味醬、腐乳、白糖、蒜蓉等物調和均勻，塗抹在豬肚子裡，醃製1個小時左右。再拿來木條安放於豬腹腔之中，使其定型，並以熱水燙皮，皮硬後往上塗抹麥芽糖漿。糖漿一定要塗抹均勻，然後掛到通風處風乾。風乾過後，才可以進入烤製工序。否則，容易出現「花臉」的現象。烤乳豬時，一方面要用針刺烤豬的脖頸和腰部，便於排出水分；另一方面，還要刷平油脂，以免影響外觀。烤乳豬過程中，最重要的是需勤加轉動，不然色澤會不均勻。

每逢年節，廣州人都會準備烤乳豬用於祭祀。儀式完畢後，烤乳豬擺到餐桌上，由親朋好友共同分享。清明時期，更是烤乳豬的黃金季節。只要是有名氣的酒店，一天賣出幾百隻烤乳豬真是一點也不足為奇。廣州人對烤乳豬的熱愛，由此可見一斑。

你知道廣州西關的雞公欖嗎？

初聽「雞公欖」之名，也許你會感到非常詫異：這是什麼東西？能吃嗎？跟雞公有什麼關係？其實，雞公欖就是一種白欖製品。廣州地區盛產白欖，人們選用上好的白欖，經過各種複雜的醃製工藝，加工成了「雞公欖」。它的味道多樣，有甜、有鹹，甚至還有辣。入口時，清甜爽脆，令人回味無窮。

雞公欖風行於20世紀3、40年代的廣州西關。販賣雞公欖的小販，為了吸引顧客的注意，常常用彩色紙紮出一隻大公雞的模型，套在自己身上，然後一邊吹著嗩吶，一邊沿街叫賣。白欖，就裝在雞公的肚皮裡。有時候，有住樓上的顧客懶得下樓，就直接從樓上將錢拋給樓下小販。小販收到錢後，便拎起一小包用塑膠袋包裝好的雞公欖，拋上三四層樓的高度，送到顧客手裡。正因如此，雞公欖又有個別名，叫做「飛機欖」。人們認為，小販拋擲雞公欖的過程，就好像讓白欖坐上了飛機一樣準確無誤又方便快捷。

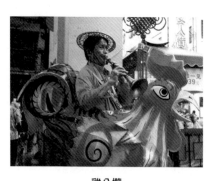

雞公欖

雞公欖能夠生津止渴，除煩醒酒。過去的老廣州人，都愛吃它。然而，經歷過數十年時代的變遷，廣州的街頭已經很少見到販賣雞公欖的人了。近年來，因廣州市宣傳西關民俗的緣故，雞公欖再次出現在人們的視野中。想要吃到正宗的雞公欖，就得去廣州最繁華的商業地段——上下九路逛逛，相信雞公欖的滋味絕對不會讓你失望！

薑撞奶是什麼食物？

薑撞奶是以薑汁和牛奶為主要原料加工而成的一款甜品，在廣州地區十分風靡。相傳這款甜品最開始出現在廣州番禺沙灣鎮。有個年邁的老太太得了病，常年咳嗽。醫生告訴老太太，多喝薑汁，能夠治療咳嗽。於是老太太依照醫生的囑咐，製作了一大碗薑汁。但是，薑汁的味道過於辛辣，老太太

根本無法入口。這時，她的兒媳婦想出了一個主意：將牛奶倒入薑汁。過了一陣子，牛奶凝結了。老太太喝完，覺得滿口清香，病也很快就痊癒了，這便是薑撞奶的來歷。

製作薑撞奶時，要先將老薑去皮洗淨搗成泥狀，再加熱牛奶直至沸騰。把沸騰的牛奶倒入碗中放白糖攪拌均勻後，略微擱置一段時間。當牛奶溫度在70度左右時，就要把它倒進老薑泥中，加蓋靜置10來分鐘。牛奶凝固後，廣州名點——薑撞奶就做好了。需要注意的是，在薑撞奶的製作過程中，「撞」是最為關鍵的地方。在倒奶時，手的速度一定要快。只有在4～5秒鐘內倒完，才能產生最美妙的口感：甜與辣在一瞬間產生了激情的碰撞，吃起來滑嫩非常，風味獨特。薑撞奶中牛奶的營養加上薑汁的溫辛，對養顏美容、驅寒行血都具有相當不錯的功效。

薑撞奶

廣州的糯米雞與武漢糯米雞有什麼區別？

廣州的糯米雞，是當地特色點心之一。製作糯米雞時，要在糯米內放入雞肉、叉燒、排骨、冬菇等餡料，然後用荷葉包裹，送到蒸籠上蒸熟。蒸熟後的糯米雞，一口咬下滿嘴芬芳：黏牙的糯米伴隨著肉香、荷葉清香，令食客流連忘返。

無獨有偶，武漢也有一道名小吃叫做「糯米雞」。武漢的糯米雞做法與廣州不同，它是由糯米飯拌入以料酒、醬油醃製的豬肉，浸入油鍋油炸而成的。相較而言，廣州的糯米雞口感更為清淡。

據說，廣州糯米雞發源於泮塘附近。過去有個雞販生活在泮塘一帶，他每天帶著雞走街串巷地叫賣。某天，雞販準備把賣剩下的最後一隻雞帶回家裡做成菜給親人吃。然而，他剛剛把雞殺好往盤子裡放時，失手打碎了盤子。雞販家裡很窮，這只盤子是唯一的一個容器。他沒有辦法，只好將雞切好，雞塊直接疊放在飯鍋裡，與米飯一同蒸熟。開伙時，雞販與家人卻出乎意料地發現這種做法做出來的雞特別好吃。雞販靈機一動，決定用這種做法

製作大批滑雞蒸飯，作為夜宵販賣。結果，滑雞蒸飯在當地大受歡迎。於是，周圍的酒樓也競相模仿，由於泮塘水域廣，荷葉多，廚師們別出心裁，用荷葉來包裹糯米飯，再加上冬菇、蝦米等各式配料。逐漸地，廣州糯米雞就演變成了今天的模樣。

什麼是「廣州第一雞」？

「廣州第一雞」是20世紀80年代初，由清平飯店創作出的大菜──清平雞。在製作過程中，清平飯店的大廚用以藥材、香料熬製出來的鹵水來代替清水浸泡雞肉，讓雞肉在過冷河時不斷地吸收雞湯，最終達到「皮爽肉滑，骨都有味」的效果。

清平雞一經面世，立刻受到廣州人民的喜愛。為了吃到這「廣州第一雞」的獨特滋味，人們去飯店排上幾個小時的隊也在所不惜。據說在清平飯店用餐高峰期，這款雞的日銷量高達近萬隻之巨！

清平雞

如今，如果你打算吃正宗的清平雞，則需要前往位於廣州市杉木欄路的友聯菜館。雖然清平飯店在十餘年前因故停業，但掌廚的大師傅所帶領的徒弟領悟到了清平雞的製作精髓，他在友聯菜館重新推出清平雞，每日可賣出100多隻，讓清平雞的滋味留存了下來，以撫慰街坊們對清平雞難解的情結。

廣州的第一家西餐館在哪兒？

廣州首家西餐館是廣州人徐老高於清朝咸豐年間，在如今的北京南路一帶創設的太平沙太平館。徐老高原本是沙面其昌洋行的廚工，後來從洋行辭職，自己沿街叫賣煎牛扒。因徐老高選用的料好，又針對廣州人的口味做出了改良，故而生意興隆。於是，他決定在永漢南路的太平沙設立排檔，命名為「太平館」，專賣煎牛扒、豬扒以及燒乳鴿、葡國雞等菜。徐老高去世以

後，他的繼承者在永漢北路設立了第二家「太平館」，名為「太平新館」。

太平新館曾是周恩來和鄧穎超新婚時友人為其設宴祝賀之地。1926年，徐老高後人又收購了國民餐廳，以擴大太平新館的營業範圍。在解放後，1959年，周恩來與陳毅訪問亞非國家回國途經廣州，也曾到太平館視察，並向有關領導指示要進一步把西食工作做好。之後，太平館的座位從200多個增加到500多個。

然而，太平館擴建後，恰逢「文化大革命」。「文革」期間，太平館的西式裝飾被全部拆掉，西式餐具也均賣光，改名為東風飯店，經營中餐，西餐從菜單上絕了跡。直到1973年，為了接待廣州交易會來賓，才恢復了太平館的稱號以及西餐的供應。

在太平館的影響下，廣州地區的西餐廳於清末民初如雨後春筍一般不斷湧現。包括哥倫布、華盛頓、東亞酒店等在內的著名西餐廳都是在那個時期修建的，它們與廣式茶樓、飯店等共同推動廣州餐飲業的發展，將「食在廣州」不斷發揚光大。

太平館

陶陶居是如何得名的？

在廣州第十甫路20號，有一家始創於清光緒六年的茶樓。它是陶陶居，陳設淡雅、粵菜正宗，被認為是迄今為止廣州市最大型、最古老、最出名的茶樓之一。

最初的「陶陶居」原名「葡萄居」，該名來自店老闆的侍妾「葡萄」。它以經營姑蘇特色的吃食為主，位於廣州城郊西關。那時候的西關花紅柳綠、鳥語花香，是當時富商巨賈及紈褲子弟的絕佳踏青去處。晚清時期，著名學者康有為在廣州萬木草堂講學。他喜歡葡萄居，經常來到這裡品茗。在老闆的盛情邀約下，康有為親筆為老闆提名「陶陶居」招牌，意味著「樂也陶陶」。

民國初期，陶陶居一度被迫停業。後來在金華茶樓的譚煥章、雲來閣的招貴庭等人的接手經營下，再次成為廣州市的金牌茶樓。許多文人雅士、粵

劇表演藝術家時常選擇陶陶居作為聚會之地，一些社會上層人士的相親、納
妾活動也多在此處進行。逐漸地，陶陶居販賣的食物也發生了變化：從姑蘇
小吃，到後來的廣東名點「豬腦魚雲羹」「牡丹鮮蝦仁」「滋補鹽燉雞」

陶陶居

等，均是陶陶居裡炙手可熱的菜式。尤其
是陶陶居的「陶陶居上月」，是廣州地區
最為有名的傳統名點心。它的餅餡採用了
火腿、燒鴨、蝦米、冬菇、冬瓜仁、核桃
仁等二十多種配料及蛋黃精心製成，鹹甜
搭配得恰到好處，曾遠銷東南亞各國及港
澳地區。著名的「月餅泰斗」陳大惠，就
是從陶陶居出身的。

廣州有哪些餐桌禮儀？

在廣州，「食」是一等一的大事。自然地，廣州也有一些獨特的傳統餐
桌禮儀：

先敬土地後敬人

廣州人在吃飯前習慣先喝老火靚湯。飲湯時不用分長輩先後，隨到隨飲
即可。但飲用之前，一定要先用筷子沾上幾滴湯，沿著碗外側輕輕地彈到地
上。這就是「先敬土地後敬人」的習俗，喝酒、喝茶時，也有相同的習俗。

起筷

在吃飯前，晚輩一定要先請長輩「食飯」。從年紀最小的開始叫起，直
到年紀最大的長輩說「起筷」後，大家才能開動。

不食七

廣州人的飯桌上，也許是九大簋，也許是獨沽一味，但絕對不會出現
是第七道菜。因為廣州傳統中煮七道菜是辦「白事」的做法，「食七」屬於
不好的意頭。

掉筷子要掉一對

和廣州人一起吃飯時，如果你手裡的筷子掉了一支，那最好連另一支也隨手扔掉。因為廣州人講究「開心快樂，好事成雙」，掉筷子應該一對一起掉，等到結束後再與其他碗碟一起收拾。

吃魚的講究

廣州人在吃魚的時候，也有許多講究。例如，吃魚時不能先吃頭，但先吃魚腩、魚背或魚尾都沒有忌諱。另外，吃魚不能翻轉魚身，也不能挑魚眼睛。因為廣州人事事喜歡講「意頭」，魚頭當然要留到最後了。魚的身體則代表著「船」「車」「屋」等事物，故而翻魚身也成了一件不吉利的事。

打破碗碟放高處

如果在飯桌上打爛碗碟，在廣州人看來不是個好意頭。然而小孩子吃飯打破碗碟在所難免。於是，隨著碗筷落地聲響起，大家一起大聲說「落地開花，富貴榮華」，然後從地上撿起一塊碎片放到高處藏起，據說這樣可以轉禍為福。

廣州特產

燒製廣州彩瓷有哪些講究？

廣州彩瓷是在白瓷胎面上畫滿色彩斑斕的圖案後燒烘而成。這種燒製技藝起源於清朝康熙年間應用於沒釉白瓷胎上的琺瑯彩，在乾嘉年間發展成熟。清朝中晚期，廣州彩瓷一躍而起，與青花、五彩並列為中國三大外銷名瓷。許多西方國家的皇室顯貴紛紛前往廣州訂貨，廣州彩瓷從此遠銷海外。就連法國和奧地利的皇室，都青睞於廣州彩瓷。他們在廣州訂製的甲冑紋樣彩瓷和紋章瓷餐盤，至今還完好地保存在國外。

深受歡迎的廣州彩瓷，製作流程也頗為講究。它的瓷胎多來自景德鎮，

只有景德鎮那潔白如玉的瓷胎，才能顯現出廣彩「萬縷金絲織白玉」的特有效果。描線、填色則是最能體現廣彩工藝的環節，要講究繪工精細。除散花雀等技巧之外，還需要藝人吸取嶺南派國畫的墜粉、雙勾技法，輔以西洋油畫與鋼筆畫的部分筆法，最終形成廣彩的彩繪式樣。廣彩技法中，要說哪種是獨一無二的，則必然得提到織金技法了。它用乳金作為底色，以達到烘托彩色圖案的效果，成品更為金碧輝煌，也不容易褪色。燒製過程，則是廣州

廣州彩瓷

彩瓷成功與否的關鍵，一旦爐火溫度控制得不好，彩瓷就容易變色。廣彩最佳燒製溫度，應該在800攝氏度左右。否則，成品明亮豔麗的效果就根本出不來。

在廣州彩瓷界，誕生過許多著名的作品。除前述皇室藏品以外，北京故宮中收藏的「品碗」「凸珠枇杷瓶」等均係珍品。廣彩藝術家劉群興的《十二王擊球箭筒》還曾經在1915年巴拿馬萬國博覽會上獲過獎呢！

涼茶的誕生與葛洪有關嗎？

涼茶是包括廣州在內的整個嶺南地區的傳統特產，它既不涼，也不是茶。是嶺南地區民間採用複方土產草藥熬製而成的飲料，能夠消解人體內熱毒。

嶺南人愛喝涼茶，不分春秋冬夏：夏天飲涼茶，防暑；冬天飲涼茶，則減輕冬日乾燥引起的喉嚨痛。根據涼茶的不同功效，一般可以分為四個品種：第一是清熱解毒茶，代表藥材為金銀花、菊花等；第二是解感茶，主打

涼茶舖

風熱感冒，代表藥材板藍根；第三是清熱潤燥茶，適用於口乾舌燥，代表藥材包括沙參、玉竹、冬麥等；第四則是清熱化濕茶，調養濕氣重、口氣大，代表藥材包括綿茵陳、土茯苓等。

多種多樣的涼茶，滿足了嶺南人多種多樣的養生需求。那麼這種飲料是如

何在嶺南地區流傳開來的呢？這就要從葛洪說起了。相傳西元306年，東晉道學醫藥家葛洪來到嶺南。當時嶺南地區疾病流行，葛洪悉心研究，發現了不少救命的草藥。葛洪留下的一系列醫學著作，再加上後來者的總結提升，最終形成了世代相傳的涼茶。距今，涼茶配置已經有數百年的歷史了。

雖然涼茶文化曾經在「文革」期間遭到了嚴重破壞，但人們愛喝涼茶的生活習慣卻使得它依然經久不衰。王老吉、健生堂、白雲山等涼茶品牌均屬於嶺南地區人民耳熟能詳的老招牌，它們出產的涼茶，也成為了嶺南特產之一。如果到廣州旅遊，千萬不要忘了嘗一嘗涼茶鋪裡的涼茶哦！

絲縷玉衣是廣州玉雕的傑出成果嗎？

玉，自古以來便是中國一種珍貴的材料。人們喜玉、佩玉，認為玉象徵著高潔的品質。廣州玉雕的歷史，由來已久。在廣州飛鵝嶺的新石器時代遺址中，就發掘出了完整的玉環。而象崗山南越王墓出土的上千件文物中，玉器就佔了近200件，均為漢代玉器中罕見的珍品。最為令人驚歎的，是一件用上千枚精雕玉片穿成的絲縷玉衣，工藝可謂妙絕。

廣州玉雕一般採用翡翠玉為材料。不同的產品，會採用不同的工藝手法。例如傳統首飾，一般用浮雕；座件，則多用鏤空通雕。廣州玉雕藝術，講究玉料的天然紋路和色彩，利用「巧色」特技，量料取材，使每一個廣州玉雕作品，都宛如渾然天成。較為有名的玉雕，包括吳公炎的座件蓮花及帆船、何真祥的龍舫等，前者輕薄得可以浮在水面而不下沉，後者則集畫舫、樓宇的建築藝術為一體，被評為國家級的珍品。尤其是藍君基主持設計的《新世紀的春天》這一玉雕作品，採用重達18噸的南玉雕刻，利用鏤雕多層玉球技術，在球內套疊了多達8層，四面4個子球也均可自由轉動，體現了廣州玉雕典雅秀麗、輕靈飄逸的特徵。

目前，廣州玉雕與北京、揚州、上海的玉雕工藝並列為中國四大派，是國家級非物質文化遺產名錄之一。

廣州玉雕

《核舟記》裡的藝術作品就是廣州欖雕嗎？

廣州欖雕是中國微雕中的一個品種，早在明代時期就已經出現了。那時候，欖雕主要在寺院裡出售。寺院僧人把欖雕賣給香客，表示「普度」的意思。清朝時期，廣州欖雕達到了一個藝術高峰，一度成為珍貴的貢品。欖雕藝人們工藝高超精湛，市場一派欣欣向榮。

廣州欖雕以烏欖核為原料，講究質地堅硬、緊密、不開裂。製作時，人們利用毛銼刀、平銼刀、尖椎刀、三角錐刀等多種工具，通過勾樣、挫坯、雕刻、刮滑及安木座這五樣基本程序，製作出一個個精美的欖雕工藝品。欖雕的雕刻手法主要以浮雕、圓雕及鏤空雕為主，注重保持橄欖的天然原色。題材則根據工藝品的不同品種來做出不同的選擇，例如珠串多用神佛頭像及瑞獸花果，上座件則選用觀音、壽星或古代英雄；掛件又包括衣袋墜、執扇墜等，種類豐富，多達50餘個。

廣州欖雕

廣州欖雕最傑出的代表是《核舟記》中的那枚核舟。這核舟是廣州宮廷藝人陳祖章所創作，在一枚1.6公分高、3.4公分長的小小欖核上，雕刻出東坡、佛印、書童等共計七人，人人活靈活現。舟底刻有蘇東坡《後赤壁賦》全文，舟身上的八扇窗戶均能開合，可稱為廣州欖雕的巔峰。

為什麼廣州宮燈被稱為「中國燈」？

紅木宮燈

廣州是中國傳統紅木宮燈的發源地之一。廣州木雕藝人所創作的紅木宮燈起源於明朝，用珍貴的原料精雕細刻成為木架，再蒙上美麗的絲綢而成。當國外的玻璃製造工藝傳入中國後，廣州藝人們將燈壁材質改為玻璃，還在燈壁上畫上美麗的圖畫。一盞紅木宮燈，有12-18幅圖畫。這些圖畫是走馬的，可以看完一幅接著看下

一幅，每幅圖畫的內容都不一樣。畫框立體，不停旋轉，中國畫的山水、花鳥、侍女等在一盞燈中展現得淋漓盡致。

清朝時期，紅木宮燈經過改進成為可以裝卸的結構。它成為了大量出口海外的暢銷商品，受到了各國人民的喜愛，被稱為「中國燈」。2010年，紅木宮燈的製作技藝被列為了廣東省非物質文化遺產。

廣州琺瑯：中西合璧的藝術

廣州琺瑯又稱為「畫琺瑯」，是在銅胚上繪製彩圖後再入爐燒製而成的一種工藝品。它起源於15世紀中葉歐洲比利時、法國、荷蘭三國交界的佛朗德斯地區，是不折不扣的舶來品。清朝康熙年間，隨著禁海政策的鬆動，畫琺瑯從廣州等港口傳入中國，被人們稱為「洋瓷」。洋瓷深受皇帝喜愛，一度成為了御用品。

20世紀80年代初，廣州琺瑯匠人們別出心裁地將琺瑯工藝與景泰藍工藝有機地結合在一起，創造性地發明了一種新式工藝，並命名為「中彩琺瑯」。「中彩」二字蘊含著民間喜聞樂見的好意頭，它既繼承了景泰藍金碧輝煌的圖案，又能將畫琺瑯那古雅活潑的彩畫書法表現出來，兩者結合起來相得益彰：閃閃發光的金線，閃耀出一股雍容華貴的氣質；淡雅古樸的彩畫卻又令人不禁細細品摩，流連忘返……中彩琺瑯多以山水花草、飛禽走獸、人物字畫等作圖樣，燒製研磨後可謂晶瑩奪目，其獨特的藝術韻味受到了廣大群眾的歡迎。目前，中彩琺瑯已經開發出了多個品類，包括花瓶、點心盒、盤碟等都是禮尚往來的佳品。2009年，它被列入了廣州市非物質文化遺產保護名錄。2010年，又被列入了廣東省非物質文化遺產保護名錄。

廣州法琅

西關打銅：廣州的黃銅時代

　　銅碗筷、銅邊爐、銅造喜盤、銅打湯婆子……這些銅製品曾經是廣州地區每家每戶人民必備的生活用具。尤其是廣州西關地區，銅器簡直可稱得上是老廣州人的「傳家寶」。

　　據史料記載，廣州的手工打銅技術最初傳承於江浙一帶，在清末時期達到了打銅行業的巔峰。彼時，從事打銅行業的工人曾一度超過2000人，除了銅碗銅爐等常用生活器皿，銅製的水煙筒也是特色之一，在南洋一帶非常暢銷。

　　由於銅具導熱快、耐用，廣州西關家家戶戶都存有整套銅製的鍋碗瓢盆用於鎮宅。如今廣州光復路、人民中路、人民北路一帶，在20世紀50年代還被稱為「打銅街」，廣州銅器的繁盛由此可見一斑。

　　在老一輩手工藝人看來，打銅本來是「賤活兒」，天天拿著錘子敲打銅片，經常把自己的手弄傷。從一塊簡單粗糙的銅片，到最後的成品，究竟需要敲打多少下？沒有人能夠數得清。但你捧起一樣銅器，它那光滑均勻的表面、精湛的工匠手藝，會讓你肅然起敬、歎為觀止。

　　1958年左右，國家曾把銅統一收為國有。廣州西關打銅藝人們紛紛轉行，打銅街消失在歷史中。40年後，銅在民間重新開放。銅藝漸漸地得到了復興，加入到打銅行列的年輕人也越來越多。2009年，西關打銅正式成為了廣州市第二批非物質文化遺產之一。大家已經意識到了打銅藝術的價值，相信廣州銅藝絕不會陷入「後繼無人」的尷尬境地。

西關打銅

廣州檀香扇有什麼特色？

　　廣州檀香扇發源於清代，距今已經有了兩百多年的歷史。當時，檀香木在鴉片戰爭後大量輸入廣州，廣州藝人用木料來精工製造手工摺扇。這些檀香扇雕工精美，香氣雋永，有著「扇存香存」的美譽，很得人喜愛，一度遠銷東南亞甚至歐洲地區。

檀香扇的製作工藝以「四花」為技術核心，即拉花、燙花、雕花、繪花。四花中的「拉花」是廣州檀香扇最具有特色的地方。這種工藝是用特製的鋸條在扇面上拉出花紋圖案：用來拉鋸的鋸條只有兩張紙交疊那麼薄，要通過拉鋸在木扇葉片上製作出200餘個洞目來表現圖畫，不可不謂之巧奪天工。不論是拉、鋸還是打磨，

廣州香扇

每個工序都必須一絲不苟，只要其中的一個環節出現差錯，整把扇子就報廢了。

廣州檀香扇的圖案多樣，包括花朵、佛手、蝴蝶、秋蟬等。到後期，更是發展出人物、花鳥、風景等更加精美的樣式，極具嶺南工藝美術的典型特點。20世紀7、80年代，用於製作扇子的材料更加多樣化，藝人們又創造出了棗檀木扇、仿象牙扇和熨花扇等。廣州檀香扇，成為了廣州特產之一。

你了解廣州木雕嗎？

木雕，是廣州的又一張名片。它與玉雕、牙雕、廣彩、廣繡一起，被譽為廣州傳統手工藝的門面。廣州木雕非常注重具體形象的雕刻，講究裝飾性，各種裝飾紋樣極盡繁複精細，一件廣州木雕作品上，裝飾用的面積往往高達80%左右。而這些裝飾的風格，則追求的是粗獷豪放、氣勢恢弘。

廣州木雕圖案多種多樣，既有中國傳統的龍鳳、獅子、蝙蝠、八仙、三星花果等紋樣，又有虎爪腳、法式圖案等西洋式樣，中西結合，獨具廣州風味。一般而言，廣州木雕分為建築裝飾和家具雕刻兩大類別。建築雕刻多用於廳堂花楣、門窗、屏風和神案等處，而家具雕刻要數紅木家具和木箱最為有名。廣雕家具，造型古樸典雅、打磨光滑、油漆明亮、結構堅固、經久耐用，可謂高檔與實用兼備的藝術品。

明代的廣州木雕講究線條的流暢、造型的簡約，清朝的廣州木雕則注重雕花紋樣的精美。到民國時期，廣州木雕作品逐漸減少，慢慢無人問津。如今，人們經歷了潮流的回復，傳統木雕工藝再次受到了關注。改良後的廣州

木雕產品得到了廣大群眾的喜愛，木雕藝術在經歷過短暫的低谷後，正逐漸重現往日的風采。

廣州磚雕一般用在哪些地方？

廣州磚雕可以追溯到秦末漢初。在廣州中山四路越國公署遺址上，就曾出土過熊紋空心漢磚，這是廣州磚雕藝術歷史久遠的一大證明。它是一種極富珠江三角洲水鄉建築特色的牆體裝飾藝術，在廣州市老城區、番禺區沙灣鎮及花都區分布最廣。廣州磚雕興盛的時期要數明清，彼時祠堂、民居均廣泛採用磚雕裝飾，形成了獨特的廣式建築風格。

廣州磚雕

這些磚雕一般都用在裝飾門楣、探頭和據牆上。它們有的獨立存在，有的與彩繪、灰塑、陶塑等交相輝映，融為一體。表現的題材多種多樣，既有各類人物，又有花鳥蟲魚、山水樓台、書法紋樣等，再講究一些的磚雕還會從古代小說、傳統戲曲與木魚書中截取故事片段，展現繁花似錦、龍鳳呈祥、天仙賜福等片段。

廣州最大的磚雕作品，要數何世良在寶墨園創作的巨型影壁《百花吐豔百鳥和鳴》了。這幅磚雕作品高達5公尺，寬22公尺，被列為「金氏大世界之最」。

廣州牙雕有哪些特色？

廣州牙雕是一種以象牙為原材料進行雕刻的傳統手工技藝。在秦漢時期，廣州的牙雕行業就有一定的發展。而明清時期，則是廣州牙雕的巔峰。

廣州牙雕的雕刻技法分為雕刻、鑲嵌和編織三大類，通過精心製作，創造出各式各樣的欣賞品、實用品及裝飾品，如花塔、山景、摺扇、手鐲等，其作品質地瑩潤、玲瓏精巧，十分華麗、美觀。

　　由於廣州氣候溫暖濕潤，象牙不容易脆裂，非常適宜於製作鑽鏤、透雕的作品，再加上藝人們高超的工藝水準，牙雕片可以做到薄如紙，呈現出半透明、晶瑩剔透的狀態。在染色環節，廣州牙雕講究嬌豔富麗，要展現出立體感。除純象牙外，廣州牙雕還會採用其他名貴材料，例如紫檀、犀牛角、玳瑁等，把它們巧妙地鑲嵌在同一件作品之上，增加層次感、美觀感，可謂豪華名貴至極！

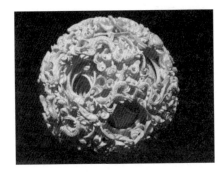

廣州牙雕

想交好運？買隻波羅雞！

　　波羅雞是廣州黃埔區廟頭村村民在南海神廟舉辦波羅誕時出售的一種工藝品。相傳東漢時期的馬援將軍征戰交趾時，所用的銅鼓隨海水漂流到現在的南海神廟裡，後又被張姓村民發現這面銅鼓上有雞腳印跡。大家都認為這是祥瑞之兆，故而人們按照雞的形狀做出紙雞，並稱之為「波羅雞」。

　　波羅雞是用黏土、元寶、雞毛、橡線、顏料、砂紙、糯米粉、竹片等製成，分為毛雞與光雞兩種。小的波羅雞只有一兩重，大的可重達30斤。每逢農曆二月十一日至十三日的波羅誕時，人們會在波羅廟前擺滿許多大小形狀各異、色彩鮮豔的波羅雞，有公有母，有大有小，許多遊人都爭相購買。據說，每年出售的波羅雞中，有一隻波羅雞會鳴叫。只要誰買到它，誰就能平安大吉，享受一年的好運氣。

波羅雞

廣州的名人故居和民間趣聞

　　在上千年的歷史長河中，無數的名人與廣州這座城市產生了密不可分的聯繫。政治家孫中山、作家魯迅、畫家居廉等都曾在這片土地上留下自己生活的印跡。

　　白雲樓、雙清樓、塔影樓、文德樓……當你踏足廣州，站在這些地標面前，你能否感受到從過去到現在那厚重的呼吸聲？你能否從廣州街頭巷尾的民間趣聞中體會到城市古老而溫存的目光的注視？

　　讓我們來讀一讀廣州的傳說與趣事，在引人入勝的講述中，信步漫遊到過去的那個年代……

廣州的名人故居

魯迅曾在鐘樓居住過嗎？

　　鐘樓坐落在廣州東山區文明路215號中山大學校園原址內，是原中山大學本部辦公樓。它原本是清代廣東省科舉考試的場所，1908年被改為廣東優級師範學堂，後又被孫中山先生改為廣東大學。1926年7月，為了紀念孫中山，廣東大學更名成為中山大學。

　　中山大學的鐘樓佔地約4375平方公尺，正門是一道拱形圓柱，樓下四周為柱廊走道。因樓頂四面均裝設有時鐘，故而得名為「鐘樓」。魯迅先生在中山大學任教，是在1927年。那年1～4月，魯迅就在鐘樓居住。1957年，鐘樓建立了魯迅紀念館。

　　除作為魯迅先生的故居外，鐘樓在中國近代革命史上更是佔據著十分重要的地位：1924年1月，國民黨一大就在此地召開。次年5月，第二次全國勞動大會和廣東省第一次農民代表大會又選址於此。省港罷工集會、紀念列寧逝世周年大會、紀念巴黎公社55周年大會、追悼廖仲愷、慶祝廣東統一群眾大會以及歡送北伐軍出師群眾大會、歡慶北伐勝利大會等，均在鐘樓進行。1962年，它被評為廣東省文物保護單位。

鐘樓

為什麼說白雲樓是魯迅與許廣平的愛情驛站？

　　在廣州市越秀區白雲路上，有一座白雲樓。白雲樓二樓西側的那套三室一廳，就是魯迅在1927年位於廣州的寓所。這棟白雲樓呈淡黃色，粗粗看來平淡無奇，但是對於魯迅與許廣平而言，它卻有著不可替代的意義。

　　許廣平是許家高門巨族中的一位另類。她性格熱情似火，一點兒也不像

其他居於閨閣中的柔弱少女。許廣平立志求學，在經過一系列的抗爭過後，終於爭取到進入北京國立女子高等師範學校就讀的機會。在學校念書期間，許廣平參與了許多次學生運動，並在學生運動中將自己性格中堅韌、強悍的出色品質展現得淋漓盡致。這個女孩深深地吸引了魯迅的注意，他情不自禁地想要結識許廣平。魯迅為許廣平的學生運動提供了許多睿智的建議，許廣平逐漸對魯迅也產生了依戀之情。他們在1925年女師大的血色風潮中確定了戀愛關係，魯迅後來稱許廣平為「害馬」，並認為這個堅強的廣州奇女子給了他一生中真正的愛情體驗。

一年後，魯迅與許廣平離開北京。許廣平先行回到廣州，魯迅則受邀前往廈門大學任教。但鑒於廈門大學尚有舊勢力存在，魯迅在廈門受到了冷眼與排擠。他最終決定離開廈門，於1927年來到廣州。一開始，魯迅在中山大學教中文課，然而後來國民黨政權發動武裝政變衝進了中山大學的宿舍，還逮捕了一批先進學生。魯迅營救未遂，憤然辭職，另擇白雲樓作為定居之處，沉下心來寫作。魯迅夫婦在白雲樓生活的日子雖不長，但這個地方卻是他倆的愛情長路中不可或缺的小小驛站。

白雲樓

周恩來與鄧穎超的婚房在文德樓嗎？

在廣州市文德東路上，佇立著一棟文德樓。這棟老樓隱於鬧市之中，經過多年的風雨洗禮，看上去頗為陳舊。鮮為人知的是文德樓3號二樓的那間房，就是周恩來總理與鄧穎超的婚房。正是在文德樓昏暗的小房間內，周、鄧兩位革命伴侶攜起手來，開始了相濡以沫的生活。

周恩來與鄧穎超在1919年的五四運動中相識。當時，周恩來剛從日本留學歸來，而鄧穎超則擔任著北洋直隸第一女子師範學校「女界愛國同志會」的講演隊長。在一次次的愛國救亡運動中，雙方給彼此留下了良好的印象。最終，兩個年輕人在周恩來法國留學期間，通過書信往來確定了情意。

1924年9月，周恩來回到廣州，前往黃埔軍校擔任政治部主任。次年8月，鄧穎超隻身前往廣州與周恩來團聚。8月8日，一個團圓美滿的日子。在省港大罷工的時代背景下，周恩來和鄧穎超於太平館宴請親朋好友，正式結婚。多年來的異地戀終於告一段落，一雙璧人在羊城結為伉儷。他們於文德樓度過了結婚初期那段甜蜜的時光，直到中山艦事件爆發後，才迫於安全形勢，不得不搬離。

文德樓

孫中山的大元帥府位於何處？

在海珠區紡織路東沙街18號大院裡，有兩棟西洋式三層樓房。樓房坐南朝北，面臨珠江。採用花崗岩作為屋基，金字架灰脊瓦面，門窗開闊，四周走廊相通，整個布局十分工整和諧。這就是孫中山大元帥府的舊址，在1917年至1924年，孫中山先生在廣東省建立起革命政權後，把這裡當作大元帥府使用。在這兩棟建築物中，發生過無數令人心襟激盪的歷史事件：

反對南北軍閥的護法鬥爭、平息廣州商團叛亂、改組國民黨、促成第一

大元帥府

次國共合作……這些決定都是孫中山在大元帥府內做出的。1924年，孫中山離開廣州北上，此處也不再是大元帥府。但它卻一直是那段激昂的鬥爭年代最忠實的見證者。1996年，大元帥府舊址被定為全國重點文物保護單位。

為什麼廖仲愷、何香凝夫婦要給自己居住的地方取名為「雙清樓」？

何香凝出生於1878年，家裡是香港地產富豪。她在幼年時期，就顯現出與眾不同的性格與膽識：喜歡與兄弟一起玩耍，不肯裹腳，酷愛讀書……即使她僅念了兩年書，就受到父親的阻撓失去了上學的機會，她也想盡一切辦

法繼續自己的學業。她偷偷地蹲在兄弟的書房外聽老師講課，又躲在自己房間裡看書，從歷史小說到古代詩詞，無一不精。

到了談婚論嫁的年紀，擁有一雙天足的何香凝無人問津。然而恰巧廖仲愷經過了皇仁書院的學習，受到新思潮的影響，決定娶一個沒有裹小腳的女人為妻。廖家與何家一拍即合，何香凝與廖仲愷於1897年10月在廣州成婚。

一開始，廖仲愷夫婦居住在廖仲愷胞兄家裡。他倆通過精心修葺、改造，將原本破敗簡陋的斗室收拾得乾乾淨淨，成為一間安靜整潔的新房。夫婦白日裡在小房間內讀書、討論政治，晚上相擁觀賞月色，日子過得有聲有色。某年中秋節賞月，何香凝觀賞著滿屋皎潔的月色，情不自禁地吟詠了一句詩：「願年年此夜，人月雙清。」後來，這間小屋因著何香凝的詩句，得了個「雙清樓」的美名。

廖仲愷夫婦在這棟雙清樓居住了五年。雖然後來頻繁地搬遷，但兩人對雙清樓念念不忘。他們在廣州、上海等地居住的所有寓所都被稱為「雙清樓」，廖仲愷的詩集取名為《雙清詞草》，何香凝也自號「雙清樓主」。雙清樓，在他倆的婚姻生活中是一個不可磨滅的符號。

20世紀8、90年代，雙清樓一度成為幼稚園園區。如今，它被掛上了「廣州市登記文物保護單位」的牌匾，成為廖仲愷夫婦不朽的愛情紀念。

雙清樓

詹天佑故居差點被拆掉嗎？

詹天佑是中國近代鐵路工程的專家，曾負責修建過京張鐵路，素有「中國鐵路之父」之稱。詹天佑祖籍在徽州婺源，但他出生於廣州府南海縣，也就是今天的廣州市荔灣區。位於荔灣區恩寧路十二甫西街芽菜巷42號的房屋，就是這位鐵路之父出生、長大的地方。

這座芽菜巷內的小房，如今已被改建成詹天佑故居紀念館。為了強調鐵路之父家庭樸實靜穆的特徵，在故居修復過程中，工作人員力求保存清末民初廣州西關大屋原汁原味的建築特色，用料多採用古樸的青磚和滿洲窗。

整個紀念館，主要由三部分組成。第一部分是詹天佑故居，第二部分是展覽陳列廳，第三部分則是紀念館外類比八達嶺鐵路的小型園景區。走進故居內部，可以看到過去詹天佑及家人曾經使用過的八仙台、睡椅等老家具。廳堂和睡房，則被一張屏風隔離開來。故居中收藏了詹天佑的大量遺物，包括京張鐵路使用的鋼軌、銅鈴，詹天佑生前經常使用的畫圖儀器、字帖等，還有一部分模擬文件以及修建京張鐵路時的實景圖片。通過這些圖片可以看到過去鐵路的施工現場及鐵路軌道竣工時的慶祝場面，各種貨車、馬車、平車、煤車等造型精巧，向大眾展示著那個年代火車技術的精湛與成熟。

詹天佑故居

少有人知的是，鐵路之父的故居險些被拆掉。因荔灣區有一所小學叫十二甫西小學，在2002年，該小學準備擴建，詹天佑故居一度被納入了拆遷紅線範圍。在政協委員的宣導下，方才與鄰近的水月宮一同被保存下來，並經改造成為我們今天所見到的紀念館。整個過程，不可謂不驚心動魄。

孫中山、陳少白都曾在塔影樓住過嗎？

塔影樓，位於廣州荔灣區粵海關大樓對面，是一棟墨綠色的四層高樓房。它係陳少白出資修建，整體造型為西式洋房，鋼筋水泥結構；但頂層採用中式四簷滴水裝飾，再加上綠色的瓦頂、朱紅的梁托，中西結合，非常獨特。由於它矗立在江邊，夜色降臨後，恰如一盞燈塔，故而被命名為「塔影樓」。

建樓者陳少白是廣東新會人，自幼接觸西方書籍，早年與孫中山、楊鶴齡、尤列共同從事反清革命。他們志同道合，自稱「四大寇」。隨後，陳少白加入興中會，又參與了廣州起義。起義失敗後，遠赴日本。

這棟塔影樓，是陳少白在辛亥革命過後辭官辦實業，購下聯興碼頭後修建的。塔影樓最初的用途，便是陳少白辦公與居住合二為一的處所。20世紀20年代，孫中山也曾在塔影樓中居住過。2樓浴室內擺放的那個大浴缸，正是

當年舊物。後來，陳少白搬遷到北京生活。他非常想念自己的舊日居所，在思念的折磨下，還曾寫過一首《憶塔影樓》：「日日凝妝珠海岸，經年憔悴深閉門。風光如許人何處，厭記江潮漲落痕」。

如今的塔影樓，經歷過20年代各派政治勢力的鬥爭、經歷過日寇侵華的重重戰火，飽含著一個世紀的滄桑，堅挺地佇立在原來的位置上。塔影樓裡依然存放著多個陳少白使用過的物品，如屏風、睡椅、高腳茶几及屏風等；陳少白先生的一部分親戚，至今也依然居住在塔影樓3樓上。

塔影樓

廣州也有蔣光鼐故居嗎？

蔣光鼐是廣東東莞虎門人，曾參加辛亥革命、中原大戰等，是傑出的愛國民主人士和政治活動家。蔣光鼐戎馬生涯的巔峰，是震驚中外的淞滬抗戰。彼時日本帝國主義在「九一八」事變後得寸進尺，計畫侵佔上海作為繼續侵略中國的基地。蔣光鼐率領著中國軍隊，在武器裝備極度落後的情況下，與日軍展開了血戰，重創敵人。後因抗戰有功，蔣光鼐獲得了青天白日獎章。

在東莞，有一座蔣光鼐故居。這裡是蔣光鼐出生並度過少年時期的地方。而在廣州龍津西路逢源北街87號，也有一座蔣光鼐故居。這座房子有三層樓高，屬於典型的民國風格，用青磚砌牆，以磚木結構為主，內部面積十分寬敞。它原本是陳廉仲的物業，在陳家女眷出嫁後，被販賣給了蔣光鼐，蔣光鼐一家到此處長期居住。

民國期間，這座故居曾被用作廣州私立莞旅中學。經歷過多年風霜洗禮，它逐漸成為了一所瀕臨倒塌的危房。2000年，

蔣光鼐故居

蔣家後人一致決定，把這座房子捐獻給荔灣區。通過匠人們精心修復，這座舊房於2010年煥然一新，以蔣光鼐故居博物館的身分重現在世人眼前。該博物館被分為若干個展覽室，各展覽室裡，展出的是蔣光鼐每個人生階段所涉及的圖片、文字或舊物。在博物館一層，安裝著蔣光鼐蠟像。而二樓大廳裡，則通過聲光電影的手段，將蔣光鼐重擊日軍的場景鮮活地呈現出來。到蔣光鼐故居走一遭，相信你會對這位抗日名將生平產生更深刻的理解。

為什麼伯捷舊居被稱為「廣州白宮」？

伯捷故居

伯捷是20世紀初活躍在廣州的美國建築師、土木工程師。廣州有名的粵海關大樓、瑞記洋行新樓以及花旗銀行新樓等都是伯捷參與設計的，他改建的中山大學馬丁堂，更是中國近代史上第一棟鋼筋混凝土混合結構的建築。

更令人嘖嘖稱奇的是，沙面地區的大部分標誌性建築，包括舊俄羅斯領事館、被譽為「沙面第一樓」的法國東方匯理銀行等樓房，均為伯捷獨立設計的。正因為此，伯捷被人們稱為「沙面建築之父」。

伯捷曾於廣州荔灣芳村白鶴洞的一個小山丘上，修建了一棟西洋風格的建築。這棟建築佔地九畝，是他斥資買地建起的私人住宅。伯捷舊居，在當時堪稱典雅輝煌，舉世無雙。孫中山、蔣介石等政治界的名人，都曾選擇伯捷私宅作為他們的會議室。故而，伯捷舊居成為了世人心目中的「廣州白宮」。

可惜的是，這座「廣州白宮」並沒有得到很好的保護。它於2009年被列為荔灣區文物保護單位之列，還經歷了長達5年的修繕工作，如今卻再度荒廢下來：內部常年沒有人打掃，四處都是堆積的垃圾，蛛網隨處可見，讓人情不自禁地對它的命運產生一番唏噓感歎……

李小龍在廣州居住於何處？

　　李小龍是家喻戶曉的武打明星，他出生在美國加州三藩市，祖籍在廣東順德均安鎮。他拍攝的《猛龍過江》《龍爭虎鬥》等電影深受人們喜愛，曾打破多項電影票房紀錄。一提起李小龍故居，大多數人想到的都是順德與香港。其實，在廣州市恩寧路，也有一棟李小龍故居。

　　廣州市的李小龍故居，在恩寧路永慶一巷13號。這棟房子是粵劇「四大名丑」之一——李海泉所建。李海泉，就是李小龍的父親。李海泉攜家人移居香港後，房子被出租給了其他人。直到1978年，李氏家族的後人才取回了產權。

　　由於這所房子被劃分在培正小學園區內，外觀又相當殘舊非常不起眼，故而經常被人們認為它不過是學校的一所雜物間。其實，這棟故居具有西關大屋典型風格，採用磚木結構，內裡設置著雕花大梁、雕花玻璃屏風，佔地面積有200多平方公尺。近年來，荔灣區政府正在籌畫將其恢復舊貌，開發成李小龍祖居紀念館、醫武館，以紀念這位世界聞名的武林高手、電影宗師。

馮雲山故居是被清兵毀掉的嗎？

　　馮雲山是太平天國運動的傑出領袖之一。他於1822年出生在廣州市花都新華鎮禾落地村，早年間曾做過幾年塾師。1843年，馮雲山與洪秀全等人一同創立「拜上帝會」，並深入廣西貴縣、紫荊山區等地進行革命宣傳活動，鼓動人們參加「拜上帝會」，還在宣傳期間吸收了楊秀清、蕭朝貴等人。

　　1851年，金田起義爆發。馮雲山被封為南王，制定了包括《太平軍目》《太平禮制》《太平天曆》等一系列政令。一年後，他在全州戰鬥中受了重傷，最終不幸犧牲。

馮雲山故居遺址

　　馮雲山去世後，為何沒有在他的舊居修建任何紀念館呢？因為馮雲山的故居，早在金田起義中，就被清軍一把火焚毀得

乾乾淨淨，而馮雲山早年為了支持太平天國起義，變賣了不少家產，根本無力修復，舊居也就不復存在了。

其實，馮雲山在廣州新華鎮的故居原本是「九廳十八井」的大屋。故居門口有一口九茹塘，約兩畝地大小；前面不遠處還有一處水潭，叫做石角潭。據說石角潭就是南王與洪秀全創會時接受洗禮的地方，然而石角潭在20世紀60年代中期被填平改成了水田。如今的馮雲山故居，僅剩下了兩塊斷裂的石碑與一段牆基，向人們述說著南王曾經的功績……

你了解洪秀全的舊居嗎？

洪秀全故居位於廣州市花都區大布鄉官祿布村。這套故居始建於清末，共有六間，牆基用石頭砌成，牆體則採用泥磚。在這裡，洪秀全居住生活了三十餘年，度過了他的整個青少年時期。

與馮雲山故居相仿，洪秀全舊居也一度被清兵焚毀。但幸運的是，洪秀全舊居得到了重建。重建後的洪秀全舊居，成為了他的個人紀念館，主要展示了洪秀全在這片土地上生活、學習的過程以及領導太平天國運動的相關資料。在這所紀念館裡，總共分為四個展廳。展廳根據洪秀全的人生歷程劃分，分別反映了他的成長過程、金田起義以及保衛天京和最後的悲壯抗爭。在第一展廳內，你可以看到用白玉雕成的洪秀全坐像，以及一批關於太平天國革命鬥爭故事的木雕作品。步入第二展廳，金田起義的故事則映入眼簾。展廳內部採用金田起義的旗幟作為底板，加上燈光烘托，當年洪秀全帶領人們抗爭的情景彷彿重現在眼前。第三展廳採用了太平天國天朝宮殿的樣式，主要講述太平天國政權建立的全過程。轉入第四展廳，則可以看到太平天國做最後的抗爭時，各種悲壯卻又不肯放棄、城牆破裂、驚天地泣鬼神的場面。

目前，洪秀全故居已經被列入了全國重點文物保護單位。2005年，更成為了國家3A級旅遊景區。與馮雲山故居的前世今生相互映襯，讓人不禁感受到歷史那詭譎的一面。

洪秀全故居

電影《三家巷》是在李福林故居取景的嗎？

李福林莊園位於廣州寶崗大道1號，佔地面積高達13334平方公尺，俗稱「二十畝」。它是民國十年由李福林修建而成的，四面環水，包括主樓、耕仔樓、水榭、釣魚台、門樓等建築。這座莊園的主樓位於水中小島心，坐北朝南，混凝土結構，屬於西式樓房。主樓兩邊的耕仔樓，則是工人居所。莊園四周遍植果樹，環境清幽怡人。

說到這座莊園，我們就不得不談到莊園的主人——傳奇人物李福林了。李福林出身綠林，早年追隨孫中山腳步，加入了同盟會，又率領民軍投身到辛亥革命中去。後來，李福林成為了國民黨重要軍官，長期在廣州、河南等地盤踞。他曾經出任廣州市長、國民軍第五軍軍長，這座莊園除作為住宅以外，還是他軍隊的總部。

從上方俯瞰整座莊園，可以發現它的形狀就像一架向北方飛行的飛機。據說，莊園的造型蘊含著李福林希望北伐勝利的美好心願。由於它造型獨特，歷史印跡清晰，保存完好，故包括《三家巷》在內的多部電影都曾選擇在此處取景。如今，李福林公館已經成為了中共海珠區委辦公樓。

泰華樓緣何得名？

泰華樓的原主人，是嶺南一帶的書法名家李文田。他出生於廣東順德，學問淵博，對於蒙古史以及碑學均有很深的研究。李文田少年時專工歐陽詢書法，精通《九成宮》及其他唐碑，後來又轉而學習隋碑。李文田的書法作品，博采各朝代碑刻優點，筆力酣暢飽滿，意蘊頗深。他的篆書溫厚蘊藉，隸書及楷書則挺拔有力，主要作品包括《楷書軸》《行書七言聯》《書畫團扇》等，在廣東省博物館、廣州美術館、廣州博物館及佛山、江門、東莞、香港等地的博物館均有收藏其作品。

李文田曾擔任禮部左侍郎，還支持過劉永福的抗法鬥爭，熱心於廣東地區的水利建設事業。清遠石角圍、三水大路圍等堤圍，就是在李文田的主持下募資修建起來的。1874年，李文田厭倦官場，請求回到家鄉，並前往廣州鳳山書院、應元書院授課。在廣州，李文田築起了一棟樓用於收藏自己多年

來四處收集的珍貴書籍、拓本。正因為他的藏品中含有秦《泰山石刻》宋拓本及漢《華嶽廟碑斷本》宋拓本這樣的珍品，故而這棟樓被李文田起名為「泰華樓」。

泰華樓舊屋由於年代過於久遠，一度倒塌不能正常使用。經過1989年的動工重建，方才再次出現在世人眼前。它是一棟坐落在多寶涌畔的磚木結構大屋，含有正廳、左右偏間、門廳、外廊和書房、廚房等建築，布局合理，簡樸大方，環境優雅。1993年，泰華樓成為廣州市市級文物保護單位。詩人余藻華還曾題詞曰「泰階有象，華嶽同春，樓台複建，百載常新」，讚美李文田舊日書屋重換新顏。

王彭故居真的發生過戰役嗎？

在廣州市花都區花東鎮三鳳村，有一棟王彭樓，這棟樓修建於清朝光緒年間，是愛國華僑王彭的居所。

王彭樓坐東朝西，主樓高四層，以實心青磚壘成牆壁，牆基則用灰砂三合土製成。樓梯樓板原本是木質，後由於年代久遠，大多霉爛，重修時被拆改成為鋼筋混凝土結構。天井中央，有一口水井。另設置一堵照壁，照壁上精心繪製了壽家圖案以及灰塑花鳥畫。仔細看時，你可以發現：這棟堅固的王彭樓，牆面竟然布滿了彈痕和炮彈孔！原來，在王彭故居，曾經發生過一場轟轟烈烈的戰役……

王彭又名王應彭，16歲時就追隨父親的腳步遠涉重洋，來到美國三藩市地區打工。他是一個嫉惡如仇的少年，好打抱不平。尤其在華人容易遭受白眼的異國他鄉，那種堅毅的品質尤為閃光。正因為王彭勇敢、熱情，他得到了當地華人的尊敬與擁戴。1903年，孫中山來到三藩市舉辦興中會籌資大會，王彭也參與了。國家與民族的危機使得王彭受到了深深的刺激，決心支持孫中山先生提倡的民主革命。他與孫中山一見如故，相談甚歡。為了革命事業，王彭曾多次捐款，後來還毅然加入了興中會。

1916年，年近五旬的王彭離開美國，回到家鄉定居。他建立起這棟集居住、防守功能於一體的王彭樓，又加入同村王福三為肅清家鄉腐敗而成立的「九湖鄉自治會」，組織農民兄弟與貪官污吏、土豪劣紳作鬥爭。王彭成為

自治會十位評審委員之一，為處理民間爭端、監督公款收支等獻出了一份力。1924年，九湖鄉農會正式成立。王彭拿出自己的積蓄，為農會捐獻大批糧食與資金。同年10月下旬，反動民團與土匪相勾結，向九湖鄉發起進攻。王彭為農軍購買了大批子彈槍支，便於農民子弟保衛自己的合法權益。

1927年，蔣介石發動「四一二」反共政變。廣州花縣的反動勢力得知後，也糾集起一批烏合之眾向農會發動進攻。王彭正逢六十大壽，但他聽說後當機立斷準備應戰，承擔起掩護農民軍的任務。農民軍退入王彭樓，而外面則是上千人的民團軍隊。經過炮轟、火攻等一系列戰鬥，農民軍堅守40餘天後趁雨夜設法疏散。民團攻下王彭樓，才發現樓裡一個人影子也沒有，只好撤軍。王彭樓，成為了這座小村莊裡最為光榮的記憶。

王彭故居

你知道鄧世昌故居的前世今生嗎？

鄧世昌故居位於廣州市寶崗大道龍珠直街龍涎里2號，是民族英雄鄧世昌的出生地。鄧世昌是清朝末年中國傑出的愛國將領、民族英雄，在中日甲午戰爭時期，擔任致遠號巡洋艦管帶一職。1894年9月17日，鄧世昌在黃海海戰中壯烈犧牲。他去世後，鄧氏家人把故居擴建改為宗祠。

由於清廷追封鄧世昌為從一品官階，故而他的宗祠正門是按照一品官員的規格修建的。台階一共有6級，整座建築則以長條花崗石做基礎，高出地面一公尺再用水磨青磚砌牆。祠堂主體共分為前、後兩座，中間用廊廡相連。在祠堂主體四個角上，則各建有一棟閣樓。另外，祠堂還包括了東院、後花園及東西門樓、前院照壁等建築，值得一提的是後花園中的那棵蘋果樹，傳說是鄧世昌親手種下的。

抗日戰爭時期，日軍侵佔廣州。由於被鄧世昌的威望所攝，日軍並未破壞鄧氏宗祠。民國三十八年，鄧氏族人在祠堂內部辦理起「世昌小學」，後一度改建為婦產醫院。從1957年開始，鄧氏宗祠被作為廣州市結核病防治醫院使用。「文革」期間，又一度遭到破壞及違章佔用。直到1989年，鄧氏宗

祠被評為廣州市文物保護單位，又於1994年8月闢作鄧世昌紀念館。

鄧世昌故居

如今，鄧世昌故居整座建築都恢復了清朝的式樣，各種木雕已盡量復原。在故居內部，收藏有600多張圖片和雕塑、模型、文字說明，將鄧世昌青少年時期的故事以及甲午海戰的壯舉一一講述。後鄧世昌故居還被評定為「廣州市愛國主義教育基地」。

康有為的康園建在何處？

北起芳村平民東街，南至友倫里，東至芳村基督教堂至陸居路附近的芳村百貨商店、影劇場一帶，曾經是康有為的花園。當地的老人稱這一帶為「康園」或「康地」，相傳康有為在數次上書要求變法卻均未被採納後，心灰意冷，於是築起康園作為隱居之用。後來，康有為奉旨上京變法，但變法失敗。清兵前往廣州市內康式雲衢書屋中搜捕康有為，幸好康有為在花場新築的康園居住，逃過一劫。

這座曾經救過康有為性命的康園位於聽松園南邊，附近還有一座「小蓬仙館」，是清末道教信徒聚會講道的地方。據說，康有為曾經在小蓬仙館內讀書，正門上「小蓬仙館」的匾額也是康有為親手書寫的。但後來，部分居民在此處修建閣樓，如今「小蓬仙館」與康園遭遇相同的命運，已經不知所蹤了。

廣州的民間趣聞

「上轎新娘不下轎」的習俗是怎麼來的？

廣州地區有個習俗——上轎新娘不下轎。這習俗是怎麼來的？背後有一

段趣聞：

相傳古時某日，廣州有位新娘出嫁。送親隊伍抬著花轎，吹吹打打，非常熱鬧。出嫁途中，送親隊伍與另一鳴鑼開道的官方隊伍狹路相逢。兩頂轎子無論如何也無法同時通過這條小路，這使得官方隊伍的領頭人十分惱火。他大聲呵斥：「哪裡來的賤民？為何不下轎讓路？」

然而，新娘卻不是個好欺負的人。她向來能說會道，聽言後立即回敬：「今天新娘出嫁，哪怕是轎子裡坐著天王老子，也該給我讓路！」

湊巧，官方轎中坐著的還真是當朝皇帝。皇帝見新娘如此大膽，忍不住問她：「你這話是從何而來的？」

新娘笑著回答：「新娘子坐上轎子還沒有到丈夫家裡，哪裡能下轎啊？況且我離丈夫家還有很長一段路途，為了不在路途中內急小解，上轎前還吃了一些冰糖斂尿呢！」

皇帝聽後繼續向新娘發問：「我是堂堂一國之君，難道也要讓你這個小小的新娘不成？」

新娘子根本不知道對方是皇帝。她依然鎮靜地回答道：「就算皇帝老爺，也是從女人肚子裡生出來的。皇帝天天都是最大，這次讓一讓新娘也不行？」

皇帝聽完，覺得新娘說得有道理，於是下轎讓道，「上轎新娘不下轎」就成了當地婚嫁的風俗。民間還從這個故事衍生出了「皇帝朝朝大，不如新娘一朝大」的俗語呢！

廣州天平架伍仙橋與五羊傳說有什麼關聯？

「五仙駕羊獻穗」是每個廣州人耳熟能詳的傳說故事。然而，鮮為人知的是，廣州城北的天平架、伍仙橋、雞頸坑、麒麟崗等地名，都與五羊傳說有關。

傳說當年五仙接旨下凡送五穀之時，原本打算將天馬當坐騎。然而，天馬比較貪玩，不知道跑到哪裡去玩耍了。於是五

五羊雕塑

仙只好騎羊下凡，在廣州城北郊上方，稻仙看到了一隻小白馬。於是眾仙人降下祥雲，尋找白馬。白馬見勢不妙，搖身一變變成一座山嶺，這座山嶺就是白雲山路的馬仔嶺。

因眾仙遍尋白馬而不見，便乾脆就在此處歇歇腳順便打牙祭。由於五仙發現腳下的山嶺像一朵白雲，於是將它命名為「白雲山」。白雲山前另有一座像瘦狗一樣的山嶺，眾仙叫它「瘦狗嶺」。席間，不知哪位仙人突然提問，究竟是白雲山比較重，還是瘦狗嶺比較重呢？大家爭論不休，最後決定找一座天平來稱一稱。稱出來的結果是瘦狗嶺比較重，而神仙們安放天平的地方，就被後人們稱作「天平架」啦。

接下來再來說麒麟崗和伍仙橋吧。話說眾仙稱完兩山重量後，繼續向前趕路。此時，稻仙騎的仙羊肚子餓了。於是，便放它去吃草。閒來無事，眾仙又開始討論問題了：「仙羊坐騎雖好，但容易餓。你們說，什麼坐騎可以比仙羊還好呢？」豆仙說：「當然是麒麟最好啦」。麥仙聞言，掏出扇子迎風一招，招來一隻麒麟，要稻仙坐上。稻仙心中有所疑惑，以為是麥仙要捉弄他。豆仙卻以為稻仙是擔心地上骯髒，弄汙了自己的仙袍。於是豆仙又掏出一塊手帕，變成一張地毯。豆仙對稻仙說：「這下好了，你可以試試你的新坐騎了！」

可稻仙仍然猶猶豫豫，麒麟等得不耐煩，一口氣跑到山頂了。眾仙人見稻仙把麒麟放跑了，紛紛表示要懲罰他。稻仙認罰，決定請大家吃雞。然而雞頸子上的肉太多，被仙人們順手扔在一邊了。

後來，當地村民在五仙逗留過的地方築起了一座小橋，取名為「伍仙橋」。馬仔嶺前的「下馬鋪氹」，則是豆仙變的地毯。再往北走，有一座麒麟崗，它是稻仙放走的麒麟變成的。而附近的雞頸坑，就是當年仙人們扔下的雞頸變成的。

廣州刺史王琨是怎麼被南朝孝武帝「黑吃黑」的？

廣州一向是中國經濟外貿繁榮昌盛之地。無論是哪個朝代，只要能夠在廣州當滿三年官，斂來的財富絕對能夠供其返鄉後買房買地購置產業了。因此，廣州官場黑道斂財十分瘋狂，南朝時期也不例外。

眼見廣州官場黑暗，清官紛紛上奏朝廷要求肅清。然而當時在位的孝武帝劉駿卻採用了一種出人意料的「高明」手段：他並沒有採取措施查封官員貪污的門路，卻反而來了個「黑吃黑」的措施：針對廣州，孝武帝特意發布了一道聖旨。聖旨規定，凡是在廣州擔任刺史級別以上的官員，任職期滿後不但要做總述職，還要忠實地上報財產。財產的一半必須奉送給皇帝作為政績，只有這樣才能獲得嘉獎，順利升官。如果奉送的財產不多，官位將處於待定狀態。如果完全不肯奉送錢財，則只能丟官走人。

這道聖旨下達後，廣州刺史王琨陷入了絕望境地：他斂財乏術，貪的銀錢不多，眼看就要丟官了。好在王琨的祖上有家底，廣州在任時期又娶了個富人家的女兒，通過「啃父母」「啃老丈人」等措施，東拼西湊才湊足了一筆足以保住官位的錢，真叫人哭笑不得。

廣州天河有什麼來歷？

廣州天河村建於宋代。關於天河村的來歷，據說與玉皇大帝有關。

相傳很久以前，玉帝憐憫民間百姓缺衣少食，便命令掌管人間氣候的雷師雨部經常下穀雨、麵雪以救濟蒼生。一開始，百姓們都十分高興，虔誠地拜謝玉帝。後來，人間風調雨順，許多人漸漸地就不再愛惜糧食，吃不完便隨手丟棄。玉帝十分惱怒，降下聖旨：凡有糟蹋糧食者，殺無赦。

那時離石龍潭不遠處，有一條無名小村。李孝兒就是在這裡出生成長的，他年少喪父，與母親相依為命。李孝兒對母親非常孝順，白天幹活，晚上幫著做家務，有好吃的總是獻給母親吃。有一天，李孝兒的母親生病了。他焦急萬分，四處尋醫問藥。眼看母親的病情有所好轉，想吃點木瓜湯，李孝兒立即出門去買了兩隻大木瓜，回到家裡去皮煮湯給母親喝。他因急著做湯，一時間手忙腳亂，木瓜仁被撒了一地。恰巧玉帝從這條村落上空經過，看到滿地的木瓜仁以為是穀物，勃然大怒，命令雷公電母劈死了李孝兒，還在村落的泉水中降下瘟疫，要村子裡的人都不得好死。李孝兒的母親追出門外，呼天搶地大哭起來：「老天爺，你為什麼不長眼，專劈好人？」電母見老太太哭得傷心，於心不忍。她用電光照了照地上，細看之下發現那果然不是糧食，而是沒有用的木瓜仁。於是她急忙上天回稟玉帝，玉帝知錯，立即

要太上老君帶仙藥去救李孝兒一條性命。

太上老君救醒了李孝兒，李母高興至極。她奔出門外，準備告訴左鄰右舍這個好消息。誰知鄰居們喝了有瘟疫的潭水，都沉疴在身、奄奄一息。電母連忙再次稟告玉帝，玉帝准其前往施救。於是電母解下自己身上的腰帶，往村落的方向拋落。這條腰帶落地後立即變成了一條清澈的溪流。村民們來到溪流邊痛快飲水，甘甜的泉水治癒了瘟疫，讓人們精神爽快無比。於是，這條小溪就被大家稱作「天河」，而這條村落，也由此得了個「天河村」的名字，一直叫到如今。

「荒村」如何變「花地」？

過去的廣州花地，既沒有花，也沒有果。它只是一片荒草叢生、蛇蟲出沒的窪地，人們多稱之為「荒村」。這片荒村，是如何變為後來的「花地」的呢？荒村更名的背後，原來有著一段動人的民間傳說——

很久很久以前，在荒村附近居住著一個叫蔡伯的老人。蔡伯生性善良，但無兒無女。每到夜晚，看著四周黑沉沉的夜幕，聽著蟲鳴蛙叫，內心無比孤寂。與蔡伯作伴的，只有家裡屋簷下的一窩燕子。他特別喜歡燕子，不准小孩子打鳥，也不准旁人上梯子掏鳥窩。

為了方便燕子做窩，蔡伯在自家院子裡和泥，又將稻桿剪碎與泥攪拌。這樣，燕子就不需要去很遠的地方收集築巢的材料了。有了這個便利，蔡伯院子裡的燕子越來越多。某年春天，蔡伯特意用紅毛線繫在了一對燕子腿上做記號。次年春季，它們又回來了。蔡伯很開心，每天下地捉菜蟲，拿到房簷頭上給燕子投餵。後來，這對燕子生下一窩可愛的雛鳥。蔡伯照料得更加精心。有一天，燕子教雛鳥學飛，但其中的一隻雛鳥卻被一枚從園子外飛進來的石頭打斷了腿。蔡伯用自己的棉被給雛鳥做了小窩，又採來草藥為它療傷。直到雛鳥完全恢復，也能正常飛行了，蔡伯才依依不捨地將它放飛。這隻小燕子在他掌心裡站立了一會兒，翹翹尾巴，飛上天空。

又過了一年，到了春暖花開燕兒回巢的時候了。蔡伯沒想到的是，燕子們給他帶來了一個巨大的驚喜：成千上萬的燕子，都在蔡伯的門口兜圈，還紛紛吐下烏黑油亮的種子。這些種子是來自五湖四海世界各地的奇花異草，

蔡伯把它們灑在院子裡，不久後就長出了各色各樣的美麗花草。

蔡伯十分開心，他拿著花草種苗分送荒村裡的各位鄉親。從此，「荒村」變成了「芳村」。香花在芳村越種越多，品色越來越奇。這片荒村，最終成了廣州地區最為出名的花圃，人們於是叫它為「花地」。荒村再也不荒蕪了。

過去的廣寧人可以不花錢出入廣州天字碼頭，是什麼緣故？

鴉片戰爭前後，廣州的天字碼頭出入都需付錢。然而，但凡是廣寧群眾，卻有著不交錢也能順暢通行的特權。這種特權是怎麼來的呢？

原來，當時的兩廣總督曾於某日請太醫官為其檢查身體。太醫官預言總督明年會長背疽，很可能有生命危險。總督非常害怕，請求太醫官開方治療。但太醫官卻認為，要徹底治好背疽，只能在它還未生成之時就將其打散，不過自己卻沒有這個本事。

總督非常焦急，四處求醫。最後探得一名叫陳為甫的廣寧醫生，他得了麻姑傳授的醫術，除婦科病外其他疾病都手到擒來。總督大喜，親自來到廣寧請陳為甫診斷。陳為甫查看總督的病情後，讓他吃一百斤雪梨。總督按照陳為甫的囑咐，吃掉了一百斤雪梨，再來複診。陳為甫切脈過後，笑著恭喜他，說背疽已經被打散了。

總督將信將疑，來到太醫院進行複查。太醫官查看後驚歎不已，表示背疽確實已經消失。他自愧不如，希望將太醫位讓給陳為甫，但陳為甫並不肯做太醫。總督又提出給陳為甫封官、贈送土地，陳為甫也沒有接受。總督再三提出，一定要對陳為甫表示感謝。陳為甫想了又想，說：「我們廣寧人到廣州來，連個停泊船隻上岸的地方都沒有。要是有個碼頭可以讓廣寧人出入方便，我就心滿意足了。」

陳為甫的要求一說出口，總督立刻答應。從那以後，廣州的天字碼頭就被封贈給了廣寧。廣寧人出入廣州在此泊

天字碼頭

船，一不受阻，二不交錢，陳為甫的心願就這樣實現了。

廣州增城是何仙姑的出生地嗎？

何仙姑

何仙姑，是八仙當中唯一一位女仙，她出生在廣州增城，原名何素女。何素女的父親叫何泰，因家中有一口清甜的水井，故以井水製作豆腐為生。

何素女生性恬淡，由於不滿父母包辦婚姻，在結婚前夕失蹤。天亮後，何家父母只找到了井邊遺留下的何素女的一雙鞋。後來，有道士從羅浮山下來，告訴何家曾見到何素女盤腿坐在羅浮山的麻姑壇石上，還託其捎話給何泰，要他收起井邊的鞋子。原來，何素女已經成仙飛升了。

在距離增城縣城11公里開外，有一座三開兩進的小廟。這座小廟，就是何仙姑家廟。廟內供奉著何仙姑的神像，原本是唐代村姑打扮的樟木雕像，後來在「文革」中被毀，遂又再次重塑。在拜亭天井東側，有一口古井，井壁刻著「仙源涓涓，飲者萬年」8個小篆。這口井實際上並不是何仙姑飛升的水井，而屬於後來人修建的。

據說，何仙姑家廟在日軍侵華時期曾遭到過多次轟炸，但即使附近的房屋都被炸成了廢墟，家廟卻依然屹立不倒。更有一次，一顆炸彈直接掉落在了家廟前面，卻成了啞彈，沒有對家廟造成一丁點損失。相傳一個日本兵還曾經在何仙姑家廟當中縱火，結果他轉過身後火就自動熄滅了。因此，當地村民深信這座家廟是有何仙姑保佑的。

在距離何仙姑家廟300公尺開外，還有一株碩大的古藤。古藤被當地居民附以神話，說是何仙姑飛升時，從腰間掉下來的綠色絲帶。其實，除這座家廟以外，增城還有好幾座何仙姑廟呢。石灘鎮沙隴村南社、派潭鎮東園路等地都有為紀念何仙姑而修建起的寺廟，由此可以體現出當地人民對何仙姑的尊敬和熱愛。

為什麼廣州人稱琶洲塔為「中流碩柱」？

琶洲位於廣州市海珠區，是一個小小的島嶼。它的形狀像一個琵琶，從而得了「琵琶洲」的美名。相傳遠古時候，琶洲四周沒有陸地，是被一隻大鰲魚馱在背上的。每逢潮汐變化，就會順著水流移動。因此，琶洲上的居民們常年處於惴惴不安之中。

某天，琶洲來了個兩鬢斑白、手拿雨傘的老人。老人在珠江邊上走來走去，像是在找東西。走累了，便坐在江邊的一塊大青石上歇息。正巧有個鄭大娘在江邊榕樹下賣茶，她見老人在石頭上唉聲歎氣，心想一定是遇到了難處，於是捧了碗清茶遞給老人，詢問他是否有什麼為難之處？然而，老人並未回答鄭大娘的問題，倒是反問她最近琶洲有沒有出現過什麼怪事？鄭大娘也不避諱，一五一十地將琶洲隨潮汐移動的情況講給老人聽。

老人聽罷，一聲歎息：不出我所料，果然是那隻鰲魚作怪。它是當年哪吒三太子鬧東海時鎖禁在琵琶洲下的，鎖禁時，哪吒還對鰲魚說，倘若琶洲和陸地連在一起，鰲魚就再也不能回到東海去了。最近它蠢蠢欲動，就是想乘機翻身逃回東海。因為琶洲在逐漸地向陸地靠攏呀！如果鰲魚真的翻身成功，那麼琶洲上的一切都要葬身江底了……

琶洲塔

鄭大娘聽說後，不禁被嚇得魂飛魄散。老人安慰她：「別著急，現在告訴鄉親們先搬遷到其他地方居住吧。」鄭大娘連忙依言召集鄉親在祠堂開會，大家聽完老人的話都面面相覷、目瞪口呆。有人看出老人來歷不凡，於是請教他破解的辦法。老人沉吟良久，說：「如果在琶洲建造一座高塔把這條鰲魚鎮住的話，也許有用。但是一要保密，二要講究速度。」

鄉人們聽完，紛紛向老人叩頭，表示一定按照老人所言行事。於是，老人叫來幾個主事人，附耳吩咐一番。第二天，便大家齊齊出動，搬運木、沙。第三天，建材備齊，又準備好三牲祭品，提前建塔。只見老人從背囊中取出墨斗磚刀，祭奠過水酒後，磚灰、木料都像列隊士兵一般，層層疊疊自

動排列，一眨眼間就從地下建到了第九層。三更時分，寶塔封頂。四更時分，完成立碑。五更開光，寶塔大功告成，如同一道中流砥柱，緊緊地壓制著鰲魚，保護琶洲平安，人們不禁喜笑顏開。有人上前叩問老人姓名，老人說：「老朽姓魚名日，這座塔就作為送給大家的禮物吧！」說完後，便跟眾人告別，飄然而去。

老人走後，才有人發現：上魚下日，不就是魯字嗎？這位老人一定是魯班師傅南來顯聖，否則誰能夠在一夜間建起九層寶塔？由於寶塔建成後，琶洲再也沒有出現過隨潮汐漲落而浮沉的情況了。故而，這座塔又被廣州人稱為「中流碩柱」或者「琵琶碩柱」，關於魯班建塔的傳說也一直流傳到了今天。

百歲坊與清朝的一位秀才有關嗎？

在廣州中山四路大塘街內，有一條小巷叫作「百歲坊」。這「百歲坊」與清朝康熙末年的一位窮書生有關，背後的故事不可謂不辛酸：

窮書生名叫王健寒。他勤奮好學，飽讀經書。為了糊口，選擇在一家私塾做老師，教孩童念書。王健寒教書時盡心盡力，教出來許多學生都中了舉，可謂桃李滿天下。然而，王健寒自己卻似乎並無在科舉考試中求得功名的運氣。他每次考試，總是名落孫山。從滿頭黑髮，到銀絲兩鬢，卻仍然只是一介布衣，連秀才也沒考上。但王健寒卻毫不氣餒，直到103歲時，扶著拐杖也要報考。雖然街坊鄰居紛紛勸告他不要再去考了，王健寒卻心中不服氣，認為一定得去考。

百歲坊

考試時，由於王健寒年老體衰，一到號舍就睡著了。直到監考官巡視走過他身邊，推醒了他：「你文章寫好了嗎？」王健寒睡眼矇矓：「題目已經出了？」考官又好氣又好笑：「別人都要交卷了你卻連考試題都不知道！」王健寒心知又與中舉無緣了，可交白卷實在是太丟人，便向考官問清試題，想到哪，寫到哪，不像從前那樣精心作答了。他只求不交白

卷，哪裡敢想中舉的事啊？

結果這次考試，王健寒與孫子一起中了秀才。兩爺孫的事蹟一時被傳為佳話，人們紛紛表示祝賀。王健寒心想：「為何之前引經據典不中，這次通俗易懂反而中了？大概這就是『不願文章高天下，只願文章中試官』啊。」

由於王健寒在科場中經歷康、雍、乾三個朝代，才勉強考中秀才，前後已達七十餘年，實屬不易。街坊鄰居都稱他為「三朝百歲秀才」，他居住的小巷也就被稱為「百歲坊」了。

廣州洞神坊與康王廟有什麼關係？

在廣州市龍津東路，有一條街叫作洞神坊。這條街的名字，與清朝時一名叫「劉懂神」的孩童有關。

相傳清朝時期，廣州有位書生名叫劉秀。某天，劉秀與他懷孕的妻子回家探親，路上突遇傾盆大雨。兩夫妻匆忙跑到一間古廟避雨，誰知天空雷聲隆隆，十分恐怖。夫妻倆心慌意亂，不禁自問：這輩子從沒做過什麼壞事情，為何會觸怒神靈？此時，劉妻肚內的孩子胎動，蹬了一腳。所蹬的位置，正是妻子手裡拿著的一包鹹鴨蛋。驚疑之中，劉秀看了一眼廟上門匾，上書「康王廟」三個大字，頓時心內透亮：

原來宋朝時康王被金兵追趕，慌亂中跑入一間古廟。他發現廟裡有一匹馬，不管三七二十一就跳上馬背逃跑。跑過一條河後，他驚魂稍定，細看胯下的馬兒，十分驚訝：這竟然是一匹泥塑的馬！馬兒被一語道破天機，迅速化為泥土。康王後悔不已，此時金兵已經追到對岸。正在千鈞一髮之際，有群鴨子從河岸走過，把他方才留下的馬蹄印悉數踩踏乾淨。金兵沒有發現馬蹄印痕，以為康王並未渡河，便朝著另一個方向繼續追堵，康王因而逃過一命。從那以後，康王就把鴨子當作救命恩人，絕不吃鴨，鴨蛋也在禁忌的範圍之內。康王成神以後，百姓供奉他時也萬萬不可選用鴨子。現在天上雷鳴滾滾，正是因為這包鴨蛋觸犯了康王的禁忌啊！

於是，劉秀扔掉鴨蛋。果然，雷聲馬上就停止了。兩夫婦順利到家，不久後生下孩子，起名「劉懂神」，因為他在沒有出生的時候就能夠感受到神意。劉懂神是個聰明過人的男孩，勤奮好學，在21歲時就中了進士。但劉懂

神認為官場過於黑暗，不再做官。他回到廣州學習醫術，懸壺濟世，挽救了不少人的生命。劉懂神去世後，人們為了紀念他，把他住的那條街叫作「懂神坊」。因為「懂」「洞」諧音，「洞神」又象徵著洞天福地，故而漸漸地，這條街又被稱為「洞神坊」了。

為什麼廣州人要拜三娘樹？

在廣州市黃埔港文化宮對面的港灣五村口，有兩棵上百年樹齡的大榕樹，人們稱它們為「三娘樹」。三娘樹的由來與一段淒美的傳說有關。相傳明朝時，梁太師陪同皇帝來到廣州巡視。一日，皇帝經過橫沙，看中了一位長得美貌非凡的農婦。皇帝決心選她為貴妃娘娘，並指定由梁太師督辦此事。

農婦已經嫁人，人稱莫氏。因當時皇帝身邊已經有兩位貴妃，現在莫氏又被冊封，故大家稱呼她為莫氏三娘。

莫氏三娘進京時，茶不思，飯不想，滿面淚痕。梁太師問其緣故，莫氏三娘答到：「我原本已經有了丈夫。現在雖然皇帝封我為貴妃，但卻拆散了我們恩愛夫妻，所以我心裡十分悲傷。」梁太師聽三娘講完，若有所思：「既然你的心意十分堅定，那我教你一個辦法：在朝堂之上，叩見皇帝之時，你儘管把裙子當眾撩起。我自有辦法救你性命。」

莫氏三娘聽從了梁太師的囑咐，上朝時當著眾人撩起了裙子。皇帝大怒，要將莫氏三娘拖出去問斬。此時，太師上前奏道：「莫氏只是一個村姑，根本不識大體，還請皇上恕罪。」皇帝覺得太師說得有理，於是免去了三娘的死罪，要她返回原籍。此時，梁太師再次進言：「莫氏已經被冊封過，返回原籍後，不能回到丈夫身邊。她沒有經濟來源的話，日子會十分辛苦。」

於是，皇帝寫了三支赦籤，說：「這樣吧。這三支赦籤我送給她，她將赦籤扔在哪裡，哪裡就得留地歸屬她。如此，三娘就不愁沒有活路了。」太師把莫氏送回橫沙，又交給她赦籤，告訴她皇帝的意思。但莫氏說：「雖然我能活下去，但夫妻不能團聚，活著也沒有了意義。」她扔掉赦籤，上吊自盡。

在莫氏扔掉赦籤的地方，不久後長出了三棵榕樹。人們稱之為「三娘

樹」,「皇帝我都不嫁」也成為了當地女性對愛情發出的山盟海誓。青年男女常在三娘樹前談情說愛,上香跪拜,表示要與對方白頭到老。

至於為何三娘樹只剩兩棵,就與另一個故事有關了。那是在日軍侵華時期,為了在黃埔港修建電站,日軍準備鋸掉三娘樹。然而,前去鋸樹的日兵卻接連掉下,摔得頭破血流。兵頭知道三娘樹的傳說後,非常擔憂,立刻停止鋸樹。但已經被傷害的那棵樹終究沒能活下來,故如今三娘樹只有兩棵了。

為什麼岑村村民不姓岑?

廣州天河區有一個村莊叫「岑村」,但在岑村居住的村民卻不姓岑。這是為什麼呢?

原來,在很久以前,此處有一座叫黃花崗的山嶺,黃花崗一到晚上就發出萬丈金光。附近黃、吳、馬姓三戶人家看見後,都認為這裡是一片寶地。於是他們在

黃花崗

此處搭屋建村、開闢土地,並給村子起名為「金村」。這三戶人去請先生寫村名,但先生粗心大意,將「金村」寫成了「今村」。

當時有個貪官聽說了「今村」,誤以為是「金村」,村子裡藏著很多寶貝,居民也都是些富人。於是他坐著八抬大轎來到今村準備敲詐,村民們紛紛關門閉戶,大氣都不敢出。

只有一位見過世面的父老,將官老爺接到家中奉上香茶。賓主坐定後,官老爺問父老:「這裡就是金村嗎」?父老說:「是的,這裡就是今村。」貪官非常高興:「這就好了。本官有一事相求。」父老說:「只要是我們做得到的,老爺但說無妨。」於是,貪官告訴父老自己最近手頭缺錢,要跟金村人借一萬兩白銀。父老大驚:「我們這裡的村民都憑耕田織布勉強糊口,哪裡有這麼多銀子?」官老爺十分生氣:「如果你們不富裕,為什麼要叫金村?」父老回答道:「我們這個村子是今天的今,不是金子的金啊!」官老爺並不相信,於是父老便帶著他去各家各戶拜訪。官老爺只看到家家戶戶

的番薯、芋頭以及破碗爛盆，根本沒看出究竟哪戶人家有錢。官老爺看實在沒法搜刮民脂民膏，怨氣沖天：「你們村子混淆讀音，根本就不能叫『今村』！今天我原諒你們無知之罪，但以後要在村名『今』字上加個『山』字，我要讓你們沒有出頭的一天！」

村民們百般無奈，只好把「今村」又改名叫作「岑村」。但官老爺的詛咒並沒有生效，岑村的百姓們經過一代代刻苦經營，將這個村莊建設成了一個富饒的地方。

廣州俗語「三個盲公食兩條土鯪魚」是怎麼來的？

廣州有句俗語叫「三個盲公食兩條土鯪魚」，它是怎麼來的呢？原來，這句俗語的背後，有一個民間故事。

傳說很久以前，有三個盲人到茶樓吃飯。夥計盛來兩條用蒜頭、豆豉和薑片蒸好的土鯪魚，又端來三碗米飯，跟他們說「慢慢吃」就信步走開了。

三個盲人聞到飯菜的香味，都忍不住口水直流。他們連忙捧起飯碗，拿著筷子要夾菜。第一個盲人不管三七二十一，就夾了一條魚擺到自己的飯碗裡。另一個也夾了一條魚放到自己碗裡。第三個盲人就倒楣了，他左夾右夾也夾不到魚，只有一些蒜蓉和豆豉這種配料。不過因為味道好，故而三個盲人不論有沒有魚都吃得津津有味，不一會兒飯就吃完了。

夥計上來一面收拾碗筷，一面問盲人：「吃得怎麼樣啊？」第一個盲人說：「分量很足啊！」第二個盲人舔舔嘴唇：「我怎麼覺得勉強夠呢？」第三個盲人卻十分惋惜：「你們的菜味道好是好，但是根本就沒有魚肉嘛！」

這三個盲人的回答都沒有撒謊，但由於他們都看不見，又不知道只有兩條魚，故而先到的佔了便宜，最後到的只好吃虧。後來，但凡是遇到這種同等勞動卻得不到同等報酬的事情，廣州地區的人都會用「三個盲公食兩條土鯪魚」來形容，取其「分配不公」之意。這就是這句俗語的來歷。

洪聖大王與良馬菩薩曾經為廟宇選址起過爭執嗎？

在廣州海神廟進儀門第六級石階中央，存留著一枚不鏽的鐵釘。由於這

枚鐵釘正對著洪聖大王的鼻子，所以又被稱為「望王釘」。洪聖大王就供奉在海神廟內，相傳為了廟宇的選址，他還和良馬菩薩起過爭執呢！

據說洪聖大王有意在人間修建廟宇用於供奉自己金身，他與左右隨從下凡到人間尋覓適合修建廟宇的地方。某天，洪聖大王與侍從來到黃木灣，見此處樹木茂盛，面對大海，算得上一塊名副其實的風水寶地。於是，他便決定在此處修建廟宇。然而，良馬菩薩跟洪聖大王的眼光十分相似，也看上了這塊土地，而且良馬菩薩挑中這塊地的時間在洪聖大王之前，但沒有第三者可以作證。於是洪聖大王與良馬菩薩一見面就開始爭吵，互不相讓。為了解決廟宇選址問題，兩尊神決心去玉皇大帝面前，由玉帝決斷。

洪聖大王為了奪取這塊寶地，趁良馬菩薩不備，從建築材料中拿來一枚鐵釘釘在了地上。兩尊神來到凌霄殿，拜見玉皇后，良馬菩薩開始訴說前因後果：「臣在凡間尋得一處土地預備修建寺廟，但洪聖大王卻強詞奪理，硬說是他先發現的！」洪聖大王毫不示弱，立即反駁：「這塊地是我先發現的，為了尋找它，我花了四十九天的精力啊！陛下若不相信，可派人前去調查，臣在那片土地上，曾留下一枚鐵釘為證！」

玉皇立刻派遣千里眼去了解情況，後千里眼稟告玉皇，果真發現了洪聖大王的鐵釘。由於良馬菩薩手裡沒有證據，故這場爭端以洪聖大王的成功告終。良馬菩薩心內忿怒，於是在南海神廟相對的中山小府建起廟宇，企圖與洪聖大王相抗衡。這就是兩位神仙爭奪廟宇選址發生爭端的故事。

神廟前「海不揚波」的石牌坊是蘇東坡的手跡嗎？

在南海神廟前，有一座刻有「海不揚波」字樣的白石牌坊。這座牌坊上面的字筆劃粗壯渾厚，形態端莊淳樸，是北宋大文學家蘇東坡的手筆。

蘇東坡為什麼要題「海不揚波」這四個字呢？那就要接著良馬菩薩和洪聖大王的選址糾紛說起了。

眾所周知，南海神廟面前是一片汪洋大海，不論漲潮還是退潮，波浪都萬分洶湧。原來這不是自然現象，而是輸了選地官司的良馬菩薩在作怪。在良馬菩薩輸掉官司後，心情鬱鬱不樂，時常想要報了這個仇恨。有一天，機會來了：良馬的蝦兵蟹將向其稟告，說是上游沙土淤積，在大海中形成了無

數海隔。在南海神廟附近就有一個海隔，叫作「大濠沙」。如果藉大濠沙來破壞水文條件，一定能夠讓洪聖大王的香火銳減。

　　良馬菩薩聽完後，決定採納這條計謀。他派遣了不少蝦兵蟹將潛伏在大濠沙附近，每當漲潮、退潮之時，蝦兵蟹將們都興風作浪，攪出許多漩渦，使得那片海域非常險惡，船隻根本不敢靠近南海神廟，洪聖大王的香火果真一天天地減少了。

　　洪聖大王非常奇怪，踱步到廟前觀察海象。發現大海中波浪滔天，根本就看不到大濠沙的樣子。這時一陣狂風吹過，洪聖大王的帽子被吹入水中。他順著帽子的方向看去，只見無數良馬菩薩的蝦兵蟹將在海水中撥弄作怪，導致此地波浪滔天。於是，洪聖大王命令隨從拿來紙筆，揮筆寫下「海不揚波」四個大字，並加蓋上自己的玉璽，滔天的洪水果然被鎮住，大海恢復平靜。洪聖大王又請來千里眼和順風耳，站在神廟兩側，眼觀六路，耳聽八方，使得蝦兵蟹將失去了往日的威力，再也翻不起一點小小的波浪。從那以後，南海神廟的香火恢復了，常年一派昇平景象。只要有船隻進出，人們都

海不揚波

會在此參拜，求個順利。每年的波羅誕，此處更是遊人如織。大家購買波羅雞以及各種符咒，向洪聖大王祈求庇佑。

　　蘇東坡正是聽說了這個故事後，頗感興趣，故而他也寫下了「海不揚波」四個大字。後來，人們又把東坡手跡雕刻在了南海神廟前的白石牌坊上。

廣州的人文景觀

　　除壯麗的自然風光外，廣州作為歷史悠久的古城，還擁有著海量的人文景觀：三元里人民抗英鬥爭紀念館、廣州博物館、越秀公園、海珠公園⋯⋯這些博物館及公園通過對文物的整理收藏、對廣州歷史的梳理闡釋以及對當地旖旎風光的整合，從建築、古蹟等多方面來展示廣州的本土特色與市民精神。在遊覽人文景觀之時，你能從中了解到許多有趣的歷史人物以及傳說故事。

廣州的博物館

廣州博物館有哪些看點？

　　廣州博物館位於廣州市越秀山鎮海樓，早在1929年就對外開放了，屬於中國最早期創建的一批博物館。這棟博物館館址選在始建於明朝洪武十三年的鎮海樓上，是清代與現代的羊城八景之一。

　　廣州博物館展區一共有五層，首層是廣州地理模型與古城市示意圖。往上走，則可以看到新石器、秦漢、三國兩晉南北朝時期的出土文物。展區第三層，陳列著隋、唐、宋、元、明、清時期的歷史文物，四層樓上則屬於明清時期的專區。最高一層樓上，擺放著鴉片戰爭後中國近代文物的歷史資料，這些資料證明：廣州，確實是資產階級民主革命的策源地。

廣州博物館

　　經過近百年的不斷發展，廣州博物館除鎮海樓展區外，還建立起了廣州美術館、三元里人民抗英鬥爭紀念館、「三二九」起義指揮部舊址紀念館這三個分展區。其中美術館主要展出廣州傳統工藝品及藝術作品，抗英鬥爭館主要展出當年抗英用的旗幟、武器、螺號、檄文等物，而指揮部舊址則主要紀念由黃興領導的黃花崗起義。

廣州博物館的發展歷程是怎樣的？文物都從哪兒來？

　　廣州博物館是1928年廣州市政府修葺的同時，在鎮海樓籌辦的。1929年2月11日，廣州博物館正式對外開放。在1941-1945年期間，它被稱為「廣州市立圖書博物館」；1946-1949年期間，又更名為「廣州市立博物館」。1950年至今，它被正式命名為「廣州博物館」。

　　廣州博物館中的藏品，從初期的三千多件增加到如今十萬件左右。它們

的主要來源在於建國以來考古發掘出的各種文物。另外，廣州市政府還多次調撥，向社會廣泛徵集藏品。同時，還通過購買、社會各界熱心人士捐贈等方式，不斷地豐富藏品的種類與內容。但考古發掘，依然是廣州博物館藏品的主要來源。

廣州十三行博物館展覽分哪幾個部分？

廣州十三行博物館位於廣州市荔灣區西堤二馬路文化公園內，佔地面積達3060平方公尺，館藏文物有1600多件。「清代廣州十三行歷史展」與「王恆、馮傑伉儷捐贈的十三行時期文物專室陳列展」是十三行博物館最重要的兩個常設展覽。

廣州十三行

「清代十三行歷史展」主要包括開海設關、十三行風貌、十三行行商、十三行貿易、中西匯流、走向近代這六大部分，向觀眾們展現出十三行從輝煌到落魄的整個歷史，用大量珍貴的歷史材料和海內外遺存文物，系統地體現了粵商敢為人先、包容進取、海納百川的理念。而「十三行時期文物專室陳列展」則主要展出中外熱心人士從世界各地搜集而來並捐獻給博物館的與十三行歷史相關的文物，包括800餘套瓷器、近400件外銷畫以及100件左右五常酸枝家具。

十三行博物館中最吸引人眼球的是廣彩開光花卉人物紋冰壺與廣彩洋人遠航圖大碗。前者色彩富麗堂皇，繪工精美，是藏家熱捧的洛克菲勒瓷精品；後者則是外國商船抵達廣州後訂製的紀念品，這只大碗中心有船隻航行的年份標示（1757年），碗身則描繪了船員和親人相見的場面。十三行時期，廣州藝人們的工匠精神及高

十三行博物館

超技藝在這兩款文物中體現得淋漓盡致。

哪些歷史遺蹟屬於廣州近代史博物館管轄範圍？

廣州近代史博物館

　　廣州近代史博物館又稱為「廣東革命歷史博物館」，它隸屬於廣州市文化局，成立於1959年，是廣東省內最早的專題性革命歷史博物館。

　　廣州近代史博物館位於廣州中山三路的廣州起義烈士陵園內，下轄的革命舊址、古建築和近代歷史文化遺蹟共18個，包括但不限於黃埔軍校舊址、中華全國總工會舊址、廣州公社舊址、中共廣東區委舊址、越南革命青年同志會舊址以及黃埔海關分關舊址、外國人墓地、白鶴崗炮台與大坡地炮台等。該博物館現有藏品一萬多件，歷史照片2.5萬餘張。它們全面地反映了自鴉片戰爭至新中國成立期間廣州近代歷史的概貌。

廣東省博物館有哪些常設展覽？

　　廣東省博物館位於廣州市天河區珠江東路2號，以廣東歷史文化、藝術、自然為三大主要陳列方向。常設展覽主要包括廣東歷史文化陳列展、廣東省自然資源展覽、潮州木雕藝術展覽、館藏歷代陶瓷展覽、端硯藝術展覽五個部分。其中，廣東歷史文化陳列展通過展出的文物、圖片、油畫、雕塑、模型等，全方位地向觀眾展示了廣東從馬壩人時期到新中國成立的歷史文化變遷；廣東省自然資源展覽則展出了廣東省的地質地貌、礦產資源、中草藥、陸生生物及海洋生物、古生物等，展品豐富生動。潮州木雕藝術展覽通過源流篇、製作篇、藝術篇、器用篇、欣賞篇之分，展出不同造型、不同製作技藝、不同用途的潮州木雕品，將木雕藝術在潮汕民間生活中的應用展現在觀眾眼

前。歷代陶瓷展,則選擇陶瓷文物作為
依託,全面展現中國陶瓷從新石器時代
到清代、從產生發展再到興盛的整個歷
史進程。最後的端硯藝術展覽,則從端
硯的源流、發展歷史、端石自然屬性、
雕刻技法、雕刻流程及裝飾等多個方面
對端硯進行展示介紹,顯示出端硯深沉
的文化內涵,讓觀眾不禁流連忘返。

廣東省博物館

廣東省博物館有哪些著名藏品?

廣東省博物館的藏品一般來自考古發掘、收購、調撥以及接受捐贈等方
式。目前,廣東省博物館的藏品多達16.6萬件。在這浩如煙海的藏品當中,
有一些文物可稱得上是精品中的精品。下面,讓我們來窺探一下廣東省博物
館著名藏品的一角吧:

信宜銅盉

信宜銅盉1974年在廣東信宜出土,是西周時期的青銅製品。它為研究中
國嶺南地區秦漢以前的歷史文化提供了新的實物資料。信宜銅盉造型精美,
紋飾細膩,在美觀之餘兼具科學性,屬於廣東出土的最精美的青銅器之一。

金漆木雕大神龕

神龕是潮汕地區人民用於供奉祖先神位的神器,大的稱為神龕,小的稱
為櫝仔。整體造型莊重,製作精巧,工藝講究。一般而言,神龕多採用金
漆木雕作為裝飾。如用硬木製作神龕,則會選擇素雕。廣東省博物館中的金
漆木雕大神龕是清朝製品,它高達3.28公尺,是迄今為止中國形制最大的神
龕。神龕上雕刻著眾多人物,造型栩栩如生。

青玉鏤雕龍穿牡丹鈕

這枚玉鈕是用於鑲嵌繫物的。它的選材來自新疆和闐青玉,藝人採用立體

清玉鏤雕龍穿牡丹鈕

鏤通雕琢的手法製成。整個玉鈕呈圓柱體，玉鈕上雕刻著牡丹龍紋。牡丹花繁葉茂，龍紋粗眉大眼，張口露齒，不怒自威。它盤繞在牡丹花叢中，造型獨特，使整枚玉鈕顯得精緻非凡。

銅鍍金琺瑯葫蘆式三星獻壽轉花鐘

廣鐘，是中國鐘錶製造業的先河。它最初出現在18世紀初，是在英國機械動力計時器技術的影響下逐漸形成的。這口銅鍍金琺瑯葫蘆式三星獻壽轉花鐘，採用鎏金銅胎、琺瑯、水晶、象牙等名貴材料作為原料，製作手法中西合璧，構思分外奇巧、造型十分精密。

滄海龍吟古琴

滄海龍吟古琴，相傳是明朝嶺南儒家陳獻章所使用過的。陳獻章是嶺南古琴第一人，經常操琴四方雲遊。古琴背面刻著陳白沙親自題的「滄海龍吟」四字，非常珍貴。

廣州神農草堂中醫藥博物館有何看點？

廣州神農草堂中醫藥博物館創建於2006年，是中國首家將「天然」和「文化」融為一體的半敞開式中醫藥博物館。它坐落在廣州市白雲區沙太北路上，佔地面積達25300平方公尺。中醫藥歷史文化與原生態的中草藥種植在神農草堂裡被有機地結合起來，人們可以在此處領略到中華中醫藥文化的豐富內涵。

神農草堂中醫藥博物館

神農草堂分為兩大園區，一期為中華醫藥園，二期為嶺南醫藥園。前者運用浮雕、景牆、實物標本、模擬藥具、

生態種植等表現手法，將中醫藥的知識性、趣味性、觀賞性完美地結合在一起；而後者則向參觀者展示出嶺南醫藥、養生、藥食同源文化及藥物種植等方面的深刻內涵。

　　神農草堂中，最值得一看的要數中華醫藥園中的各式建築了。步入中華醫藥園，就可看到仿造「酒」字形狀建造的導入門。在這扇門的設計過程中，體現出的正是尊崇酒為「百藥之長」的傳統理念。再往裡走，是仿造篆書「草」字建造的神農草堂正門。由於中醫藥裡，草本植物佔比重最大，故而草堂正門擇此造型，正是為了凸顯草本植物的重要性。草堂園區內，還利用周圍100多公尺的石壩打造了一堵長99公尺、高3.3公尺的浮雕牆。這堵牆上雕刻的是從遠古時期起到清朝時止，有關中醫藥幾千年發展歷史的人物故事，包括扁鵲、華佗、李時珍、葛洪等。這些大師雕塑栩栩如生，背後涵蓋了許多中醫藥界的經典理論與學派著述。

神農草堂

廣州藝術博物院的建築設計有哪些特色？

　　廣州藝術博物院位於白雲山腳麓湖岸邊。它是著名建築設計師莫伯治主持設計的，整個建築輪廓豐富、塔樓矗立，庭院山水與精緻雕飾融為一體，氣勢相當恢弘。在藝術博物院正中間，有一座文塔。塔身上可以找到「羊」與「豐」的圖樣，這是為了點明「羊城」與「穗城」的地域特色。文塔以南的紅砂岩牆上，則是一排構圖豐滿的史前岩畫浮雕。北邊，就是展館的入口大門了。在這裡，你可以找到包括國畫、書法、油畫、水粉畫、水彩畫，甚至速寫、雕塑、碑刻、拓片等在內的多種藝術作品，許多館藏作品更可謂世間珍品。

廣州藝術博物館

廣州藝術博物院館藏《驢背吟詩圖軸》背後有什麼故事？

驢背吟詩圖軸出自廣州畫家李孔修筆下。李孔修是陳白沙的得意弟子，生性剛直。他擅長畫貓，許多權貴都曾以重金求畫。然而，李孔修對權貴們嗤之以鼻，反而經常給樵夫這類平民百姓贈畫。據說李孔修畫的貓太精細，跟真的一模一樣，看到畫面的老鼠都會被嚇得立刻逃跑。於是，許多百姓

驢背吟詩圖軸

都曾向其求畫。還有人說，李孔修曾經畫過一批禽鳥圖。某日，李孔修家裡遭遇火災，這些畫上的鳥兒竟然紛紛變成真鳥，振翅高飛……這些傳說，可以從側面印證李孔修畫工的深厚。

如今，李孔修的貓畫未有存世之作流傳。在廣州藝術博物院裡存放的《驢背吟詩圖軸》，講述的是唐代詩人賈島騎驢吟詩的故事。整幅畫面採用水墨寫意的方式完成，文人意趣洋溢其中，物我渾化，極具情致。

中華姓名博物館是祠堂改建成的嗎？

中華姓名博物館位於廣州市海珠區倉頭村166號。從外表看來，它根本就不像一個博物館。實際上，中華姓名博物館正是由南溟黎公祠改建而成的。

走進中華姓名博物館，你就能受到道路兩旁一個個雕塑人像的「夾道歡

中華姓名博物館

迎」。他們都是中國100個姓氏始祖的雕塑，每個雕塑鬚髮盡顯，活靈活現。博物館中最引人注目的，要數橫亙在祠堂正廳中間的巨型字典了。它長5.6公尺，寬3.4公尺，一共有53頁，要足足三個成年人一起合作才能夠順利翻動，這本字典就是《起名字典》，在《起名字典》裡記載了中國

各個姓氏的來源、變化及意義。鮮為人知的是，《起名字典》正準備申報「世界上最大字典」的金氏世界紀錄呢！

除此之外，中華姓名博物館還設置有雲集各姓氏名人照片資料的百家姓氏廳。它與姓氏始祖雕塑、《起名字典》、開國名人簽名錄以及長達25公尺、銘刻上萬姓氏的碑林，共同構成了中華姓名博物館的看點。

廣州市為什麼要設置涼茶博物館？

廣東省涼茶養生博物館位於廣州市蘿崗區金峰園路2號。這座博物館分為內、外兩個部分，外部佔地約20000平方公尺，是藥材種植園。在種植園中，栽種有達300多種具藥用價值、觀賞價值的喬木、灌木和地皮植物。這些植物大部分都可以作為涼茶原料使用。室內部分佔地約1500平方公尺，分為嶺南文化展示區、廣東涼茶起源展示區、廣東涼茶發展里程展示區、廣東涼茶申請世界文化遺產歷程展示區等多個展區。設置涼茶博物館，主要是為了通過遊客參觀博物館的活動，達到傳播嶺南地區涼茶文化的目的，使得參觀者在保健養生方面的意識得到增強，以達到「不治已病治未病」的效果。

為什麼農民工博物館要選址在馬務？

在廣州北部的馬務村，坐落著一棟博物館——粵農民工博物館。

農民工博物館是用一棟4層樓高的舊廠房改建而成的，在博物館門前，佇立著一個古銅色的農民工群像。群像中的人物們昂首闊步，目光堅定，與博物館的名稱相互呼應。

農民工博物館之所以選址在馬務，是因為馬務的城中村味道最濃厚。30餘年前，大批製衣廠、製鞋廠以及玩具廠等進駐馬務村，同時為馬務帶來了第一代農民工。當時，全國流行的「三角牌」電飯煲、「萬寶牌」冰箱等貨物均在馬務完成生產。這裡，曾造就了廣州一段熱火朝天的工業歲月。

在馬務這片僅有0.68平方公里的土地上，約有2000名本地人和2萬名外來人口共同居住。相當於你每在此地遇到10個人，就有9個是外地人。帶著五湖四海口音的普通話和不鹹不淡的粵語，讓來到廣州的外來務工人員感覺到包容。

2011年，馬務村成為農民工博物館修建的地點。人們紛紛表示，選址選得十分貼切。馬務見證了工業的發展、污染廠家的撤退以及隨後的資訊化革命，可謂在粵農民工打拼的典型縮影。在農民工博物館裡，你可以看到各種採用光影技術、場景布置、實物及文本技術講述的故事。城市的發展歷史和一個群體的遷徙史均濃縮於此。

農民工博物館

廣州絲織行業博物館的展覽內容分為哪幾塊？

廣州絲織行業博物館位於廣州市康王南路上，佔地約700平方公尺。它的前身是錦綸會館，又名錦綸堂，原本是清朝廣州絲織行業商人議事、活動的場所，見證著中國早期資本主義的萌芽，是中國海上絲綢之路的重要物證之一。

錦綸會館原本坐落在下九路西來新街，但2001年，在建設康王路時，為了保護這座有著深刻歷史意義的古建築，政府對其進行了整體平移，並於2012年將其改造成了廣州絲織行業博物館。

在博物館中，展覽的主要內容分為七大塊：錦綸往事，主要介紹錦綸會館歷史上6次修建；錦綸輝煌，主要介紹廣州絲織行業自秦漢以來的發展簡史；絲織貿易，主要介紹2000多年來以廣州為中心的絲織品貿易發展史；錦綸薈萃，主要介紹盧媚娘、張弼士、陳啟源等絲織行業的名人事蹟；絲織蘊夢，主要介紹香雲紗的製作工藝；廣繡溢彩，主要介紹廣州傳統刺繡工藝；驚天平移則主要介紹廣州市政府為保護會館而進行的整體平移工程。這座博物館見證廣州絲織行業發展的歷史，具有非常珍貴的歷史價值和藝術價值。

廣州民間金融博物館有哪些有趣的展品？

廣州民間金融博物館是中國第一家以民間金融為主題的博物館，坐落在昔日的廣州金融商貿中心——長堤大馬路268號上。這裡以前是民國時期的金城銀行舊址，佔地面積約為780平方公尺。實物、歷史圖片、場景再現、互動

遊戲、多媒體演示……博物館通過多種手段，全方位地向觀眾們展示出從西周時期直到近現代，以民間信貸為主要形式的民間金融發展史。

在廣州民間金融博物館裡，可以看到許多有趣的藏品，包括民國時期的銀行存摺、微型手帳、銀錢流水帳、愛群人壽保單等。另外，還有當時的經商格言牌、銀號票據台、匯兌電腦等。廣州民間的金融文化及昔日廣州銀行業的風采，在這些有趣藏品的身上真實地展現出來，令人不禁嘖嘖稱歎。

廣州民間金融博物館

為什麼廣東民間工藝博物館要設在陳家祠？

在廣州市荔灣區中山七路恩龍里34號，有一座廣東民間工藝博物館。它於1959年設址於陳氏書院，主要以廣東地區民間工藝為主，兼顧全國各地歷代工藝品的藝術性博物館。在廣東民間工藝博物館中，長年設有廣東象牙雕刻、廣州彩瓷、廣東剪紙和麥稈貼畫等展覽。各種各樣精美的民間工藝品，來到這座宏偉的藝術殿堂中，散發出自己獨特的光彩。

廣東民間工藝博物館之所以設址在陳家祠，是因為陳家祠有「三雕三塑一鑄鐵」。「三雕」是指陳家祠門口的石獅、石鼓等石雕，大門兩邊牆壁上鑲嵌的磚雕（*左為《水滸聚義廳》，右為《劉慶伏狼駒》*），以及進門四件大屏風的木雕。「三塑」是指陳家祠房頂處處可見的彩塑、灰塑和陶塑。而「一鑄」，則是指陳家祠內收藏的各種技藝高超的鑄鐵工藝品。

正如前所述，陳家祠是廣東特色的民間工藝集大成者。故而，將其作為廣東民間工藝博物館的所在地就再恰當不過了。目前，該館內收藏的民間工藝美術品及文物標本多達1萬餘件，種類豐富，包括陶瓷、織繡、雕刻及其他雜項。尤其是來自廣東石灣窯的藝術陶瓷，數量非常龐大，達4000多件，且精美異常。目前，廣東民間工藝博物館的常設展覽包括玉雕展、景泰藍展、廣東傳統雕刻展、舊廣州家具展、廣州彩瓷展、廣東象牙雕刻展及廣繡作品展等，在展廳中你一定能夠感受到民間藝術的洗禮，同時享受一場視覺的饕餮盛宴！

廣州南越王宮博物館上還壓疊著南漢王宮遺蹟嗎？

在廣州市越秀區中山四路與北京路的交叉口，有一道深沉厚重的暗紅大門靜靜地佇立在一片繁華的商業區內。這裡就是南越王宮博物館的所在地，1995-1997年間，正是在此處，人們發掘出了兩千多年前趙佗建立的南越王宮遺址。在遺址中，過去王宮內部大型的石構水池和曲流石渠清晰可辨。它們設計獨特、構築精巧、規模宏大，曾先後幾次被評為全國十大考古發現。

更令人震驚的是，在這座南越王宮遺址之上，還壓疊著南漢王宮的遺蹟。種種跡象顯示，此處的遺址既是兩千年前的南越國，又是一千年前南漢國兩個地方政權修建的宮苑所在地。在廣州建都的兩個政權，前後均選擇同一地點建造宮苑，說明這裡作為廣州甚至嶺南地區經濟文化中心的地位一直沒有改變。

走進南越王宮博物館，我們可以看到被曲流石渠的遺址保護起來的主樓。在主樓內部展覽宮中，擺放著大批出土的陶器。沿著宮殿走廊繼續向前，即將步入的是南越王宮博物館的主體陳列展示區，「南國磚井」出現在觀眾眼前。隨著南國磚井一併展出的，是有關廣州水井文化的展示，名為「飲水思源」。在陳列展示區當中，人們通過聲、光、電形式結合大量文物圖片，來向觀眾展現出歷史的悠遠。

2012年，南越王宮被列入了中國世界文化遺址的預備名單。帶「萬歲」字樣的瓦當、圖案精美規格各異的印花磚、奇特的帶釘瓦……它們就像一部無字史書，彙聚著廣州作為歷史文化名城的精髓。

普公漢代陶瓷博物館有何特色？

普公漢代陶瓷博物館位於廣州市珠光街德政南路51-55號。從它的名字就可以看出，這是一座以展現中國漢代古陶瓷為主要特色的博物館。在普公漢代陶瓷博物館中展出的漢代陶瓷主要分無釉陶、單色釉陶、漢兩彩、漢原始青瓷、漢成熟青瓷五個部分。通過對漢代陶瓷的鑑賞，人們可以了解到古人在漢時盛世從發明創燒了釉陶、再到發明了漢兩彩、最後成功完成了從原始青瓷到成熟青瓷的偉大成就。

　　為了使觀眾能夠更加深入地體會中國陶瓷的發展與社會的變遷，普公漢代陶瓷博物館從八千多年前的大地灣文化起，到夏商西周，再到春秋戰國，唐宋元明清……各朝各代的陶瓷珍品均在此陳列，它們就如同一部記錄歷史滄桑的文化藝術典籍。不論是風雨飄搖的亂世，還是輝煌昌盛的盛世，均一一在陶瓷上留下印記，讓後來人在讚歎之餘不禁感慨萬分……

廣州市東平典當博物館是由當鋪改造成的嗎？

　　民國初年，廣州市典當業十分興盛。整個廣州的當鋪多達400多家，當時在廣州市里還流傳著「當鋪多過米鋪」的說法。民國以後，隨著近代銀行在廣州的出現，典當行業才逐漸走向衰退。當時的典當鋪，成為了廣州商業經濟及對外貿易發展的證明。

　　然而，能夠保存至今的典當鋪建築十分稀少，位於中山四路與越秀中路交界處的東平大押要數其中最有名的了。東平大押建於民初，是廣州老城的一個地標性建築，俗稱「大東門當鋪」。它於1934年，受到銀行業興起的衝擊而歇業。在20世紀70年代，又被一家工廠當作民工宿舍成為民宅。直到後來中山路全線擴寬，人們才逐漸意識到東平大押的文物價值，它得以倖存下來，而其中的住戶也全部搬離。

　　2004年開始，越秀區政府對東平大押進行了維修改造。拆除民居時期修建的部分，又對木構件、屋頂、牆洞進行了彌補，盡量地保留老當鋪的原汁原味。東平大押最終被改造成為廣州市東平典當博物館，共分三層：一層主展廳復原明末清初當鋪櫃台和典當場景，二樓則是近代典當行業的文史資料及圖片、實物，三樓常用於舉辦各種典當物品的鑒賞和知識講座。

　　在東平典當博物館裡，你可以看到當年典當行裡的遮羞板、司馬秤、試金石等老器物，還能體驗一次做典當行「二當家」的感受：帶著放大鏡鑒別貨物，再用試金石檢驗，最後當場寫下當票並蓋上印章……知識性與趣味性融為一體。

典當博物館

粵海關博物館是「羊城新八景」之一嗎?

粵海關博物館坐落在廣州市沿江西路29號的「粵海關舊址」內。它位於珠江岸邊,建成於1916年,是當時擔任海關總稅務司署工程處的建築師大衛德‧迪克設計的。整棟大樓坐北朝南,共有四層高,連鐘樓在內共計31.85公尺,總建築面積達3292.72平方公尺,是典型的歐洲新古典主義風格建築。

粵海關建成之初,即成為廣州市長堤新興商貿區中心地標建築。許多住在周邊的老街坊都表示,他們是聽著粵海關大鐘樓悠揚的鐘聲長大的。在過去,手錶和時鐘還沒有得到普及,這口準點報時的大鐘,實實在在地成為了當地居民生活中不可分割的一部分。

由於粵海關地理位置良好,建築美觀宏偉,它成為了新世紀「羊城新八景」之「珠水夜韻」的標誌性景點。2016年,在粵海關裡建立起的粵海關博物館正式掛牌對公眾開放。這是全國直屬海關第一家博物館,其中藏品不少都是珍貴文物,例如中國現存最早的通關憑證——戰國中期「鄂君啟節」、完整記載了古代關津制度的憑證——張家山漢簡「津關令」等。另外,還有中國首套郵票「大龍票」、李鴻章手書「津海新關」木匾等。

粵海關

除此之外,粵海關博物館還設計了一個「清初粵海關驗船」的多媒體場景。在一個模仿海關衙門、洋船靠岸的大型圖景中,眾多清兵影像紛紛出場登上船舶並進行查驗、現場辦公,將當時海關工作的全過程再次重現在我們眼前。這些文物及多媒體場景展示出了中國海關源遠流長的歷史。

廣州郵政博物館曾經歷過哪些劫難?

廣州郵政博物館坐落在廣州市荔灣區沿江西路上,它的展覽面積近1500平方米,設有三大展廳。一樓展廳是展示珍稀郵品的展銷中心,二樓展廳展示了中國早期通信、大清郵政、中華郵政及改革開放前的人民郵政等內容,記錄了從古代到現代具有嶺南特色的郵政歷史變遷。三樓展廳展示的,則是

改革開放後廣州郵政的發展歷程及對未來的展望。從參觀郵政博物館的活動中，觀眾不僅能對郵政歷程有一個基本的了解和認識，還能選購郵品。最重要的是，郵政博物館所在的大樓本身，就烙印著深刻的滄桑印記：

廣州郵政博物館原本是廣州郵政的老辦公樓。它屬於典型的歐式建築，用黃褐色的花崗岩作為基石，配以巨大的廊柱。雖略顯斑駁，但氣勢非凡。

這棟大樓始建於1897年，1916年毀於一場大火。在英國人丹備的籌畫設計下，郵政大樓於原址上得以重建。然而1938年，日軍侵略廣州時，曾在西堤一帶放了一把大火。火光中，郵政大樓再次遭遇劫難。它的門窗地板全部被火焚毀，幸虧建築框架並沒有倒塌。火災發生後次年，楊永堂參與設計。他與工作人員按照原貌將大樓修復，並一直沿用至今。

廣東郵政博物館

郵政大樓目前被列為廣東省文物保護單位。它與廣州郵政博物館一起成為了展示廣州郵政及集郵文化發展史的活化石。

廣州的公園

為什麼蘿崗公園又稱為「香雪公園」？

在廣州市黃埔區蘿崗街道，有一座佔地80公頃的蘿崗公園。這座公園又被人們稱為「香雪公園」，這是怎麼一回事呢？

原來，蘿崗公園以梅花出名。從宋代開始，蘿崗地區每逢冬至前後，梅花紛紛盛開，一時間繁花如雪。再加上當地特殊的自然條件，常常出現梅開二度的情景。紅、白兩色的梅花搭配起來煞是好看，「蘿崗香雪」的美譽也就逐漸地傳播開來。

在20世紀6、70年代以前，蘿崗香雪被列入了「羊城八景」之一，一時名揚海外。廣州當地人也形成了冬至去蘿崗賞「雪」的習俗，算是對廣州無雪

遺憾的一種彌補吧。郭沫若在遊歷了「蘿崗香雪」後，更是留下了「嶺南梅花渾似雪，蘿崗香雪映朝陽」的佳句。蘿崗公園被人們稱為「香雪公園」，也就不足為奇了。

除了梅花之外，蘿崗公園內還有個景點叫作「玉喦書院」。這所書院自南宋至清朝數百年間，引得無數文人墨客慕名而來。他們在書院中留下了不少石刻和珍貴的墨寶，比較出名的包括朱熹與文天祥的詩詞、海瑞的聯句以及鄭板橋的字畫及拓本。

蘿崗公園

由於20世紀80年代中後期氣候變暖，蘿崗地區的梅林蟲害頻發。人們紛紛砍掉梅樹，種植其他經濟作物。「蘿崗香雪」的美景一時間蕩然無存。近年來，廣州市政府準備重建蘿崗公園，計畫恢復玉喦書院、鍾氏祠堂。更重要的是，引種梅林也成為了重建的一大主題。相信不久以後，廣州人又可以在南國見到美麗的香雪了。

越秀公園上曾有趙佗修建的「越王台」嗎？

越秀公園依託越秀山為主體。這座山早在秦漢時期，就是廣州的風景勝地。兩千多年前，在嶺南建立第一個封建王朝的南越王趙佗，就曾在越秀山宴請群臣，並盛情地款待了由漢高祖劉邦派來的使者陸賈。在越秀山上，有一處越王台。據說每年的農曆三月初三，趙佗都要來到此處登高遊樂。除此之外，趙佗還在登山的山路上遍植奇花異草，稱之為「呼鸞道」，道旁金菊、芙蓉盛開，芬芳異常。

民國時期，孫中山先生提出：要把越秀山建造成一個大公園。廣州解放後，孫中山的構想實現了。如今，越秀山上的越秀公園風光秀美，保存著各種文化古蹟。除古越王台遺址外，還有古城牆、四方炮台、中山紀念碑、伍廷芳墓、海員亭、五羊石像及雕塑群等。漫步越秀公園，各種喬木、花木及棕櫚植物欣欣向榮。就連國家一級保護植物桫欏，也在這裡生長得異常繁茂。越秀公園的竹林、樹林和草地為動物提供了良好的覓食環境，光鳥類就

有43種。另外，公園裡還棲息著來自南美洲的候鳥。

越秀公園的秀美風光吸引了大量遊客。它還曾經接待過多位原國家領導人呢：毛澤東、劉少奇、朱德、周恩來和葉劍英等都曾來此遊覽觀光。毛澤東主席曾於越秀山游泳場七次暢泳，朱德則專門為越秀公園寫了一首詩：「越秀公園花木林，百花齊放各爭春。唯有蘭花香正好，一時名貴五羊城。」越秀公園，絕不辜負其羊城八景之一的美譽。

廣州市第一公園是哪座公園？

廣州市第一公園是位於廣州老城傳統中軸線上的人民公園，老廣州人也稱其為「中央公園」。它是廣州最早建立的綜合性公園，早在1921年10月21日就正式開放了。

人民公園的布局是義大利圖案式的庭園，呈方形幾何對稱。其選址頗有淵源：自隋朝時起，這裡就是歷朝歷代的衙門官邸。元代，是廣東道肅政廉訪使署；明朝，是都指揮司署；清朝，先後是平南王府和廣東巡撫署。民國初期，孫中山先生決定：將此處闢為公園，並交由畢業於美國康乃爾大學的楊錫宗進行設計。這座公園於1918年建成，起初名為「市立第一公園」，三年後，正式對市民開放。

人民公園與廣州近代史的發展息息相關。正是在這裡，孫中山先生多次展開群眾演講活動，宣揚民主革命的理論。1924年，人民公園還成為了中國第一次大型三八國際婦女節紀念活動的舉辦場所。1966年，人民公園正式更名，並沿用至今。

在公園內，你可以看到參天的古樹、繁茂的花叢，還能找到清初時期用漢白玉雕制的石獅以及1926年修建的音樂亭。隨著時代的發展，人民公園中陸續增設了露天音樂茶座、兒童遊樂場等設施，20世紀80年代，又建起《烽火年代》《魯迅》《冼星海》《猛士》《新娘》及《椰林少女》六座雕塑。邁入人民公園，你一定會感覺神清氣爽，因為

廣州人民公園

它是廣州市喧囂的城市中心一塊難得的「綠肺」。

文化公園的十大特色活動有哪些？

　　廣州文化公園位於廣州市珠江河畔，佔地達8.3萬平方尺。在文化公園內，共有展覽館8個，包括水產館、花卉館等，有關文教、科技、政治、經濟等展覽活動常年在此舉辦。中心位置的文藝中心台，是規模較大的文藝演出場所；遊樂方面則有桌球、自控飛機、環幕電影、高空列車等。尤其是1979年建起的園中院，巧妙地將中國石窟藝術和廣州雕塑技藝融為一體，使得室內層樓花草爛漫，泉潤輕流，一派優美的嶺南風光。

　　廣州文化公園成立於1956年。經過六十年來的經營，它已經形成了深受群眾歡迎的十大特色活動：

迎春華彩

　　迎春花會始辦於1957年農曆春節，在迎春花會上，文化公園被打扮成了一個繁花似錦、歡樂祥和的花朵的海洋。其中的元宵燈會作為重頭戲，更是將春節的喜慶氣氛推向了高潮。目前，迎春花會已經成為廣州舊日除夕花市的延伸，是廣州人春節期間的絕佳去處。

廣州中秋燈會

中秋燈影

　　中秋燈會始辦於1956年。每年中秋時節，文化公園都能聚齊「千盞華燈、百萬觀眾」。在文化公園裡的花燈，色彩鮮豔、工藝精巧，形色光聲俱佳，非常壯觀。

羊城菊韻

　　每年11月中旬，廣州文化公園都會舉辦大型菊花展覽。通過菊花展覽，來弘揚嶺南的菊花文化傳統，深受市民喜愛。

百姓古壇

粵語講古是廣州地區人民一項重要的傳統娛樂方式。20世紀5、60年代，文化公園的「羊城古壇」可謂廣州講古全盛時期最大的講古壇，每天都有大量講古愛好者來到此處聽講古。講古壇在經歷過一段時期的衰落後於近期重新恢復開放。如果你想聽講古，不妨去文化公園百姓古壇試試看。

舞台笙歌

舞台笙歌是指文化公園為市民群眾提供一片文化活動廣場作為演出場地。它以中心台為依託，吸引了眾多民間演出團體來此表演。

少兒揮毫

少兒揮毫的歷史比起中秋燈影、羊城菊韻而言可謂比較短暫。它是2004年開始舉辦的，每年都會邀請青少年書畫精英來此比賽，為弘揚傳統藝術文化、選拔羊城書法新人出一份力。

棋藝新暉

棋藝新暉實際上就是棋藝大賽，一般在文化公園的棋藝館舉行。但除了棋藝比賽外，這裡還會舉辦曲藝活動、燈謎活動、群眾歌會、文化藝術講座等。棋藝新暉，為羊城的曲藝及象棋愛好者們提供了一個絕佳的交流平台。

藝廬墨香

藝廬原名廣州畫廊。它通過書畫名家作品展覽、應眾揮毫等活動，打造出一個弘揚嶺南文化的書畫藝術交流基地，吸引了國內外大量書畫藝術界的知名人士定期聚會交流，凸顯了文化公園深厚的文化底蘊。

水產海韻

水產海韻是指位於文化公園中心廣場東面的水產館。它始建於1951年6月，是國內的第一家水產館。在展館內，常年展出各種海水及淡水動植物的標本、圖片和模型，集趣味性與知識性於一體。曾接待過毛澤東、朱德、葉劍英、陳毅等國家領導人，也曾接待過胡志明、尼克森、金日成等外國領導人。

廣州麓湖公園中的星海園是為了紀念冼星海而建的嗎？

麓湖

冼星海紀念館

麓湖公園位於廣州市白雲山風景區南麓，它山清水秀、鳥語花香，園內遍植馬尾松、臺灣相思桉以及竹，這些草木構成一派欣欣向榮的景象。尤其是春、秋季節，視覺效果十分絢麗。麓湖公園中的主要景點包括聚芳園、簪香展館、植誼亭、翠雲亭、白雲仙館等，其中聚芳園是最具有大自然特色的園中園，翠雲亭就坐落在聚芳園中。白雲仙館則是廣州地區文人墨客雅集之地，還曾供奉八仙之一——呂洞賓。白雲仙館曾在建國後遭到破壞，後廣州市人民政府又撥款重修，方重現在觀眾眼前。

除此之外，麓湖公園最值得一提的景點，要數星海園了。星海園是為了紀念中國音樂家冼星海而建的，它於1985年11月落成，內有冼星海紀念館、冼星海巨型石雕像、音樂亭廊及墓座等，寄託著人民群眾對冼星海的深切懷念。

「廣州綠心」說的是海珠湖公園嗎？

珠海湖

海珠湖公園位於廣州市海珠區新滘中路上，它面積達2248.3畝，其中有1422.6畝都是湖心區。海珠湖，就是海珠湖公園的中心。

海珠湖與石榴崗河、大圍涌、大塘涌、楊灣涌、西碌涌等6條河涌共同構成了一湖六脈的水網格局。其中部分河涌相互連接，組成了「外湖」，就

像是一個巨大無比的玉環，將圓形的海珠內湖緊緊環抱，形狀十分優美，被人們比喻成「金鑲玉」。海珠湖公園生態環境極佳，向來有「鳥類天堂」的美譽。各種植被繁茂非凡，即使是萬物凋零的冬天，在海珠湖公園內還有波斯菊等花卉傲然綻放，把公園變成了一片花的海洋。由於海珠湖公園生態良好，地理位置又恰巧與廣州塔、體育中心呈一條直線，它的湖區、果園組成了廣州市中軸線南段的「生態綠軸」，其「廣州綠心」的稱謂可說是名副其實。

天河公園裡有鄧世昌衣冠塚嗎？

　　天河公園位於廣州天河區員村，是一個以自然生態景觀為主要特色的公園。它總面積有70.7公頃，水體面積佔10公頃，前身是1928年在廣州與黃埔之間的中心地帶創辦的廣州市政府林場。解放後，林場被改建成為森林公園。1960年，又改名為「東郊公園」。

　　1996年，廣州市園林局委託設計院對東郊公園進行了總體規劃並開展「拆牆透綠」「拆店復綠」的工作，原來的圍牆全部改建為通透式，另外還完成了公園南北大門、中軸廣場、百花園景區及奇石館等標誌性建築的首期工程。1997年，東郊公園被正式命名為「天河公園」。

　　在天河公園內，有一座鄧世昌的衣冠塚。1894年9月17日，鄧世昌在抗擊日本侵略者的海戰中壯烈殉國。他的族人將其埋葬在廣州沙河天平架石鼓嶺鄧家山，後因世事變遷，一度被埋沒。1984年，在沙河鎮政府及有關人士的支持下，鄧世昌墓才被尋回。為了紀念甲午戰爭100周年，廣州市政府決定將鄧世昌墓遷移到東郊公園，並在園內立起鄧世昌雕像、修建墓園以供後人敬仰。

鄧世昌衣冠塚

廣州紅專廠的名字有何寓意？

位於廣州市天河區員村四橫路128號的紅專廠，是廣州市第一家真正意義上的創意區，它是一個國際化的藝術、生活中心，洋溢著創意、藝術和人文精神。

自紅專廠成立以來，吸引了大批知名畫廊、設計工作室、藝術展示空間、藝術家工作室等，這個文化創意產業區在國內外都相當具有影響力。它原先是一棟建於1956年的罐頭廠，之所以被命名為「紅專廠」，是因為原

紅專廠

址上的罐頭廠建立在一個「又紅又專」、精神奮發、意志昂揚的年代。另外，廠區內許多建築物都是採用紅色磚材建造的，因此「紅專」也是「紅磚」的諧音。紅專廠的英文名則叫「redtory」，是英文單詞「red」和「factory」的結合，非常具有時尚感與創意。

天鹿湖森林公園中的橄欖樹是仙鹿化成的嗎？

天鹿湖森林公園位於廣州市黃埔區聯合街天麓路，是在1996年興建的天鹿郊野基礎上擴建而成的省級森林公園。它的地形以丘陵為主，南部的牛頭山為最高點。登上牛頭山上的廣州市差轉台，廣州風光可盡收眼底。

天鹿湖森林公園中植被良好，樹種繁多，包括馬尾松、桉樹等，另有一棵酷似梅花鹿的橄欖樹。傳說是天上的仙鹿曾在人間遊歷，途中口渴便來到此地飲水。因迷戀這裡的湖光山色，遲遲不願離去，故而化為一棵酷似梅花鹿的橄欖樹長守於此。這棵樹，因此被人們稱為「天鹿神欖」，天鹿湖也由此得名。

天鹿湖森林公園最吸引人的景致，還得數「千畝禾雀花」。禾雀花是一種大型木質藤本花卉，又名白花油藤。它的花朵分為四瓣，花托像一個小小的禾雀頭，兩旁則各有一枚眼睛似的小黑點。正中間的一片花瓣像彎彎的雀背脊，十分可愛。

每年二月底三月初，森林公園的禾雀花次第開放。花朵一串串地懸掛在藤蔓上，每串數量高達二三十朵。遠遠看去，就像一群群禾雀在此棲息一般好玩。禾雀花花色嫩綠、鵝黃，在花期時來到天鹿湖森林公園，真可謂「一藤成景、千藤鬧春，百鳥歸巢、萬鳥棲枝」。正因為天鹿湖森林公園風景秀美，生態良好，人們還送了它一個「廣州東肺」的美稱呢！

草暖公園因何得名？

在廣州火車站與大北立交之間，坐落著一座西式風格的公園，名叫「草暖公園」。這座公園修建於1985年，面積達1.34萬平方尺。建造過程中，設計師大量吸取了西洋特點：園中遍布著各式各樣幾何圖形的水池，水池之間搭配著仿希臘、古羅馬的雕塑。水池中間則設計有蒲公英形狀的噴水圖形，再加上歐洲古堡式建築樓、音樂噴泉及大面積草坪、花叢林木等，整座公園色彩豐富、線條流暢、節奏明快，贏得了廣大市民的喜愛。

草暖公園是中國第一例採用西式方法營造的公園，它的稱謂意韻深遠：唐代李賀有「草暖雲昏萬里春」的詩句，用「草暖」二字為公園命名，既切合草暖公園以草坪為主的景致，又讓人感受到明媚舒適的詩意，真可謂別開生面！

草暖公園

附　錄

名勝古蹟 *TOP 10*

陳家祠

　　陳家祠始建於清光緒十四年，是廣東地區保存得最為完整的富有代表性的清末民間建築之一。它是廣東省陳姓人聯合建立的合族祠堂，為族人到廣州參加科舉考試提供住處。在陳家祠，你可以看到各種各樣木雕、石雕等傳統建築裝飾，這些裝飾造型生動，色彩鮮豔。另外，陳家祠中還有隨處可見的彩繪。整座陳家祠裡彩繪多達上千幅，它們風格不一，沒有哪兩幅是重複的，非常值得細細品讀。對廣州風情和嶺南特色感興趣的遊客，一定要去陳家祠看看。

石室聖心大教堂

　　石室聖心大教堂是曾經的清末兩廣總督府，1863年，它被入侵的英軍改建成教堂。聖心大教堂全身都是用花崗岩打造的，塔尖高達58.5米，氣勢十分恢弘，是中國國內最大的哥德式建築，也是全球四座全石結構哥德式教堂之一。那具有歐洲風格的彩色玻璃窗、透視門和雙鐘樓塔尖，那堂內的拱形穹窿、合掌式花窗櫺以及大銅鐘……身處其中，你能感受到宗教的神聖感與寧靜，與周遭肅穆的氛圍融為一體。

越秀公園

　　越秀公園是廣州最大的公園，它風光秀美，花草茂盛。最具代表性的，還要數廣州的標誌——五羊石像了。到越秀公園遊覽，除與五羊石像合影留念外，還可以順便參觀很多名勝古蹟，例如中山紀念碑、廣州古城牆、古老的四方炮台以及廣州美術館等，是一個品味廣州歷史文化的絕佳去處。

中山紀念堂

　　中山紀念堂位於越秀公園南麓，是為紀念孫中山而興建的紀念性建築。它於1929年動工，1931年完工，主體是一棟宏偉的八角形宮殿式建築，中央懸掛著一塊藍底紅邊的漆金匾額，上面是孫中山手書的「天下為公」。紀念堂後面，還有個獨立小房間──孫中山史蹟陳列館。整座紀念堂建築氣勢恢弘，體現了中國建築與西方建築的完美結合，非常有特色。另外，這裡還適合遊客了解中國近代歷史，非常具有紀念意義。

黃埔軍校舊址紀念館

　　黃埔軍校是一所英雄輩出的軍校，在這裡走出了許多著名軍事領導人，是中國軍事家的搖籃。黃埔軍校被稱為中國的「西點軍校」，十大元帥中的徐向前、葉劍英、聶榮臻、林彪和陳毅等都畢業於此，校總經理孫中山、校長蔣介石及黨代表廖仲愷三位領導人在中國近代史上大名鼎鼎。1938年，這裡被日軍飛機轟炸而毀於一旦，直到1964年大規模修繕後才基本恢復原貌。整個黃埔軍校舊址紀念館呈現出民國建築風格，在這裡你可以看到學校本部、中山故居、東征烈士墓園、北伐紀念碑、大坡地炮台及白鶴崗炮台等。即使它們都經歷過重修，但仍然帶有濃烈的時代感和歷史感。

寶墨園

　　寶墨園前身是包相府，為紀念包拯所建。它坐落在番禺沙灣鎮的紫坭村中，在寶墨園裡，可以看到許多充滿嶺南風情的建築物及磚雕、瓷雕。寶墨園中最為著名的瓷雕要數《清明上河圖》，它是金氏世界紀錄中最大的瓷壁畫。而磚雕則必推《吐豔和鳴壁》為首──一走進寶墨園大門，《吐豔和鳴壁》就出現在眼前。在這道《吐豔和鳴壁》上，雕刻有栩栩如生的芭蕉、展翅高飛的鳳凰及各種動物，立體感極強。除此之外，寶墨園內還有一座趙泰來藏品館。館中收藏著趙泰來先生捐贈的1600多件藏品，你可以在寶墨園大飽眼福。

西漢南越王博物館

　　西漢南越王博物館位於廣州越秀區。1983年6月，南越王墓挖掘出土，這座博物館就在墓穴原址上建成，主要展示南越王墓的墓穴形態及出土文物。

在這座博物館裡，最吸引人眼球的要數絲縷玉衣了。它是中國目前為止發掘到的年代最早的一套形制完備的玉衣。在整座南越王博物館中，各類隨葬品多達一萬餘件，包括名貴的承盤高足杯、龍鳳紋重環玉珮及文帝行璽金印、銀盒及虎節等。除此之外還常設有陶瓷枕專題陳列及其他不定期臨時展覽。如果有興趣全面了解廣州的歷史文化，不妨到南越王博物館一看。

黃花崗七十二烈士陵園

　　黃花崗七十二烈士陵園位於廣州白雲山以南，是中國最著名的烈士陵園之一。它坐北朝南，規模宏偉，巍峨肅穆。在這座陵園中，可以看到孫中山先生書寫的「浩氣長存」四個蒼勁大字，鐫刻在墓坊上方。那長達三百多公尺的層級主幹道兩旁，遍植蒼松翠柏。崗嶺上安放著七十二烈士的墓穴，1911年4月27日，廣州起義失敗後，同盟會會員冒著生命危險，將散落的烈士遺骸收斂於此，並修建起碑刻和護碑亭。後潘達微、馮如、史堅如等烈士的遺骨也安葬在此。陵園建成後，經歷過幾次興廢。建國後，當地政府多次對其進行修繕，並築起圍牆供人憑弔。過去荒涼的墓園，終於成為了今天莊嚴肅穆的黃花崗公園。

餘蔭山房

　　餘蔭山房是清代舉人鄔彬修建的私家花園，被列為廣東四大名園之一。它在設計上充分考慮了嶺南氣候特徵，以小巧玲瓏、古色古香的細密布局為其最突出的藝術特色。餘蔭山房向來有「藏而不露，縮龍成寸」的說法，在小小的園林中，亭台樓閣、橋廊堤欄、山水草木均盡收其間。中國古典園林的諸多元素都在餘蔭山房內集中地呈現出來，可說讓人百看不厭。

光孝寺

　　光孝寺是嶺南地區歷史最悠久、規模最宏大、影響最深遠的寺廟。在光孝寺內，有一棵菩提樹。據說慧能就在此剃度。慧能是佛教禪宗六祖，曾與孔子、老子一起合稱為代表思想先哲的「東方三聖人」。站在光孝寺結構細緻嚴謹的建築下，看著那雄偉壯觀的殿宇，再看看這棵樹影斑駁的菩提樹，也許會讓你頓生「本來無一物，何處惹塵埃」的感慨……

名山勝水 *TOP 10*

白雲山

　　白雲山位於廣州白雲區，是南粵名山之一，自古以來就有「羊城第一秀」的美稱。白雲山山體相當寬闊，由30多座山峰組成。站在白雲山主峰——摩星嶺上，你可以俯瞰整個廣州市的風光。白雲山景區分為麓湖、飛鵝嶺、三台嶺、鳴春谷、柯子嶺、摩星嶺、明珠樓及荷依嶺等八個部分，這些景區當中有三個全國之最：三台嶺的雲台花園，是全國最大的園林式花園；鳴春谷，是全國最大的天然式鳥籠；而飛鵝嶺雕塑公園，則是全國最大的主題式雕塑專類公園。白雲山最美的季節要數春天，那時百花爭豔，配上陽光照射下波光粼粼的湖面，呼吸著新鮮的空氣，人的心情隨之變得無比平靜。

鳳凰山

　　鳳凰山原名春崗，位於荔城鎮舊城區內。相傳北宋熙寧七年，有一對鳳凰來到春崗上空盤旋，後來還棲息在山崗上的樹林，良久後方才離去。人們認為這是吉祥的徵兆，故而將春崗改名為鳳凰山，還建起了一座鳳凰亭。南宋理宗皇帝曾御筆寫下「菊坡」二字贈予增城人崔與之，他移居鳳凰山後，改鳳凰亭為菊坡亭。除此之外，鳳凰山上還有萬壽寺、何仙姑井等景點，其中的「鳳台攬勝」，更是增城新「增城八景」之一。

千瀧溝大瀑布

　　千瀧溝大瀑布位於廣州從化區良口鎮錦村的一條峽溝。這裡地形閉塞，環境保護良好。各類珍稀動物都在此生活繁殖，如穿山甲、蟒蠑、花栗鼠、長尾雉等，更有各種野蘭花、黑杪欏、野荔枝、花石榴等野生植物欣欣向榮。千瀧溝大瀑布景區內的主要景點包括仙人腳印、石鍋煮泉、竹海聞鶯等，最為壯觀的當然是千瀧溝大瀑布本身了。它的落差高達80多公尺，寬290多公尺，整條瀑布飛流直下，響聲震谷，水霧瀰漫，氣勢非凡，非常壯觀。

長洲島

　　長洲島是廣州市黃埔區珠江上的一個江心島，面積11.5平方公里。這座島嶼呈東北至西南走向，啞鈴形狀。它原本是珠江口內的島嶼，再加上多年來珠江泥沙的沖擊，方成為今天的樣子。長洲島是鴉片戰爭時期英國人首先強迫清政府割讓的地方，因為它是中國對外貿易的重要海港。在這座島上，古蹟眾多，包括金花古廟、南海神祠、祿順船塢舊址等。而近代遺址則有黃埔軍校、東征烈士墓、中山紀念碑、中山紀念館及白鶴崗炮台等。它那優美的自然風光及豐富的歷史文化資源使其遠近聞名，吸引了不少遊客。

桂峰山

　　桂峰山位於廣州從化區呂田鎮東，距離廣州市區有一百多公里。它是廣州地區五座最高峰之一，是廣州市的母親河——流溪河的源頭。由於曾遭受天火洗劫，桂峰山的南、北兩端植被稀少，只有主峰上依然保留著天然植被。一條溪流，從主峰直灌而下，水質清甜。如果你夏天來到這裡，掬一把溪水痛飲，涼意貫徹全身，非常消暑。桂峰山目前還沒有經過開發，是個開展戶外運動的好地方。這裡的山水、奇石、瀑布，共同構成了它的絕美風光。尤其是山腳下上千畝的梅樹和李子樹，每當花開季節，漫山遍野都是白茫茫的一片，就跟南方的「雪景」一樣。

流溪河國家森林公園

　　「玉筍凌空出，參差翠靄多，還承天上露，入夜浣星河。」這是古人吟詠流溪河的詩句，它將流溪河那絕美的自然風光描繪得淋漓盡致。流溪河是廣州市的母親河，它位於廣州市從化區西北部，幹流全長有156公里，流域面積達2300平方公里。修建在流溪河流域的森林公園則是經國家林業局批准建立的首批國家十大森林公園之一，總面積8813公頃。在這裡，你可以看到流溪香雪、三椏塘幽谷、翡翠群島、人面怪石以及小灘江等秀美風景，還可以在孔雀島和猴島看動物，相信一定能玩得盡興。

黃龍湖

　　黃龍湖位於廣州市從化區北部，這裡湖水清澈晶瑩，湖面狹長曲折，在

群山之間蜿蜒數十公里，像一條遊龍般，令人遊玩其中常常生出「山窮水盡疑無路，柳暗花明又一村」之感。相傳此地曾有一名青年篤信天帝，每天祈禱，最後他的誠心感動了上天，派一條黃龍下凡助他飛升成仙。故而，這片水域被人們稱為「黃龍湖」。黃龍湖是廣州不可多得的桃源仙境，它不僅風景秀美，還有豐富的資源。各種奇花異草、飛禽走獸在此棲息繁衍，「一龍璉水藏飛瀑，兩岸林海景迷人」正是對黃龍湖的絕佳描繪。

火爐山

火爐山位於廣州天河區東北部，山上多為紅色泥土，狀似葫蘆，故名「葫蘆山」。又因廣州白話中「葫蘆」與「火爐」發音相似，故它被稱為「火爐山」。火爐山自然氣息濃厚，除了爬山小道之外，並無多少人工痕跡。這裡空氣清新，水源富饒，林木繁茂，山中處處能見到黎朔、荷樹、火力楠、海南紅豆等亞熱帶植物。火爐山的主峰叫白架頂，它海拔321.8公尺。山中豬頭石、雞枕石等自然景觀形狀各異，是登山愛好者遊玩的理想之地。

帽峰山森林公園

帽峰山森林公園位於廣州市東北部，始建於1997年。帽峰山坐落在白雲區太和鎮和良田鎮的交界處，其主峰蓮花峰海拔534.9米，是廣州市區的最高峰。帽峰山景區山勢陡峭、溝谷幽深、森林茂盛、流水淙淙，掩映其間的帽峰古廟建於五代時期，是禺北地區名。帽峰山還有一條千年古道——「千步梯」，它從北山麓直達峰頂一共637級，全部用麻石鋪砌。沿途可以觀賞到龍口泉、神仙床等，山腳下則是水面寬闊的銅鑼灣水庫，環境十分優美。

鶴之洲濕地公園

鶴之洲是位於廣州市增城增江河東岸的一片天然濕地，這裡自古以來就是鶴群棲息的地方。成千上萬的白鶴在這裡覓食，在這裡飛翔，讓鶴之洲呈現出一派祥和壯觀的氣象。在鶴之洲濕地公園中，有大片大片鬱鬱蔥蔥的荔枝林，與滾滾增江河水相映成趣。這裡風光優美，極具田園特色，正所謂「一江春色醉遊人，兩岸百花望荔鄉」。

美食特產 *TOP 10*

老火靚湯

　　無論是家裡還是酒樓宴客，廣州人首先考慮的不是上什麼菜，而是上什麼湯，湯永遠是廣州宴席上的主角。即便不用名貴湯料，單是幾個小時的熬煮，也足以讓湯的味道變得醇厚鮮香。

　　廣州老火靚湯的燉煮時間至少在一個小時以上。一開始，要用大火煮開，水開之後加入配料，再用小火慢慢燉煮一兩個小時。這樣熬出來的湯，實在是一大滋補佳品。

　　冬天喝花旗參煲雞湯，驅寒；夏天喝冬瓜排骨湯，降火。春天喝枸杞葉豬肝湯，祛濕；秋天則喝南北杏仁燉雙雪，滋潤……廣州的湯，不僅是一種美食，它已經發展成為一種帶有濃郁地方特色的文化。

叉燒

　　凡是廣州的粵菜館，相信都少不了一份「金牌」叉燒！叉燒是廣東的特色菜，製作時選用五花肉去皮，先用糖按摩肉塊至融化，再加入鹽巴入味，用一小勺老抽上色。然後加入生抽、米酒醃製均勻，將去皮蒜及蔥、薑加入肉中，醃製好後進行烤製。烤叉燒中途，還得每隔幾分鐘取出塗抹醬汁，直到叉燒呈現出誘人的紅色。好的叉燒肉質軟嫩多汁、色澤鮮明、香味四溢，一定能讓你大快朵頤！

燒鵝

　　燒鵝也是廣州傳統的燒烤肉食。它色澤金紅，味美可口，深受人們喜愛。廣式燒鵝一般採用中小個頭的清遠黑棕鵝為原料，將去掉翅膀、腳和內臟的整鵝吹氣後，把調料塞進鵝肚子，再用針線將鵝肚縫合。最後，用蜂蜜、白醋調成的脆皮水均勻塗滿鵝的表皮，進爐烘烤。烤成後的鵝光滑油

亮，異香撲鼻。廣州市面上，有許多燒鵝店鋪，最為出名的是長堤的裕記燒鵝飯店和黃埔區長洲島上的深井燒鵝。

叉燒包

　　叉燒包是歷來深受廣州人喜愛的大眾化點心，位列粵式早茶「四大天王」之一。叉燒包的麵皮採用酵母發酵法製成，吃起來鬆軟可口。餡料則採用上好叉燒切成丁，再加入蠔油等調味成為餡料。它的直徑一般為五公分左右，一籠叉燒包通常有三四個。蒸熟後的包子，頂部自然開裂，散發出陣陣叉燒的香味，令人百吃不厭。在廣州，叉燒包不僅是一種小吃，它那外包內餡的結構，更是體現著包容的內涵。

白雲豬手

　　白雲豬手是廣州一道傳統名菜。它肥而不膩，皮質爽脆，酸中帶甜，是佐酒佳肴，令人食之不厭。白雲豬手製作過程分為燒刮、斬小、水煮、浸泡、醃製五道工序，而最考究的白雲豬手，是用白雲山上九龍泉的泉水浸泡的。幾乎每家廣州飯館裡，都能吃到白雲豬手。如果能夠去白雲山頂的餐廳吃這道菜，更是別有一番風味。

牛河

　　牛河是廣州人的叫法。其中，牛指牛肉，河指河粉。這道菜源於廣州沙河鎮，分為乾炒和濕炒兩種做法。乾炒時，先將醃好的牛肉下油鍋，煎好一面，再翻過來煎另一面；接著放入芽菜炒到八成熟，起鍋待用。接著放熱油下河粉加調味汁翻炒幾下，倒進炒好的牛肉芽菜，翻炒均勻後就可出鍋。濕炒做法跟乾炒程序基本一致，只是在加入河粉的同時注入煮開的高湯。

煲仔飯

　　煲仔飯又叫瓦煲飯，是廣州的傳統美食。煲仔飯的歷史悠久，早在2000多年前的《禮記注疏》中就已有記載。而周代八珍中的第一珍、第二珍的做法正和煲仔飯做法一樣，只是那時的原料是黃米罷了。
　　煲仔飯風味多樣，除臘味煲仔飯外，還有冬菇滑雞、豆豉排骨、豬肝、

燒鵝、白切雞等。正宗煲仔飯一定要選用絲苗香米，米洗好後，上鍋煮到六七成熟。揭開蓋子，加入調好味汁的食材，沿著煲邊淋上醬汁、香油，再用微火燜到飯收水起鍋巴。起蓋後加入香蔥，再鋪上油菜，吃時乾香脆口，滋味悠長。

鮮蝦荷葉飯

鮮蝦荷葉飯最開始是廣東東莞地區的名小吃，以太平鎮製作的最為出名。後來鮮蝦荷葉飯傳入廣州，逐漸地成為了廣州各茶樓酒家的著名點心之一。製作鮮蝦荷葉飯，以鮮蝦仁和米飯為主料，另外還需要準備青豆、香腸、香菇、雞蛋等作為輔料。將主料與輔料混合，加入適量的鹽巴和蠔油、胡椒粉，攪拌均勻。再放上適量豬油，讓蝦仁、青豆等均勻地分布在米飯裡，最後將米飯壓實鋪在荷葉上包好，放到蒸籠裡隔水蒸20分鐘即可。鮮蝦荷葉飯清淡爽口，有荷葉的清香味，如果去廣州一定不要忘記去嘗一嘗。

八寶冬瓜盅

八寶冬瓜盅是廣州地區一道色香味俱全的夏季時令湯菜。製作八寶冬瓜盅時，要將整個冬瓜洗淨並切取一端，挖去瓤，做成茶盅的樣子。然後將豬瘦肉、雞肉及火腿切成均勻的丁狀。把這些肉丁和上干貝、玉蘭片、香菇塊再加精鹽、味精、熟豬油及適量清水，用旺火上籠蒸1個小時左右。待到冬瓜和配料的味道互相滲透，撒上胡椒粉端出，即可享用。八寶冬瓜盅菜色青白，冬瓜肉鮮嫩柔軟，帶著清香，實屬消夏好菜。

豬肚煲雞

豬肚煲雞，又叫豬肚包雞火鍋或鳳凰投胎。製作時用生豬肚把生雞包住，用牙籤紮好頭後放到特配的湯料中煲熟，味道香濃撲鼻。傳說乾隆時期的宜妃生完太子後身體虛弱，乾隆便吩咐御膳房給宜妃燉補品吃。御膳房把民間傳統坐月子吃雞湯的做法加以改良，在豬肚裡放上雞再加上名貴藥材燉煮，後來宜妃吃了後果真胃口大開。於是，乾隆就把這道菜稱為「鳳凰投胎」，從此豬肚煲雞就在民間廣為流傳。

帶著文化遊名城：老廣州記憶 ／苗學玲編著. --
一版.-- 臺北市：大地, 2019.12
面： 公分. --（經典書架：31）

ISBN 978-986-402-325-7（平裝）

1.文化史 2.廣東省

673.34 108018621

帶著文化遊名城：老廣州記憶

作　　者	苗學玲 編著
發 行 人	吳錫清
主　　編	陳玟玟
出 版 者	大地出版社
社　　址	114台北市內湖區瑞光路358巷38弄36號4樓之2
劃撥帳號	50031946（戶名：大地出版社有限公司）
電　　話	02-26277749
傳　　真	02-26270895
E - m a i l	support@vastplain.com.tw
網　　址	www.vastplain.com.tw
美術設計	成樺廣告印刷有限公司
印 刷 者	博客斯彩藝有限公司
一版一刷	2019年12月

經典書架 031